2021년 개정증보판

2004년부터 북미와 아시아의 청소년들에게 영어로 창의적인 글쓰기를 가르치고
그들의 책을 출간해 온 캐나다 〈어린이를 위한 창의적 글쓰기 사회: CWC〉의 영어 교육법

우리는
영어로
책을
씁니다

박준형 지음

CWC

추천의 글 ✏️

"나는 박준형 씨가 2004년 밴쿠버에서 설립한 〈어린이를 위한 창의적 글쓰기 사회: Creative Writing for Children Society, 이하 CWC〉의 워크샵을 통해 호기심에 찬 많은 학생들을 가르쳐 오면서 다음 세대를 위한 희망을 보았다. 그의 교육 철학은 학생들이 배우고 자신의 글을 써 나가는 데 새로운 지평을 열어 주었다. 그는 창의성을 교육의 '모든' 분야에 적용하기 위해 헌신하는 교육 자이다. 나는 오늘 내 앞에 있는 어린 친구들과 그의 이런 비전을 나눌 수 있음을 자랑스럽게 생각한다."

　– **스테이시 매슨**(*Stacey Matson*), 캐나다 스콜라스틱 전속 작가이자 『A Year in the Life of a Total and Complete Genius』시리즈 저자

"박준형 씨는 읽기와 쓰기의 즐거움을 홍보하는 데 헌신하는 사람이다. 그의 일은 셀 수 없이 많은 청소년 작가들의 삶을―부모들과 동료 작가들의 삶은 말할 것도 없고―변화시켜 왔다. 그는 겸손해서 이렇게까지는 말하지 않겠지만, 그는 세상을 더 밝고 아름다운 곳으로 만들어 왔다. 그것은 청소년들에게 엄청난 선물을 줌으로써 가능했는데, 그 선물이란 아이들이 자신들의 이야기를 작가들과 나눔으로써 그들 역시 세상을 더 좋은 곳으로 바꿔나갈 수 있다는 믿음을 갖게 되었다는 것이다."

　– **그레고리 브라운**(*Gregory Brown*), 미국 버지니아 대학교 '창의적 글쓰기' 여름 학교 강사이자 단편문학 수상작가

"우리는 캐나다와 한국을 비롯해 세계 전역에서 온 학생들을 만난다. 그들

은 모두 다르지만 공통점이 하나 있다. 그것은 바로 '창조의 힘(Power of Cre-ation)'을 믿는다는 것이다. 우리는 학생들이 열매를 맺고 성장하는 것뿐만 아니라, 생각하고 학문하고 지역사회의 일원으로 성장하는 것을 보아왔다. 십수 년 전 밴쿠버 한 카페에서 나눴던 박준형 씨의 비전의 힘을 이제는 알 것 같다."

– **리 에드워드 포디**(*Lee Edward Fodi*), 캐나다 도서관 선정 청소년 판타지 『켄드라 캔들스타(*Kendra Kandlestar*)』 시리즈 저자로 가장 최근 출간된 판타지 시리즈로는 미국의 하퍼콜린스 출판사에서 출간된 『The Secret of Zoone, 2019』과 『The Guardians of Zoone, 2020』이 있다.

"CWC에서 멘토로 활동해 온 것은 나에게 큰 기쁨이었다. 창의적인 표현은 인간으로서 성장하고 세상에서 자신의 자리를 찾아가는 데 필수적이고 강력한 학습 도구이다. 그러나 한 작가의 창의적인 여정은 자신의 참된 목소리를 찾아가는 과정이기 때문에 지극히 개인적이기도 하다. CWC는 하나의 공통된 목적—책을 출간하는 것—을 추구하는 청소년 작가들에게 안전한 커뮤니티를 창조해 낸다. 그것뿐인가? 학생 각자의 개인적인 여정을 인정하고 후원하고 자극해 그들이 원하는 바를 달성하도록 돕는다.

– **댄 바-엘**(*Dan bar-el*), 『Audrey (Cow)』로 캐나다 최고의 총독상 최종 후보에 올랐던 작가이자 교육자이자 스토리텔러

"많은 세월을 CWC에서 가르쳐 왔고 이것은 나에게 가장 큰 영광이다. CWC의 드림워크샵은 내가 어렸을 때 가장 참가하기를 꿈꾸었던 프로그램 중의 하나이다. 그러나 그때는 이런 프로그램이 없었다. CWC를 통해서 나는 청소년 작가들이 성장하고, 기술적으로도 향상되고, 상상력이 풍부해지며, 나아가 자신의 참 모습들을 찾아나가는 것을 봐 왔다. 그들은 점점 자신감을 되찾았고 정서가 풍부해졌으며 세상에 대한 관심이 많아졌다. 드림워크샵은 책 읽기를 좋아하고 글을 쓰고 새로운 것을 창조하길 원하는 아이들에게 하나의 피난처가 된다. 왜냐하면 아이들의 학교 환경과 일상은 이런 일을 하도

록 시간과 공간을 허락하지 않기 때문이다. 작가로서 박준형 씨의 이런 아름다운 비전이 실현되도록 CWC에서 같이 협력하는 것은 결코 지루한 일이 될 수 없다."

– 캘리 조지(Kallie George), 미국 하퍼 콜린스와 디즈니사의 전속 작가이며, 대표작으로는 국제적으로도 명성을 얻은 『The Magical Animal Adoption Agency』와 『Heartwood Hotel』시리즈가 있다.

"CWC에서의 티칭이 나에게 가르쳐준 것은, 창의적인 글쓰기 여정이 어디에 머물러 있든 간에 우리는 모두 우리의 상상력을 표현하기 위한 자유와 사랑으로 연결되어 있다는 것이다. 그것은 하나의 커뮤니티로서 서로서로 나누고 성장하기를 배우는 우리 안에 있는 어린애 같은 자질이기도 하다. 창의적인 글쓰기를 배우는 학생들은 더 나은 작가나 사상가로 성장하는 것뿐만 아니라, 어디서 왔든 간에 다른 사람들과 그들의 이야기에 공감하는 능력을 배운다. CWC에서 멘토로 활동한 이후 나는 나 스스로 더 지혜로운 한 인간으로 성장했고 우리 학생들도 그랬을 것이라 믿어 의심치 않는다."

– 마시 네스트만(Marcie Nestman), 배우이자 극작가이자 교육자

"나는 2007년부터 CWC에서 가르쳐 왔다. 이 기회는 나의 인생을 바꾸는 경험이 되었다. 지금은 대학생이 되었거나 이미 성인이 되어 자신의 커리어를 향해 나아가는 예전의 나의 학생들을 생각해 볼 때 CWC는 하나의 교육적 대안으로서 그들이 대학을 준비하고 청년으로 성장해 나가는 데 큰 도움이 되었다. 수많은 인생을 변화시키는 이런 특별한 교육의 여정에 내가 일부가 되어왔다는 것은 큰 기쁨이고 영광이다."

– 제임스 매칸(James McCann), 리치몬드 도서관 3D 컴퓨터 강사이자 아동 작가로 한국 경험을 책으로 엮은 『Flying Feet』와 청소년 모험물인 『The Three Spartans』 시리즈를 비롯해 다수의 작품이 있다.

"매일 글을 써라. 강렬하게 책을 읽어라.
그리고 나서 무슨 일이 일어나는지 한번 보자."

레이 브래드버리

목차

시대가 바뀌었습니다.

팬데믹 시대가 도래한 것입니다. 학교가 문을 닫고 비행기가 활주로에 서 있고 나라 간 국경이 닫혀 버렸습니다. 이 세상 어느 구석도 팬데믹의 영향에서 자유로운 곳은 없습니다. 이런 전례 없는 위기의 시기에 아이들을 가르치는 교육자의 입장에서 학교 교육의 문제는 더욱더 심각하게 다가옵니다. 천진난만한 아이들에게 대인 간격을 지켜라, 마스크를 써라 등등의 주문이 과연 얼마나 반영될까요? 이제는 스스로 공부하는 법을 알아야 하는데 과연 이게 가능이나 할까요?

미국의 경우 지난 해 3월 이후 학교 등교를 금하고 온라인 교육으로 대체했습니다. 제가 살고 있는 캐나다는 미국보다 덜하지만 작년 3월 이후 대부분 휴교했고, 아이들과 각 가정은 학교의 지시대로 자가 교육을 시켜야 하는 현실을 받아들여야만 했습니다. 반면 한국은 정부당국의 민첩한 대처 속에서 서구나 미주권의 학교들과는 달리 오늘까지 가장 많은 날을 등교에 할애하고 있는 것으로 알고 있습니다. 하지만 학업의 유지, 발전 차원에서는 타격이 크지 않다고 말할 수는 없을 것입니다. 특히 정규 학교수업 외에 학교 후 활동이나 학원 등 외부 교육의존도를 키워왔던 한국 가정의 아이들은 학업 공백이 더 커졌을 수 있습니다.

2004년 밴쿠버에서 캐나다 작가들의 도움을 받아 설립한 〈어린이를 위한 창의적인 글쓰기 사회(*Creative Writing for Children Society,* 이하 *CWC*)〉 역시 팬데믹 시대 전에는 밴쿠버의 대학이나 공공시설을 빌려 '창의적인 글쓰기 워크샵'들을 개최해 왔습니다. 벌써 17년째입니다. 지난 3월 캐나다에 코로나 광풍이 불어오기 시작하면서 상황이 바뀌었습니다. 모든 공공시설이 외부 행사에 문을 꽁꽁 걸어 잠갔기 때문입니다. 이제 이런 상황에서 어떻게 창의적인 워크샵을 지속해 나갈수 있을까 하는 문제는 저와 캐나다 작가들에게 큰 근심거리를 안겨 주었습니다.

글쓰기는 커뮤니티와 함께하는 것이다

왜냐하면 저희가 주최하는 창의적 글쓰기 워크샵은 단지 아이들의 성적 향상을 위해서만 영어를 가르치는 것이 아니기 때문입니다. 창의적인 글쓰기 워크샵에 대한 저희들의 믿음은 창작이 단지 한 개인의 의지의 산물만이 아니라는 것입니다. 영화 〈코렐라인〉에서 눈알이 튀어나올 정도로 두 손가락을 길게 늘여서 타자기를 마구 두들기는 주인공 아버지의 단순 노동과 같은 것이 아니라는 것입니다. 작가로서 우리는 창작 활동에서 가장 중요한 것이 커뮤니티의 역할이라고 믿습니다. 남들과의 관계에서 영감을 얻고 그들과 주고받는 순환 과정을 통해 창작된 글은 어느 혹성에서 뚝 떨어진 유성처럼 단명하지 않고 긴 수명을 이어갈 수 있습니다. 그런 글은 사회에서 긍정적인 역할을 합니다. 한국이 낳은 세계적인 영어권 작가 린다 수 박(Linda Sue Park)의 말과 같이, 그런 글은 취미 수준을 넘어 다른 사람들과 연결하기 위한 도구가 됩니다.

그래서 저희가 주최하는 창의적인 글쓰기 워크샵은 그 형태가 온라인이든 오프라인이든 간에, 그룹 단위로 하고, 작가를 선생이라 부르지 않고 멘토라고 부릅니다. 글쓰기의 노하우 전수보다 아이들과의 관계 형성이 글쓰기 교육에서 가장 중요하다고 보기 때문입니다. 그러니지난 17년간 철저히 관계 위주의 창의적인 글쓰기 교육만을 고집스럽게 추진해 왔던 저희 기관으로서는, 이런 전대미문의 팬데믹이 가져온영향이 그 무엇보다 커다란 도전이었습니다.

글쓰기 교육은 상황 불문하고 계속되어야 한다

"자, 이제는 학생들을 직접 만날 수 없다. 하지만 우리는 그 어떤 환경에서도 '읽고 쓰는' 작업을 계속해 나가야 한다. 팬데믹이 우리 모두를 가둬 놨지만 이게 오히려 아이들이 지난 세월 놓치고 있었던 집중/몰입의 문제를 해결해 줄 수는 있지 않을까? (아이들은 늘 바쁘지 않았습니까?) 그리고 팬데믹으로 다른 모든 것을 희생하더라도, 책을 읽고 글을쓰는 리터러시(문해력)만 제대로 붙잡고 있으면 결코 아이들의 학업 능력은 저하되지 않을 것이다!"

이런 믿음으로 CWC의 모든 작가들은 아이들을 다시 불러 모을 수 있는 방안을 모색하기 시작했고 그래서 탄생한 것이 "줌 워크샵"입니다. "그렇다! 이 세상에 인터넷이 들어가지 않는 곳은 없다. 이전에는 물리적으로 만나야 하기에 늘 시간과 장소와 거리가 문제였지만, 이제는 누구나 컴퓨터 화면 앞에서 만날 수 있게 됐다. 줌의 시대가 열린 것이다!"

작가들과 스태프들과 제가 머리를 맞대고 고민한 결과, 이전에는 대면으로만 이루어지던 '창의적인 글쓰기 워크샵'을 이제는 온라인상에서, 지역이나 인종에 상관없이 누구에게나 열린 워크샵의 형태로 개최하게 되었습니다. 그게 작년 4월입니다. 나아가 책 읽기를 좋아하고 자신의 스토리를 책으로 만들기를 원하는 온 세상의 아이들과 캐나다 아동작가들을 연결해 새로운 창작의 세계를 이어가고 확대해 보자는 더 큰 꿈을 꾸게 되었습니다. 그러기를 일년 반, 세상은 크게 바뀌지 않았지만, 아이들의 세계를 확장하고, 읽고 쓰는 과정을 통해 대학 이상의 교육에서 사용될 학문의 기초를 닦는 저희들의 창작 활동은 더욱더 활발해졌습니다.

정말 국경의 한계는 없어진 것 같습니다. 온라인상에서 캐나다 전역에 있는 우리 작가들은 한국은 말할 것도 없고, 미국 애틀랜타와 오레곤주 포틀랜드와 동부에 있는 한인 자녀들, 중국 본토 및 홍콩에 흩어져 있는 중국 자녀들, 심지어 유럽의 독일과 태평양 너머 호주에 있는 한인 자녀들까지 만날 수 있게 되었습니다. 코로나19가 온 세상에 언택트 즉 비대면의 시대를 창조했지만, 저희 기관은 이런 와중에 더욱더 커넥트의 시대로 확장되었습니다.

저는 17년 전에도 그랬지만 여전히 학부모들을 만나고 그들의 자녀 문제에 대해서 함께 이야기 나누길 좋아합니다. 팬데믹 시대에 학부모들의 걱정과 염려는 더욱 더 커진 느낌입니다. 아이들이 집에 있는 시간이 많아지면서, 어쩔 줄 몰라 하는 학부모들을 많이 뵙게 되었습니다. "어떻게 하지요, 선생님?" 제 답은 언제나 동일했고 앞으로도 그럴 것입니다.

　"시대나 상황을 보지 마십시오. 아이들이 살다가 이런 세상 또 안 만나겠습니까? 문제는 언제나 부모에게 있습니다. 이런 상황에서 어떻게 하는 것이 최선의 방법일까요? 그것은 기본으로 돌아가고 기본에 충실하는 것입니다. 책을 읽고 자신의 글을 쓰는 것입니다. 창의는 역발상하는 능력입니다. 문제를 피하지 말고 도리어 문제를 통해서 해답을 찾는 행위가 바로 '창조 활동'입니다. 문제나 상황에 휘둘리지 않고 자신만의 문제 해결의 묘수를 찾아내는 것, 이런 과정은 제가 만나는 아이들이 경험하고 있는 창작 과정과 추호도 다르지 않습니다. 상황을 외면하고 포기하는 게 아니라 오히려 상황을 직시하고 수용하는 법을 가르쳐 주십시오!"

　지금이 기회입니다. 아이들에게 잊혀진 독서의 흥미를 되살릴 수 있는 지금이 기회입니다. 자신의 글을 한 페이지도 써본 적 없는 아이가 열 장을 스트레이트로 써 내려갈 수 있는 지금이 기회입니다. 부모의 참 역할에 대해서 고민하고 좋은 부모가 될 수 있는 지금이 기회입니다. 부모와 아이의 관계를 회복할 수 있는 지금이 기회입니다. 곧 더 좋아질 세상의 기초를 다질 수 있는 지금이 기회입니다. 그것은 대단하고 큰일을 도모하는 데에서 시작하지 않습니다. 무리하지 않는 수준에서 한 권의 재미있는 책을 읽고 자신의 생각을 주저 없이 글로 써 내려갈 때, 바로 그때 조용한 교육의 혁명이 시작되는 것입니다.

"네 시작은 미약하나 네 나중은 '심히' 창대하리라." *(성경 욥기 8장 7절)*

참된 영어 교육을 찾아 떠나는 용기

이 책이 『내 아이 창의력을 키우는 영어 글쓰기:웅진리더스북, 2008』
이란 제목으로 한국에서 첫 출간된 2008년 이후 다양한 독자들의 서평
과 반응들을 접할 수 있었습니다. 일부 소신 있는 한국의 독자나 부모
는 캐나다에 있는 제게 직접 전화를 걸어 어떻게 하면 이런 창의적인
영어 글쓰기 교육에 자신들의 자녀들을 노출시킬 수 있는지 물어왔습
니다. 인천의 어느 젊은 부부는 제 책의 교육정신에 따라 영어 공부방
을 운영한다면서 저를 직접 만나고자 밴쿠버를 방문하기도 했고, 또
어느 독자는 책을 읽고 나서 제가 사는 곳과 별로 떨어지지 않은 곳에
본인이 살고 있다며 이웃이라는 반가움에 전화를 주기도 했습니다. 그
집 아이는 그날 이후 창의적인 글쓰기 교육을 받고 성장해 이제는 어
엿한 대학생이 되었습니다.

제가 출간한 책에 반응을 보인 독자들은 모두 한국의 영어 교육에
식상했거나 더 이상 탈출구를 찾지 못해 방황하는 학부모와 교육자들
이었습니다. 이제 첫 책이 출간되고 5년의 시간이 흘렀습니다. 제게
문의하신 일부 독자의 자녀는 캐나다의 〈어린이를 위한 창의적인 글
쓰기 사회(Creative Writing for Children Society, 이하 CWC)〉가 주관하는 오

프라인 및 온라인 워크샵의 참가를 통해 창의적인 영어 교육에 대한 갈증을 해소해 왔고, 일부는 아예 거주지를 영어권 국가로 옮기기도 했지만, 여전히 대부분의 한국 가정은 주어진 현실 안에서 주입식이거나 획일적이지 않은 창의적인 영어 학습의 방법들을 스스로 찾아야 했습니다.

한국에 50개 이상의 국제학교가 있고, 대입 영어나 각종 영어 시험에서 글쓰기의 중요성이 부각되고(기초영문법 달달 외워 시험 보던 시대는 물 건너갔지요), 국가적으로 이중 국적이 허용된다고 하고(영어의 중요성은 점점 더 커집니다), 못 살건 잘 살건 영어가 각종 시험과 대입과 취업의 판단 가치가 되어버린 지금도 한국의 영어 교육 수준은 제자리걸음입니다. 제가 한국을 떠나 북미로 유학 온 2000년대와 비교하여, 뭐가 얼마나 달라졌는지 모르겠습니다.

우리 아이에게 맞는 교육이 가장 좋은 교육

정체불명의 외국 강사와 전화 통화를 한다고 해서 영어가 늘고 있다고 생각하면 오산입니다(무엇에 대해 이야기하고 있는가를 점검해 보신 적이 있는지요?). 깔끔하게 정돈된 기업형 학원 강의실에 앉아 틀에 박힌 패턴식 문답을 복창한다고 해서 영어가 늘고 있다고 생각하는 것 역시 오산입니다. 특목고니 외고니 국제학교에서, 혹은 강남의 잘 나가는 학원에서 미국 교과서를 채택해 가르친다고 해서 영어가 늘 거로 생각하면 그건 더더욱 오산입니다. 가장 좋은 교과서는 미국산이 아니라 각 학생의 수준과 관심에 맞춰 개발된 것이라야 합니다. 남의 옷이 보기 좋다고 우리 아이에게 맞는 것은 아닙니다.

　영어 교육이 대중화되고 표준화되면 늘 문제가 따릅니다. 그런 면에서 저는 시험 위주의 교육에 반대합니다. 평가는 다양하게 이뤄져야 합니다. 가장 훌륭한 교육은 가장 잘난 사람들이 배운 교육이 아니라 바로 우리 자녀에게 맞는 교육입니다. 영어 또한 다르지 않습니다. 주입식 교육이 아니라, 아이를 갇힌 틀 속에서 끄집어내는 교육이 진짜 교육이고 최고의 교육입니다. '안에서 바깥으로 끄집어낸다(e-ducare)'는 말이 '교육'의 원뜻입니다.

　교육의 중심에는 아이들이 있습니다. 교육이라는 숨 가쁜 시스템 속에 아이들을 가두기 전에(이건 지식적 살인행위와 진배없습니다), 먼저 아이들에게 맞는 교육을 어떻게 할 것인가를 진지하게 고민해 봐야 합니다. 무작정 틀을 만들어 거기에 아이들을 맞추려고 하면, 작금의 한국 영어교육처럼 사람과 옷이 맞지 않는 어설픈 코미디를 연출하게 됩니다. 그건 아마 영어 그림책의 천재인 닥터 수스의 책 『나는 무엇이 두려운가(What Was I Scared Of?)』에서 묘사하고 있는, 큰 사람의 옷에 들어가 있는 생쥐 같은 주인공의 모습일 것입니다. 한국의 영어 교육은 실질적이지도 않고 기능적이지도 않습니다. 오직 '틀—범위'와 '암기'와 '확인'과 '반복'의 연속입니다. 즉 시험을 위한 도구일 뿐이지요.

경쟁이라는 괴물의 폐해
이런 악순환을 반복하는 가장 큰 요인은 한국 사회 전반에 쑥 뿌리처럼 번져 있는 '경쟁'이라는 괴물입니다. 자신에게 맞는 영어를 배우는데 왜 경쟁이 필요할까요? 나의 환경과 너의 환경이 다르고, 영어를 배우는 데 각자의 취향과 개성이 다른데 왜 경쟁이 필요할까요? 각자의 능력이나 잠재력이 표출되는 시기가 다른데, 일정한 시점에서의 경쟁이 과연 공정할까요? 그렇다고 제가 경쟁 자체를 무시하는 교육자는 아닙니다. 경쟁은 '적절'해야 합니다. 동기부여의 차원에서 적절하게, 그것도 아주 조심스럽게, 아이들의 나이와 수준에 맞게 사용되어야 하는 것이 경쟁입니다. 그런데 작금의 시대는 그냥 경쟁도 아닌, '무한' 경쟁의 시대 아닙니까? 이 경쟁의 근간에 '우리 아이가 남에게 지는 것을 못 보고 지나가는' 부모들의 과욕과 냉혹한 사회적 평가가 자리 잡고 있는 것 아닌가요?

『내 아이가 책을 읽는다』의 저자이자 느티나무 도서관 관장이기도 한 박영숙 씨는 "평가와 경쟁에서 놓여나면" 정말 할 수 있는 것이 많아진다고 자신의 체험을 빌려 말합니다. 경기도 수지에 있는 자신의 집을 아이들이 마음 놓고 들락날락할 수 있는 공간으로 만든 그녀의 꿈은 점점 커져, 드디어 느티나무 도서관을 열었고, 도서관이라는 공간을 단지 책만 보는 곳이 아닌, 함께 어울리고 놀이를 즐기고 편히 쉴 수 있는 곳으로 만들었다지 않습니까?

지난 9년간 수많은 아이의 글쓰기를 검토해 왔습니다. 그리고 위에서 언급한 한국 교육에 대한 제 평가는 저만의 생각이 아니라, 수많은 아이의 영어와 만난 결과임을 다시 한번 밝힙니다. 솔직히 저는 한국적인 영어교육의 수혜자인 우리 아이들의 영문에 감탄하거나 칭찬한

적이 드뭅니다. 이들이 쓴 영어 에세이를 읽어 보세요. 누가 이미 작성한 정답에 가까울 순 있어도 내용이 고유하거나 감동을 주지는 못합니다. 이런 생각을 해보았습니다. '그냥 아이의 글을 내버려두는 것이 더 나을 수 있겠다!' 획일적이고 경쟁적인 영어교육으로 아이들은 오히려 창의와 담을 쌓고, 상상하기를 회피하며 지적 사고가 닫히고, 그렇다고 비평 능력이나 논리력이 향상된 것도 아니면서 오직 '사실'을 확인하고 추적하고 외우기에 정신이 없어졌습니다. 이게 교육인가요?

첫 책이 출간된 지 5년이 훌쩍 넘었고, 제가 설립해 운영해 오고 있는 캐나다 CWC의 창의적인 영어교육에 관한 실험은 계속됐습니다. '아이들이 중심되는 교육, 그들을 위한 교육'의 중심에서 벗어나지 않으려고 노력해 왔습니다. 북미에서 100년 전부터 가르쳐 온 영어교육의 본질을 찾아 지키려고 했습니다. 기관이 설립된 2004년 이후 우리들의 '꿈의 워크샵(Dream Workshop)'에 참가했던 아이들은 이미 대학에 갔거나, 대학을 졸업해 사회의 일원이 되기도 했습니다. 개중에는 전공에 상관없이 작가되기를 꿈꾸는 아이들이 탄생했습니다. 그들의 책은 아마존 킨들로 전 세계의 또래 독자들과 연결되기도 합니다. 이들은 무엇보다 자신을 소중하게 생각하고, 자신에게 확신을 스스로 부여할 수 있는 독립적인 아이들로 자라났습니다.

가장 힘들지만 가장 오래가는 교육

교육의 본질에 대해 고민하는 여러분, 이 책을 통해 다시 한번 진지하게 자녀들의 영어교육에 대해서 고민하시기 바랍니다. 옆집의 영어

교육이 좋다고 여러분의 자녀를 함부로 그곳에 보내지 마세요. 그건 그 집 자녀에게 맞는 것이지 여러분의 자녀에게 맞는 것이 아닙니다! 이전에 여러분들이 배운 영어학습(기초영문법에서 종합영어에 이르기까지 단계식으로 암기하며 배웠지만, 정작 외국인과 말할 때는 배운 단어 하나도 써먹지 못했던 그 쓸모없는 영어교육)을 여러분의 자녀에게 대물림하지 마세요! 우리는 지금 교육을 하는 것이지 아이들을 기계로 만들고 있는 것이 아닙니다─우리는 공장이 아닙니다! 반복하는 것은 익숙해지는 것이지 느는 것이 아니라는 점을 명심하세요!

충분히 고민하셨으면 이제는 용기를 내어 결정하셔야 합니다. 어떻게 할 건지? 한국의 영어교육은 마치 사람들이 서로 밀치고 경쟁하며 벼랑 위로 올라가는 것과 같습니다. 결과는? 벼랑 끝에 도달한 후 하나둘씩 발아래 낭떠러지로 떨어져 죽는 것이지요. 이들의 눈과 귀는 세상이 덧씌운 경쟁이라는, 무슨 수를 써서라도 이겨야 한다는 검은색 천의 가리개로 가려져 있습니다. 하루빨리 이 비극의 대열에서 빠져나오시기 바랍니다. 바른 영어교육의 길이 좁고 가파르고 힘들어도 좁은 길로 가시기 바랍니다. 아이에게 맞는 길을 찾아 나서기 바랍니다. 길이 없으면 길을 내면서 가는 용기부터 가지시기 바랍니다.

이 책을 통해서 도전받으십시오. 영어교육을 죽어라 시켰는데, 모든 자원을 다 동원했는데, 저와 같은 전문가에게 어느 날 '너는 안 하느니만 못했다'라는 평가를 받는다면 그때는 어떻게 하시겠습니까? 더 늦기 전에 방금 학원에서(학교라고 해서 크게 다르지 않겠지만) 돌아온 아이의 영어교육에 대해서 고민하세요. 그리고 아이에게 맞는 영어교육을 찾으세요! 혼자 못 찾겠으면 같은 생각을 하는 부모들을 찾아 협력하고 연대하세요! 이 세상에서 가장 쉬운 교육을 좇지 마시고 가장 힘든 교육, 하지만 오래가는 교육을 찾으세요. 지속성이 좋은 교육이 중요합니다!

　이런 과정은 두말할 나위 없이 고통스러울 것입니다. 하지만 그 열매는 풍성하고 오래갈 것입니다. "고통 없이 열매 없다(No pain, no gain)!" 아이들에게 동기를 부여하고, 상상력을 자극하고, 호기심을 유발하며, 창의력을 키우는 그런 교육! 그런 영어교육! 어딘가에 꼭 있을 거예요. 힘내세요!

교육을 잘 받는다는 게 무슨 뜻인가

미국에는 자타가 인정하는 교육비평가 알피 콘(Alfie Kohn)이 있습니다. 한국에도 그의 번역서들이 많이 나와 있습니다. 그는 하버드 출신이자 유능한 의사인 자신의 아내가 기본적인 산술에 서툰 것을 보고는 '좋은 교육을 받는다는 게 도대체 무슨 의미인지' 고민하게 되었습니다. 그의 부인은 공립학교에서 20년 이상 교육자로 일하다가 미국 공교육제도의 심각함과 정부의 방만한 교육정책에 실망해, 자신의 모교인 하버드에서 다시 의학을 공부해 의사가 됩니다. 최고의 대학을 나온 유능한 의사이지만 그녀는 수학의 기본에 취약했습니다. 하지만 그녀가 의사로서 역할을 하는 데에는 전혀 문제가 없었습니다. 어떻게 수학의 기본도 모르는 사람이 하버드 의대에 입학할 수 있었을까요?

이게 남편인 콘의 질문의 시작이었습니다. 도대체 교육을 잘 받는다는 게 무슨 뜻일까요? 우리 아이들이 매 시험에서 좋은 성적을 받도록 뭐든지 달달 외우게 하는 건가요? 그래서 살기등등한 학력 전사를 만드는 건가요? 초등학교 3학년에게 영어 문법책을 마스터하도록 독선생을 붙이고, 6학년 정도 되면 토플과 같은 대학용 영어시험에 노출시키고, 중학교라도 들어갈라치면 토익과 같은 비즈니스 환경에서나 써

먹을 비즈니스 영어를 미리 가르치는 건가요? 초등학교 6학년에게 대학교육을 선행 학습하도록 하는 건가요? 영재니 몇 프로 클럽이니 하는 학교 교육하고는 딴 방향으로 가는 각종 유사 사교육 시스템에 마구잡이로 집어넣는 건가요? 그러면 보통 아이가 영재 되고 영재가 천재 되는 건가요? 그래서 종국에는 그 유명한 미국의 하버드 대학교나 스탠퍼드 대학교에 보내는 건가요? 그래, 혹 들어갔다고 치자고요. 그러면 부모로서의 힘겨운 역할은 끝나는 건가요? 세상이 하 수상하니 최근에는 말도 안 되는 '영어 영재'라는 신조어까지 횡행합니다. 얼마나 공부를 맛없다 하면 일간지에 '맛있는 공부'라는 세션까지 만들어졌겠습니까?

일전에 미국 LA에 창의적 글쓰기 워크샵의 설명회차 내려갔다가 현지의 한국 신문들을 펼쳐보았습니다. 아주 늠름하고 유능한 청년들이 폼 잡고 서서 자신들이 운영하는 학원의 광고에 등장하고 있었습니다. '그 학원에 등록하면 필시 좋은 학교 간다.'라는 일차원적인 광고가 주류였습니다. 그들의 학력을 보니 정말 훌륭했습니다. LA에서 학원을 운영하려면 최소한 아이비리그 정도의 학교는 나와야 하나 보다 했습니다. *(한국이라고 다를까요?)* 아무튼 LA의 세계적인 명문인 UCLA조차 교육열 높은 현지의 부모들은 성에 안 찬다고 하지요.

어려서부터 최고의 사립 보딩 스쿨에 보내려고 안간힘을 썼던 그들의 부모도 그들이 대학 졸업 후 입시 학원을 운영해서 돈 벌기를 원하지는 않을 것입니다. 밴쿠버로 돌아오는 비행기 속에서 깨달은 것은, '이제는 좋은 학교 보내는 것만으로는 부족하다.'라는 것이었습니다.

좋은 학교를 보내는 것이 문제가 아니라, 그들이 졸업 후 무엇을 하는 가, 무엇을 위해 사는가가 더 중요하다는 것입니다. 삶의 방향성 말입 니다. 그렇다면 꼭 좋은 학교를 죽어라 하고 보낼 필요가 있는가 하는 기본적인 의구심마저 생깁니다.

근본적인 교육이란 무엇인가

고래로 교육은 일년대계(一年大計)가 아니라 백년대계(百年大計)라고 말하지 않던가요? 그만큼 멀리 보고 하는 것이 교육입니다. 단지 아이 들 머리의 단기용량만 확장하는 것이 아니라, 자라면서 가슴이 따뜻한 인간이 되도록 돕는 것입니다. 그래야 배워서 남에게까지 주게 되고, 자기만이 아니라 모두 잘 사는 선순환의 역사를 쓰게 되지요. 그러려 면 문제를 혼자 외우게 하고 반복시켜 시스템에 익숙하게 만드는 것이 아니라, 그룹과 함께, 공동체와 함께 창의적인 문제 해결을 할 수 있도 록 돕는 장치들이 필요합니다. 아이들을 시험과 평가와 측정의 도구로 만 삼아서는 학교 교육의 본연의 취지가 올바로 설 수 없습니다. 종국 에는 아이들이 독립적인 인간으로 성장하는 것, 그리고 유능한 '나 홀 로 인재'보다는 법 질서 안에서 자신이 속한 커뮤니티에 기여하는 시 민이 되는 것, 그것이 '능력과 우월함의 추구'에 앞서는 교육의 근간입 니다. 다 아는 소리를 왜 하느냐고 반문하실 수 있습니다. 저는 그런 분들에게 되레 이렇게 반문하고 싶습니다. "다 아는 소린데 왜 그렇게 들 안 하느냐고?"

좀 거창하게 시작했지만 우리가 추구하는 '창의적인 글쓰기 워크샵'

역시 이런 교육적인 맥락과 동떨어지지 않습니다. 우리는 본질적이고 근본적인 영어 교육을 지향하고자 '창의적인 글쓰기'라는 도구를 빌려왔습니다. 그러니 창의적인 글쓰기 워크샵에서는 단순히 글쓰기만 가르치는 것이 아닙니다. 읽고 쓰고 말하는 모든 방법에 '창의'와 '상상'과 '자발'의 세 요소가 녹아들도록 캐나다 작가들과 저는 지난 세월 노력해 왔습니다. 그리고 이 워크샵을 거쳐 가는 아이들이 좋은 태도와 건전한 생각을 갖도록, 자신들이 가진 재능으로 자신들이 속한 커뮤니티에 공헌했으면 하는 바람을 가지고 아이들을 지도해 왔습니다.

그런 맥락에서 우리는 글쓰기만 잘하는 참가자만을 뽑지 않았고, 잘나고 부유한 부모를 둔 참가자만 뽑지도 않았으며, 순전히 교육적인 목적으로 '필요한 아이'에게 기회가 돌아가도록 노력해 왔습니다. 그러다 보니 언젠가 문제를 일으키고 글도 잘 못쓰는 몇몇 아이들 때문에 재능 있는 학생들을 잃기도 했습니다. 하지만 우리들의 진짜 기쁨은 잘하는 아이가 더 잘하게 됐다는 부모의 피드백을 넘어, 어떤 형태든 문제 있는 아이가(이 세상에 문제없는 아이는 없겠지요?) 책을 읽고 자신의 글을 쓰는 과정을 통해 해당 작가와의 인격적인 만남을 경험하고 나아가 정서적으로 회복되고 성장하는 데 있었습니다. 성경에 예수님도 집 나간 자식이 돌아왔을 때 더 기뻐하셨다고 하지 않았습니까?

좋은 교육과 삶과 창의력은 하나
이제 여러분들과 나눌 창의적인 영어교육에 관한 내용들은 지상 매체나 저의 강의를 통해 일반 독자들에게 이미 공개된 것이 많습니다.

영어교육 전반에 대한 제 철학과 경험과 주장을 일일이 표현하기에는 지면이 부족하지만, 개략적으로나마 이해하실 수는 있을 것입니다.

저는 1990년대부터 십수 년간 대학과 산업교육계에서 일해 온 강사이자 저자입니다. 2004년부터 〈어린이를 위한 창의적인 글쓰기 사회〉를 시작해 아주 어린 아이들부터 청소년까지 만나왔고, 이 기회를 통해 아이들에 대해 배울 수 있었습니다. 솔직히 저는 어린아이들을 그다지 좋아하지 않았습니다. 어린아이들 하면, '어지럽힌다', 혹은 '시끄럽다' 정도의 부정적인 이미지밖에 없었습니다. 아마 제 조카들도 어렸을 때 하나뿐인 외삼촌인 저에게 혼난 기억밖에 없을 것입니다.

하지만 이제는 아이들을 보는 게 즐거워졌습니다. 그들에 대해 고민하고 부모들과 이야기를 나누는 게 제 일상이 되었습니다. 이제는 아이들과 부모들이 제게 감사할 게 아니라, 반대로 제가 그들에게 감사해야 할 때인 것 같습니다. 이들이 없었다면 제 교육적 지평이 오늘처럼 깊어지지도 넓어지지도 않았을 것이기 때문입니다. 시류에 휩쓸리지 않는 근본적인 청소년교육에 대해서 그다지 고민하지 않았을 것이고요. 마지막으로 우리가 인생을 살아가는데, '창의력'이 얼마나 필요한지 절감하지 못했을 것입니다. 이제는 창의력 없는 인생은 상상할 수 없게 되었습니다. 그리고 교육을 잘 받는다는 것과 자신의 생각을 글로 자유롭게 표현한다는 것과 '창의력'이 절대 분리되지 않는다는 것을 확신할 수 있게 되었습니다. 그리고 이 모든 것이 하나라는 것을 깨달았습니다.

영어에는 국경이 없다

잠깐! 이 책으로 들어가기 전에 한국의 독자들에게 당부드릴 게 하나 있습니다. 이 책에는 많은 영어권의 사례가 나옵니다. 한국에 있는 독자들이 혹 '이건 한국의 실정과는 맞지 않는다.'라고 반문할 수도 있을 것입니다. 이런 분들에게는 제가 되레 이렇게 반문하고 싶습니다. "그럼 한국의 영어와 북미의 영어는 다른 건가요? 아니 달라야 하나요?"

영어는 영어입니다. 지역이 다르고 표현방식이 다르고 평가방식이 달라도 결국 영어는 같은 영어입니다. 그렇다는 것은, 영어를 공부하는 것도 지역 차를 두어 달라져선 안 된다는 것입니다. 한국식 영어의 창시자가 되지 마시길 바랍니다. 영어권의 세상에서 100년 전부터 줄곧 유지해온 그들의 영어교육을 배우시길 바랍니다.

일전에 모 외고에서 담임하는 친구를 만났습니다. 저에게는 아주 궁금한 게 하나 있었습니다. '영어권에서 오래 살다 온 아이들의 영어성적이 한국에서는 어떤지?' 그 친구가 뭐라고 대답했을까요? "걔네들은 처음에 와서 한국의 교육 시스템에, 영어 교육에 적응할 때는 힘들어 했지. 하지만 결국 그 아이들이 잘하지." 마찬가지로 한국에서 영어를 제대로 배운 아이들은 미국에 가도, 어느 영어권의 국가에 가더라도 잘해야 합니다. 영어에는 국경이 없습니다. 진짜 실력은 보편적이어야 합니다.

자, 다시 기본으로 돌아가시길 바랍니다. 영어교육의 기본은, 미국의 베스트셀러 작가 스티븐 킹이 그의 책 『유혹하는 글쓰기(*On Writing*)』에서 말한 것과 같이, 아이들로 하여금 많이 읽고 많이 쓰게 하는 것입니다. 그 어떤 정도도, 왕도도 없습니다. 책을 거침없이 읽게 하고, 자신의 스토리를 맘껏 쓰게 하는 것 그리고 그럴 수 있는 자유롭고 안전한 환경을 형성하고 제공하는 것. 그러면 됩니다. 어른의 역할을 이것으로 끝! 단, 굳이 한가지가 더 남았다면 그것은 아이들이 스스로 커나가는 것을 옆에서 '점잖게' 지켜보는 것. 함부로 간섭하지 않는 것. 이 정도면 영어 교육도 별거 아니겠지요?

1	부						
창	의	적		영	어		
글	쓰	기	를		위	한	
발	상	의		전	환		

영어교육의 끝판왕이 글쓰기란 것은 알고 계시겠지요? 창의적인 글쓰기는 글쓰기 중의 글쓰기입니다. 아이들이 지닌 본연의 상상력과 창의력이 글쓰기에 반영되기 위해선, 지금까지 배워왔던 판에 박힌, 반복적이고 유형적인 영어와 결별해야 합니다. 그리고 부모들의 마음가짐이 먼저 바뀌어야 합니다. 영어 교육 자체, 아이의 교육 자체에 대한 생각의 전환이 없다면 창의적인 글은 불가능합니다. 생각의 전환이 그렇게 쉽냐구요? 네, 한 가지만 갖춘다면요. "Be open and receptive(마음을 열고 받아들이는 것)!" 그리고 아인슈타인이 말했던 대로, '똑같은 일을 반복하면서 다른 결과를 기대하는 것(그는 이것을 '미쳤다'고 했습니다)'만 포기하면.

1 그대, 창의를 아는가

어린이들은 물음표로 입학하여 마침표로 졸업한다.
- 닐 포스트먼(1931-2003): 미국 교육학자

"태초에 하나님이 천지를 창조하시니라"로 시작되는 성경의 첫 구절과 같이 이 세상의 시작은 누군가의 창의력에서 나오지 않았을까 하는 상상을 해 본 적이 있으신지요? 창의는 편승과 모방, 인용과 복사를 배제한 순수하고 독특하고 본질적인 창조 성향을 말합니다. 이런 창의가 후천적인 노력으로 배양되고 가시화될 때 창조적인 힘, 즉 창의'력(力)'이 됩니다. 즉 잠재된 성향이 자신과 세상에 쓸모 있는 능력으로 발전하게 되는 것입니다.

그러니 원래 창의 자체는 후천적으로 만들어진 것이 아니라 태초부터, 인류의 시작부터 유전으로 내려왔다고 보는 게 맞습니다. 따라서 누구나, 태어날 때부터 체중 미달이든 과체중이든, 그 부모의 머리가 좋든 나쁘든 창의 성향을 가지고 태어났다고 봐야 하는 것이지요. 단, 이러한 본연의 창의가 자신의 계발과 세상의 발전에 도움 되는 방향으로 전개될 수도 있고, 혹은 세상에 나와 학습되면서 본연의 목적과는 정반대 방향, 즉 자신과 사회에 파괴적인 성향으로 물꼬를 틀 수도 있습니다.

한때 전 미국을 공포로 벌벌 떨게 했던 유나바머(본명은 시어도어 카진스키)라고 들어본 적 있으신 가요? 어려서 IQ가 167이었던 그는 20세에 하버드 대학교 수학과를 졸업할 정도로 우수했습니다. 미시간 대학교에서 박사과정을 마치고 UC 버클리 대학교의 교수가 되었지요. 약 2년 여의 교수생활을 갑자기 그만둔 그는 결국 몬태나의 산속에 들어가 살면서 폭탄을 제조했고, 대학교와 항공사에 우편물로 가장해서 보내 많은 인명을 살상했습니다. 그의 별명인 유나바머(Unabomber)는 그의 주공격 대상인 대학(University)의 Un와 항공사(Airline)의 a에 폭탄제조자라는 뜻의 바머(bomber)를 붙여 탄생한 것입니다. 그의 천재성은 결국 세상을 파괴하는데 사용됐습니다.

우리 자녀의 창의성은 어느 쪽으로 방향을 틀 것인가? 이게 아이들의 미래를 고민하는 학부모와 교육자들의 한결같은 고민입니다.

창의력이 차이를 만든다

21세기는 분명 창의(creativity)의 시대입니다. 정말 창의가 밥 먹여 주는 시대가 된 거지요. 컴퓨터 시대의 상징인 빌 게이츠도, 가전기기 디자인의 혁명을 가져온 영국의 제임스 다이슨도, 최근 전 세계에서 가장 뜨는 주가를 가지고 있는 테슬라의 일론 머스크도, 다 그들의 창의력 덕에 현재까지 잘 살고 있습니다.

앨빈 토플러의 말대로, 컨베이어 벨트 위에서 이동하는 제품들처럼 획일화된 교육을 받고 자란 복제 인간의 홍수 속에서 창의만이 차이를 만드는 세상이 된 것입니다. 하지만 조심할 것은, 창의가 이런 실용적인 목적 때문에 필요한 것만은 아니라는 것입니다. 잘 먹고 잘 살자고 창의가 필요하다면, 그건 결코 창의의 본질적인 목적이 될 수 없습니다. 이것은 창의가 세상의 영역에서 발휘된 하나의 부수적인 결과일 뿐입니다.

우리에게 창의가 필요하다는 것은 본질적으로 인간성의 회복과 관련이 있습니다. "인간은 누구나 창의적이다!" 지난 수천 년 역사에서 인간이 생존하고 번영할 수 있었던 것은 인간의 창의력 덕분입니다. 개인의 삶은 물론 공동체와 더 큰 사회와 국가에 발현된 크고 작은 인간의 창의력 때문에, 인류는 사회와 환경의 제약에서 벗어날 수 있었습니다. 그러니 창의는 결코 추상적이지 않습니다. 문제는 21세기 세상의 어느 언저리에 있는 우리에게, 동북아시아의 어느 한쪽 끝 반도에 속해 있는 한국인들에게 창의가 과연 얼마나 중요하게 인식되고 있는가, 입니다. 이건 너무 흔하고 당연하니 강조하고 교육할 필요가 없다? 사실은 그 반대입니다. 작은 땅에 많은 인구, 성장제일주의, 지나친 생존 경쟁, 고학력 추구 등등의 문화 속에서 창의가 제대로 그 가치를 인정받고 있을까요?

인간의 가장 본질적인 특질인 창의의 중요성을 결코 간과해선 안 됩니다. 창의는 그럴싸한 속임수가 아닙니다. 기업체의 선전 문구나 교육적 장식도 아닙니다. 그러니 창의적인 본성을 무시하거나 무분별한 계발과 교육의 이름으로 파괴해선 안 됩니다. **창의적으로 사는 것이 가장 인간적으로 사는 것입니다.** 그것은 창조의 섭리에 반하는 것이 아니라 순응하는 것이고, 나아가 세상의 발전에 역행하는 것이 아니라 도리어 세상의 발전을 돕는 긍정적인 촉매 역할을 하는 것입니다.

창의적인 인간이 되기 위한 전제들

이제 창의적인 것이 뭔지, 어떻게 인간 본연의 창의를 회복할 수 있는지에 대해 좀 더 구체적으로 살펴보겠습니다.

『창의적으로 생각하기(*Creative Thinking*)』를 쓴 창의력 전문가 로저 본 외희(*Roger von Oech*)는 창조적인 인간이 되는 건 아래의 10가지 정신적 감옥에서 탈출할 때에만 가능하다고 말합니다.

1. 정확한 답.
2. 그것은 논리적이지 않다.
3. 규칙을 준수하라.
4. 실용적이 되라.
5. 놀이는 하찮은 것이다.
6. 그것은 내 분야가 아니다.
7. 중의성(重義性: *ambiguity*)을 피하라. 확실한 것만 추구하라는 말이다.
8. 바보 같은 짓 하지 마라.
9. 실수는 나쁜 것이다.
10. 나는 창조적이지 않다.

1부터 10까지 다시 한번 천천히 읽어보십시오. 혹 부모인 우리가 아이들에게 이러라고 늘 하던 말 아닌가요? 만에 하나 그렇지 않다면, 우리의 세상, 작금의 교육이 아이들에게 이러라고, 이런 정신적인 감옥에 스스로 갇히라고 가르치고 있지는 않은지 고민해 볼 일입니다. 『젊음의 탄생』이란 책에서 한국의 석학 이어령 교수가 지적한 대로 '얼음이 녹으면 물이 된다.'가 아니라 '얼음이 녹으면 봄이 온다.'라는 상상의 답안지가 작금의 대한민국 공교육 현장에서 가당키나 한 이야기입니까? 상상과 동기부여와 창의는 서로 떼려야 뗄 수 없는 친구지간인데 이런 친구들이 한국의 교육현장에서 발붙일 틈이 있습니까? 혹 확실성의 추구라는 핑계로, 당장 눈앞에 보이는 빵을 위해서, 평생 우리 아이들의 인생에 비옥한 토양을 제공할 이런 본질적인 창조 성향들을 사장하고 질식시키고 있지는 않는가요?

창의가 예술과 만나려면

이제 창의를 우리가 말하고자 하는 예술과 문학의 영역에 적용하려면, 『아티스트처럼 훔쳐라(Steal Like an Artist)』를 쓴 미국의 젊은 작가이자 시인인 오스틴 클레온(Austin Kleon)의 말에 귀 기울일 필요가 있습니다. 그는 이 책에서 소위 작가들의 고질병인 진부한 묘사에 시간을 들이지 않았습니다. 대신 간단명료하게 자기가 할 말을 다음의 '창의를 위한 10가지의 비결'로 정리했습니다. 그는 이 간단한 책 한 권으로 일약 스타덤에 올랐고 북미 테드 토크의 뜨는 강사가 됐습니다. 그의 말에 제 해석을 덧붙여 보았습니다.

1. 아티스트처럼 훔쳐라. 이 세상의 그 어느 것도 자기 스스로 창조한 것은 없

다. 그러니 교만할 필요는 없고, 다만 잘 훔치는 '지혜'가 필요하다. 훔친다고 복사, 표절하라는 게 아니다. 타인의 아이디어를 자신만의 언어와 관점으로 재창조해내는 기술과 노력이 필요하다는 말이다.

2. 다른 사람이 네가 시작하는 것을 알기까지 기다리지 마라. 먼저 시작하는 자가 주인이라는 것이다. 창의의 세계에는 위아래, 고전과 현대의 차이가 없다. 머리에 뭔가가 번쩍이면 그냥 지나치지 말고, 적어서 구체화시키고 활용 방안을 강구하라는 것이다.

3. 네가 읽길 원하는 책을 써라. 자신이 좋아하는 분야에 관해 쓰라는 것이다. 그러기 위해서는 먼저 자신이 어떤 책을 읽길 좋아하는지부터 정의가 되어야 한다. 거두절미하고, 책을 읽지 않고는 책을 쓸 수 없다는 말이다. 많이 읽는 게 우선할 일이다.

4. 온몸을 사용하라. 머리만 써서는 창조적일 수 없다. 창조적인 인간은 '뭔가'를 시도 때도 없이 만드는 인간이고, 이런 대책 없는 만들기에 온몸을 사용한다.

5. 한 가지만 하지 말고 여러 가지 프로젝트나 취미 활동을 해라. 창조적이라고 고립되지 말라는 말이다. 최대한 지적, 물리적 영역을 확대하는 노력이 필요하다. 그래야 미국의 유나바머처럼 사회와 절연되어 사회에 파괴적인 인간으로 전락하지 않고, 사회에 기여하고 공헌하는 인간이 될 수 있다.

6. 비밀: 좋은 일을 하고 그것을 다른 사람들과 나눠라. 창조적인 인간에게 '공동체'와 '공동체 의식'이 필요한 이유이다.

7. 어디에 사는가에 목숨 걸지 마라. 어디를 가나 세상과 연결할 수 있도록 하라. 첨단의 21세기에 가장 귀한 말은 바로 '연결'이라는 것이다. 24시간 아이폰을 끼고 다니는 아이들에게 가장 필요한 말이 바로 아이러니하게도 '연결', 자신이 속한 공동체와 세상과의 연결이다. 그들은 외롭다. 문제는 어떤 방법으로 연결하는가이다.

8. 좋은 태도를 가져라. 세상은 좁다. 친구를 만들고 적들과 헤어져라. 외골수가 되지 말라는 말이다.

9. 지겨워하라. 지겨워야 일이 끝난다. 창조적인 일에는 대단한 에너지가 필요하다. 쓸데없는 일에 에너지를 낭비하지 마라. 권태가 창조적 인간이 되는 데 도움이 된다는 말이다. 후에 이에 대해서는 더 이야기를 나누도록 하겠다.

10. 창조적인 일은 '뺄셈'이다. 창조적인 행위는 '더 많이'가 아니라 '더 적게'로 귀결된다. 더 늘리는 것이 아니라 더 축약하는 것이다. 이 말은 창조적인 행위를 하는 사람이라면 이미 다 터득한 이야기이기도 하다. 창의력을 키우기 위해 우리는 더 많이 획득하려고 노력한다. 더 좋은 글을 쓰기 위해서 우리는 끊임없이 글을 써 댄다. 처음 창작하는 아이들에게 늘 강조하는 게 더 많이, 더 구체적으로 쓰라는 말을 한다. 처음 문학을 시작하는 아이들은 늘 "쓸 게 없어요!"라고 말하기 때문이다. 이 단계를 넘어 이제 글이 뭔지 조금 알게 되고 작가의 꿈을 꾸게 되면, 그때는 '줄이는 연습'을 하라고 한다. 잘 쓴 글은 쓸데없이 종이와 잉크를 낭비하지 않는다. 법정 스님의 베스트셀러 『무소유』의 말들이 길던가?

이렇게 개발된 창의력을 기업에서 활용하면 비즈니스가 활기를 찾고, 미술에 응용하면 새로운 장르의 명작이 탄생하며, 악기 연주에 활용하면 명연주가 되고, 물리학에 적용하면 새로운 이론이 탄생하게 됩니다. 마찬가지로 이제부터 본격적으로 다룰 '영어 글쓰기'에 적용하면 최고의 책이 탄생하는 것입니다.

창의적인 영어교육은 '창의'라는 이름의 아이와 '교육'이라는 어른이 만나 함께 춤을 추는 것과 같습니다. 환상적인 춤사위가 연출되려면 이 둘의 긴밀한 호흡이 필요합니다. 어느 것도 덜 중요하지 않습니다.

인간 본연의 창의가 교육이라는 후천적인 노력과 결합할 때 새로운 창조의 역사가 시작됩니다. 세상이 놀라고 자신도 놀랄 깜짝쇼를 공연하게 되는 것이지요.

『개미』로 유명한 프랑스의 천재 작가 베르나르 베르베르만 이런 창조적인 공연을 하는 게 아니라, 『찰리와 초콜렛 공장』으로 유명한 영국의 로알드 달(Roald Dahl)만 이런 유머러스한 공연을 하는 게 아니라, 자유롭게 상상하고 책을 읽고 글로 표현하기를 즐겨 하는 이 세상 어린이 누구나 세기적인 공연의 주인공이 될 수 있고, 그 공연 자체를 창조해 낼 수도 있습니다. 가장 아날로그적인 낡아빠진 책 한 권과 몽당 연필 하나로 이 세상의 창조자가 될 수 있다는 것입니다. "펜이 검보다 강하다(The pen is mightier than the sword)."는 말은 한낱 철 지난 속담에 불과할까요?

자, 이제부터 아이들 본연의 '창의'와 영어의 '읽기'와 '쓰기'가 어떻게 만나는지, 그리고 어린 시절에 그 창의가 어떻게 고양되어야 하는지, 어른들의 낡고 고리타분한 사고를 던져 버리고, 자녀와 같이 몸과 마음을 가볍게 하고 동행하시길! 여행은 가볍게 시작해야 멀리 갈 수 있는 법! 혼자보다 둘 이상이면 더 좋겠지요. 신영복 선생님이 늘 말씀하신 '함께', '더불어'란 말을 잊지 말고 말입니다.

2 나이에 맞는 교육이 가장 오래간다

모든 나이에는 나름대로의 처방(recipe)이 있다.
- 조오지 브라크(1882~1963): 프랑스 화가

밴쿠버에서 실시하는 창의적 글쓰기 워크샵에 한국에서 온 지 1년 조금 넘은 초등학생 존(가명)이 참가를 희망했습니다. 그 부모의 말로는 아이가 영어책 읽기를 워낙 좋아하기 때문에 비록 영어권에 산 지는 오래되지 않았으나 문제가 안 될 거라는 것이었습니다. 그 부모의 교육열과 아이의 열독(熱讀)성을 높이 사 예외적으로 워크샵에 참가하도록 허락했습니다. 보통 창의적 글쓰기 모임에는 영어권에 산 지 보통 3~4년 이상 되고, 책 읽기와 쓰기에 흥미가 있는 아이들로 구성됩니다. (물론 지역마다, 아이마다 편차가 있기는 합니다.)

어린이 판타지 작가가 진행하는 워크샵이 드디어 시작됐습니다. 10여 명으로 구성된 그룹에는 다양한 수준과 학년의 아이들이 섞여 있었습니다. 우리 워크샵은 영어를 잘하는 아이만 뽑지는 않습니다. 실력은 부족해도 교육적인 목적으로, 아니면 치유의 목적(창의적인 글쓰기와 정신적인 치유는 무관하지 않습니다)으로 이런 창의적 워크샵이 필요한 아이들을 언제나 환영하는 편입니다. 존의 리딩 수준과 참여도는 다른 아이들에 비교해 아주 훌륭했습니다. 그런 존이 어느 날 그만두겠다고 했습니다. 아이들의 수준이 자기와 맞지 않는다는 이유에서였습니다.

다른 아이들의 책 읽는 수준이 너무 유치하다는 것이지요. 그 아이는, 제가 대학 시절 읽었던 에릭 시걸의 '러브 스토리'를 읽고 있었습니다. 저는 믿을 수 없어 그 아이가 괜히 폼 잡으려는 것은 아닌지 확인하기 위해 몇 가지 질문을 던져봤습니다. 웬걸, 그 아이는 내용을 완벽하게 이해하고 있었습니다. 나중에 알고 보니 그 아이는 이른바 '영재'였습니다. 수학은 이미 9학년 이상의 수준이었고, 다른 과목도 월등했습니다. 존의 돌연한 '탈퇴' 선언은 캐나다 작가와 필자에게 충격이었습니다. 그 아이의 본연의 영재성은 인정하지만, 글쓰기에 관한 한 여전히 ESL(*English As Second Language*) 수준이기 때문이었습니다. ESL은 영어를 모국어로 사용하지 않는 아이들을 위한 영어로 이 단계를 넘어가야 영어로 소통하는 데 문제가 없다고 보며, 통상 3~5년 정도 영어권에서 살아야 ESL 수준에서 해방될 수 있습니다. 그 어떤 영재성도 표현되지 못하면 쓸모가 없겠지요?

누구나 영재성을 가지고 태어난다

'가정(*assumption*)'이란 단어가 있습니다. 섣불리 판단하는 가정은 '편견'과 '고정관념'을 조장합니다. 처음엔 하나의 생각으로 시작하지만, 나중에는 엄청난 사회적 파장을 일으킬 수 있는 것이 '가정'의 안 좋은 점입니다. '타 문화 간 이해와 적응'을 가르치는 교육자이자 저자로서 제가 늘 경계하는 단어가 바로 '가정'이지만, 그런 제가 못 버리고 있는 유일한 가정이 '영재'나 '영재교육'에 대해서입니다(*저 역시 완전하지 못하다는 증거이겠지요*). 저 자신이 영재가 아니라서 혹은 저의 자녀가 영재교육 한번 못 받아 한이 되어서가 아니라, 근본적으로 우리 모두 '영재성

(giftedness)'을 가지고 태어난다는 믿음이 있기 때문입니다. 그런 '영재성'은 단기간에 개발하고 속성으로 강화될 문제가 아니라 시간을 두고 아이의 지적, 정서적 수준과 능력에 맞게 인내심을 가지고 추진되어야 한다는 철학이 있기 때문입니다. 그래서 저는 이 장을 나이에 맞는 교육이라고 정했고, 아직 젖을 먹어야 하는 아기에게는 딱딱한 시리얼을 먹일 수 없다는 것을 말씀드리려고 합니다.

1876년 존스 홉킨스 대학교 심리학 연구실에서 시작된 영재아 연구와 1875년 제임스(W. James)가 하버드 대학교 심리학 연구실에서 시작한 인간 심리에 관한 연구에서 비롯된 영재교육은 시대를 거듭하면서 자본주의와 영합해왔습니다. 따라서 영재교육이 태어날 때부터의 본연적 영재성을 계발하고 촉진하는 것이 아니라 후천적 가공 영재나 '기능적인 학습 우수아'를 만드는 단편적인 교육 도구로 전락해 버렸습니다. 한국에 난무하고 있는 수많은 영재원도 이런 아류에 속합니다. 영재원이 진짜 영재원인지는 어떤 과정을 통해 영재들을 뽑는지를 보면 알기 쉽습니다. 혹 개인의 영재성과는 전혀 상관없는 건조하고 단편적인 미국산 영어시험 도구를 통해 학생들을 선발한다면 그 자체가 모순이지요.

개인의 영재성을 사지선다 시험으로 뽑는다는 것이 말이나 됩니까? 더욱 언어도단인 것은, 수학 영재를 뽑는 데 위와 같은 대입용 영어시험 도구를 활용한다는 것입니다. 영재교육에서 단순히 학습능력 향상만 강조하면, 영재교육의 사회적, 문화적 기능은 퇴화합니다. 머리는 커지고 몸뚱이는 작아지는 기능적 불균형을 가져오게 되면서 감성과 정서를 뒤로 물리게 되는 것이지요. 비록 명칭만 빌려 온 창의적인 교육으로 그럴싸하게 포장하고 있으나, 결국 소비자들의 무리한 성취욕 때문에 명목상의 교육이 되고 마는 것입니다. 개인성향이 강해지면서 상대성향 즉 사회성향이 없어진다는 점을 알아야 합니다.

왜 영재교육을 하는가

MS의 빌 게이츠에 이어 동시대의 또 한 명의 인터넷 천재로 인정받고 있는, 인포시크의 설립자이면서 억만장자인 스티브 커시 회장이 모교인 MIT에서 'MIT가 나에게 가르치지 않았던 것들'이란 주제로 강연한 내용은, "정보기술(IT)업계에서 성공하기 위해 가장 중요한 것은 뛰어난 기술보다 뛰어난 대인관계이다."였습니다. "나는 MIT 공대에서 뛰어난 공학 기술을 전수 받았지만 정작 중요한 대인관계 기술에 대해서는 하나도 배운 것이 없다."라고 고백하면서, 그는 대학의 반사회적 기능에 대해 질타했습니다. MIT는 이 세상의 영재만 모여 있는 명문 학원 아닙니까?

영재교육에 관심 있는 부모라면, "왜 영재교육을 하는가"를 고민해야 합니다. 개인의 능력을 최대한 발휘하도록 돕는다는 것에 이견을 달 수는 없으나, 이런 교육이 왜 영재라는, 특수 클래스에 국한해서 진행되어야만 하는가에 대한 근본적인 질문을 해야 합니다. **"영재는 만들어지는 것인가?"** 레오나르도 다빈치부터 마이클 패러데이(전기의 아버지)까지, 모짜르트에서 크리스토퍼 파올리니(세계적인 판타지 작가)에 이르기까지 이들 모두 영재교육 한번 받지 않고, 정상적인 교육 한번 받지 않고 영재가 된 사람들입니다. 이 세상에 영향력을 발휘했던 99%의 역사적 인물들은 이런 영재교육의 혜택과 무관하게 성공했고 이 세상에 기여했습니다.

반대로 영재성을 일찍이 인정받은 아이들이 크면서 평범해지거나 도리어 무능해지는 경우를 심심찮게 매스컴을 통해 듣습니다. 1970년대에 한국의 "김웅용"이라는 천재 소년이 화젯거리였습니다. 그는 지능지수(IQ)가 200이 넘고, 4세 때 한국어·영어·일본어·독일어를 유창하게 말했으며, 5세가 되기 전에 미적분학을 풀었습니다. 그러나 세월이 흘러 그는 평범한 사람이 되었고 이제는 세간에서 잊혀졌습니다.

영재는 만들어지는 것이 아니라 그렇게 태어나는 것입니다. 그러니 세월이 흘러도, 소위 명문대를 가지 않아도 그의 영재성은 변함이 없어야 합니다. 위 김웅용 역시 세간에서 잊혀졌다고 해서 그의 본연의 천재성이 사라졌다고는 볼 수 없을 것입니다. *(그는 지금 어느 지방대의 교수가 되었다고 하지요.)*

믿어 주고 서로에게 배울 수 있는 교육의 힘

아이들의 잠재력 개발에서 줄곧 언급되는 '**피그말리온 효과**(Pygmal-ion effect)'라는 교육학 용어가 있습니다. 그리스 신화 피그말리온에서 유래한 이 용어는 학교 교사의 기대가 크면 학생의 학습능력 효과가 크다는 것을 실험으로 증명하면서부터 일반화됐습니다. 즉 교사가 학생들에게 긍정적으로 기대하면 기대에 부응하는 행동을 학생들이 하게 된다는 것입니다. 기대가 태도와 행동을 바꾸는 것이지요. 피그말리온 효과는 교사와 학생뿐 아니라 부부, 부모와 자녀, 상사와 부하, 동료 사이에도 폭넓게 적용됩니다.

뮤지컬의 고전 『마이 페어 레이디』를 기억하세요? 이 작품은 조지 버나드 쇼의 『피그말리온』이란 희곡을 뮤지컬로 각색해 만든 것입니다. 영화에는 오드리 헵번이 나와 더 유명해지기도 했습니다. 이 작품은 음성학 교수인 헨리 히긴스가 빈민가 출신의 꽃을 파는 소녀인 두리틀을 지성미와 품격을 갖춘 숙녀로 만드는, 어찌보면 진부한, 리처드 기어의 『귀여운 여인』과도 같은 이야기입니다. 결론은 히긴스의 믿음이 승리한다는 것인데, 이건 두리틀의 단순한 행동의 교정만이 아니라 그녀의 내면 자체가 숙녀로 변화했다는 것입니다. 그녀는 결국 자기 자신을 믿는 법을 배우게 된 것이지요.

프로이트는 그의 저서 『꿈의 해석』에서 자신이 위대한 사람이 되려고 노력했던 것은 "너는 장차 위대한 인물이 될 것이다."라는 어머니의 믿음 때문이었다고 말했습니다. 친구들로부터 따돌림을 당하고 엉뚱한 실수를 저지르기 일쑤였던 레오나르도 다빈치에게 그의 할머니는 항상 이렇게 말했다고 합니다. "넌 무슨 일이든 해낼 수 있어. 할머니는 너를 믿는다." 위대한 일을 한 사람 곁에는 그를 믿어준 사람이 있었습니다. *(물론 이런 이야기들을 과신하면 안 됩니다. 노력이 수반되지 않는, 뭐든지 될 수 있다는 믿음은 '값싼 믿음(cheap faith)'입니다. 해서 될 일이 있고 안 될 일이 있지 않습니까? 그러니 이 둘의 차이를 미리 아는 것이 지혜이기도 합니다.)*

이런 면들을 고려해 우리 〈어린이를 위한 창의적 글쓰기 사회〉에서는 우수한 영재를 뽑아 기능적으로 더 월등하도록 돕는 데 우선적인 목적을 두지 않습니다. 영재라고 자처하면서 그룹의 다른 학생들과 어울리기를 원치 않는 '나 홀로 집에' 유형의 인재들을 양산하고 싶지 않기 때문입니다. 우리는 글 잘 쓰고 영어 잘하는 외로운 천재보다는 다른 아이들과 더불어 살기를 즐거워하는 보통 아이들을 더 환영합니다. 초등학교 2학년 때부터 대학 문법 교재를 가르치는 부모 역시 우리와 코드가 맞지 않습니다. 저는 개인적으로 선행교육을 '목소리 높여, 두 팔 벌려' 반대하는 교육자입니다. 제정신이 박힌 교육자라면 초등학생에게 대학용 수학 문제를 풀고 세익스피어의 햄릿을 읽으라고 강요하지는 않을 것입니다. 선행교육의 장점만 열거하고 그 치명적인 폐해에 대해서 침묵한다면, 그것 역시 지식적 범죄행위이지 참된 교육은 아닙니다.

우리 기관이 추구하는 것은 자신의 취미와 능력이 무엇인지 모르는 아이들이 작가와의 허물없는 만남과 지도와 관계 형성을 통해 자신을 재발견하도록 돕는 것입니다. 산만했던 아이들이 집중하게 되고, 정서가 들쑥날쑥했던 아이들이 진정되고, 내성적인 아이가 외향적이 되고 (혹은 그 반대로), 잘 흥분하던 아이가 차분히 가라앉고, 컴퓨터 게임에 빠졌던 아이가 책을 읽게 되고, 자신의 꿈이 뭔지도 몰랐던 아이가 커서 작가가 되겠다는 야무진 꿈을 갖게 되는 것입니다. 그래서 우리는 능력에 맞는 교육이 아닌 나이에 맞는 교육, 개인 지도가 아닌 그룹 교육, 간섭하는 교육이 아닌 관찰하는 교육, 평가하는 교육이 아닌 칭찬하고 격려하는 교육, 선생한테 일방적으로 가르침을 받는 교육이 아닌 서로에게 배우고 같이 성장할 수 있는 교육을 지향합니다.

스스로 크게 하라

중국 고전에 곽탁타라고 불리는 곱사등이가 있었습니다. '탁타'는 허리를 굽히고 다니는 모습이 낙타와 비슷하다고 동네 사람들이 붙여 준 이름이었습니다. 장안 서쪽 풍악에 살던 그는 나무를 잘 심기로 소문이 나서, 온 장안의 세도가와 재력가들의 나무를 돌보게 되었습니다. 탁타가 한번 심은 나무는 옮겨 심어도 죽는 법이 없었을 뿐 아니라, 잘 자라고 열매도 많이 맺었습니다. 탁타는 나무의 본성을 잘 알았습니다. 그는 자신의 능력으로 나무를 오래 살게 하거나 열매를 많이 맺게 할 수 없다는 한계를 잘 알고 있었습니다. 그는 단지 나무가 자신의 본성을 따라 잘 살 수 있는 환경만 조성해 주었습니다. 나무의 본성이란 그 뿌리가 퍼지길 원하며, 평평하게 흙을 북돋아 주기를 원하며, 원래의 흙을 원하며, 단단하게 다져 주기를 원하는 것입니다. 그는 일단 정성을 다해 나무를 심은 후 잊어버렸습니다. 나무 심기는 자식같이 하면서 나무 관리는 남과 같이 했습니다. 그의 식목 비결을 묻는 동네 사람들에게 그는 "나무의 성장을 방해하지 않을 뿐입니다."라고 겸손하게 말했습니다. 그는 모든 권한을 나무에게 위임했습니다. 스스로 클 수 있도록......

아이들의 무궁무진한 상상력과 창의성이 부모들의 재촉과 성화로 손상되지 않도록, 머리만 뜨겁고 가슴이 싸늘하게 식어버린 아이가 되지 않도록, 한창 공부를 해야 할 대학 이상의 교육에서 이미 기력이 쇠잔해 허리가 굽어버린 겉늙은 청년같이 되지 않도록, 자기만 알고 세상을 등한시하지 않도록, '탁타'처럼 늘 뒤에서 지켜봐 주고 필요할 때에만 손을 내밀어 도와주고 인내하는 부모들이 우리 주위에 많아지기를 희망해 봅니다.

나이에 앞서가는 것이 아니라 나이에 맞춰갈 때, 미국의 베스트셀러 작가 말콤 글래드웰이 말했던 것처럼 언젠가 걷잡을 수 없는 '**티핑 포인트**(*Tipping Point*)'의 순간을 인생에서 맛볼 수 있게 될 것입니다. 티핑 포인트는 모든 것이 한꺼번에 변화되는 극적인 순간을 의미합니다. 티핑 포인트를 맞으면 더 이상의 노력이 필요치 않습니다. 알아서 지속적인 성장을 하니까요. 주의할 것은, 이 티핑 포인트의 순간이 개인마다 다르다는 것입니다. 이 글을 쓰고 있는 저는 58세인데도 아직 맛보지 못한 제 인생의 티핑 포인트를 준비하고 있습니다. 하나님은 제게 일찍 꽃피는 영재성을 주시지 않고, 대신 끝까지 노력하라고 인내심을 주신 것 같습니다. 제 본성을 잘 알기에 그저 감사합니다. 다, 때가 있지요!

침팬지의 어머니 제인 구달이 들려주는 책 이야기

책이 만들어지는 시간은 작가마다 다 다릅니다만 2019년 미국에서 청소년 독자들을 위해 특별히 출간된『존재의 속도: 청소년 독자를 위한 편지들』이라는 책은 무려 8년이나 걸렸습니다. 이 책 안에는 오늘날 이 세상에서 가장 영감을 주는 대표적인 아티스트, 작가, 과학자, 철학자, 기업가, 음악가 그리고 모험가들이 그들의 삶을 형성하고 변화시킨 독서의 역할에 대해 청소년들에게 전달하는 형식으로 쓴 121편의 엽서들이 아름다운 그림들과 함께 있습니다.

이중에는 특히 환경운동가이며 침팬지 연구분야의 세계 최고의 권위를 가진 제인 구달이 등장합니다. 구달은 청소년 독자들에게 그녀의 어린 시절이 어떻게 형성되어 왔는지 전달해 줍니다. 영화배우 안젤리나 졸리 역시 구달을, "늘 저에게 영감이 되는 분이고 삶에 대한 저의 생각이나 태도를 형성하는데 보탬이 되는 분이에요."라고 고백합니다. 구달은 한국하고도 인연이 깊어 2014년에는 그녀를 기념해 국립생태원에 그녀의 이름을 딴 길이 만들어지기도 했습니다.

자, 이제부터는 그녀의 청소년기의 삶에 독서가 어떤 영향을 미쳐왔는지 직접 들어봅시다.

친애하는 어린이 여러분,

저는 제가 여러분 나이에 책을 얼마나 좋아했는지 이제부터 나누려고 합니다. 물론 그때는 인터넷도 없었고 지금은 그 흔한 TV도 없었습니다.

우리는 모든 것을 인쇄된 책을 통해서만 배웠습니다. 저희 가족은 가난해 제가 어렸을 때 새 책을 산다는 것은 엄두도 못 냈고, 제가 읽는 모든 책은 도서관을 통해 빌려야만 했습니다.

　또 저는 동네의 중고서점에서 몇 시간씩 시간을 보내곤 했습니다. 그 상점의 주인은 아주 연세가 많으셨는데 그분은 결코 책들을 정돈해 두지 않으셨습니다. 책들은 여기저기 쌓여져 있었고 저는 상상 가능한 모든 정보가 다 들어가 있는 그 책들에 의해 둘러싸여 때론 그 책들 위에 그냥 앉아 있기도 했습니다. 저는 생일 때나 가사를 도와 받은 돈을 모아 그 중의 책 한권을 사기도 했습니다.

　물론 지금은 모든 것을 인터넷에서 찾아볼 수 있지요. 그러나 한 권의 책에는 아주 특별한 것이 있답니다. 그것은 책을 잡았을 때 손으로 느껴지는 느낌이나 그리고 침대 옆 책상에 놓여져 있거나 책장 속에 다른 책들과 함께 진열되어 있는 방식에 관한 것입니다.

　저는 침대에 누워 책을 읽는 것을 좋아합니다. 침실 등을 끄고 이불보를 몰래 덮어쓰고 등불을 밝혀가며 책을 읽었어요. 엄마가 들어와 저를 찾아내 방해하지 않기만을 바랐지요. 또는 추운 겨울 밤 불가에서 온몸을 잔뜩 구부린 채 책을 읽기도 했습니다. 그리고 여름에는 집 정원의, 제가 가장 좋아하는 나무 위에 올라가 좋아하는 책들을 읽었습니다. 그건 너도밤나무였어요. 거기서 저는 이국의 장면들이 포함된 책들을 읽었고 그곳들을 상상했습니다. 저는 특히 『닥터 두리틀』에 대해 읽는 것을 좋아했는데 거기에는 그가 어떻게 동물들과 이야기하는지가 나옵니다. 그리고 저는 『타잔』에 대해서도 읽었습니다. 저는 책을 읽으면 읽을수록 더 많이 읽고 싶어졌습니다.

　제가 열살쯤 되었을 때 저는 크면 아프리카로 가서 동물들과 함께 살고 그들에 대해 책을 써야겠다고 다짐했습니다. 결국 저는 그렇게 되었습니다. 저는 아프리카에서 침팬지들과 함께 살게 되었고 그들과 다른 동물들에 대해서 책을 쓰게 되었습니다. 사실 저는 책을 읽는 것만큼 책을 쓰는 것을 좋아합니다. 저는 여러분이 제가 쓴 책 중 몇 가지만이라도 읽고 즐거워했으면 좋겠습니다. ✎

제인 구달이

*23살에 처음 아프리카로 간 구달은 26살 되던 해부터 탄자니아의 곰베 국립공원에서 침팬지들과 함께 살기 시작했으며, 현재까지 60년이 넘는 기간동안 그들에 대한 연구를 한결같이 해오고 있습니다. 이런 힘이 어디서 나오는 걸까요? 그녀가 타고난 영재라서, 영재교육을 받아서 가능했을까요? 구달은 정규 대학과정도 받지 못한 동물행동연구가로 세상의 주목과 제도권의 인정을 받기까지 많은 세월과 우여곡절이 있었습니다. 결국 그녀는 고졸학력으로 캠브리지 대학에서 박사학위까지 따게 되지 않습니까? 모든 일에는 다 때가 있나봅니다. 그러니 그때가 오기 전까지는 오직 인내와 노력만이 필요합니다.

3 글쓰기에는 영재가 따로 없다

글을 쓰려는 열망은 쓰면서 자란다.
- 에라스무스(1466-1536): 네덜란드 신학자 겸 휴머니스트

사례 1 2004년 여름, 밴쿠버 창의적 글쓰기 워크샵의 회원을 모집하기 위한 첫 공식 설명회 장소. 초등학교 그룹은 4학년부터 7학년까지가 대상이라는 설명이 끝나자마자 2학년짜리 코딱지만 한 남자아이가 손을 든다. 자기도 하고 싶다는 것이었다. *(우리는 지금 영어로 말하고 있다.)* 그 아이는 그렇게 우리와 인연을 맺었다. 우리 워크샵 3년 차인 지금도 수업시간에 종이비행기를 날리는 철모르고 산만한 그 아이의 영특함은 글 소재와 전개 방식에서 여실히 드러났다. 그 아이는 공룡에 대해서건 나무에 대해서건 한번 썼다 하면 끝장을 본다. '집중력'과 '집요함'이 영재성과 관련이 깊다는 것은 상식이다. 2006년 창의적 글쓰기 대회에서는 최연소로 수상했고, 8학년 형, 누나들과 함께하는 여타의 글쓰기 워크샵에서 단 한 번도 뒤처지지 않고 제 몫을 다해냈다. 여러모로 관찰한 결과, 이 아이는 소위 영재였다.

사례 2 앞의 아이보다 1학년 위인 3학년 여자아이도 이때 합류했다. 네 형제의 맏이로 동생들의 성화를 책 읽는 집중력으로 이겨낸 이 아이는 엄청난 양의 독서를 했다. 이 아이가 책을 읽고 난 후 독후감을 제출했는데 그 수준이 고등학교 이상이어서 그 아이의 부모에게 확인을 요청했다. "아

마, 아이가 똑똑해 인터넷에서 카피한 것 같습니다." 그 아이의 부모는 "아닙니다. 자기가 직접 썼답니다."라고 확인해 주었다. 이 아이 역시 2006년 창의적 글쓰기 대회에서 우수한 성적으로 입상했다. 주제는 아이스크림 전쟁에 관한 것이었다. 여러모로 관찰한 결과 이 아이도 영재였다. *(이 아이는 2021년 지금 미국 명문대를 나와 보스턴에서 일하고 있다.)*

영재교육에 대한 환상

음악 천재 모차르트는 5살에 작곡을 시작했고, 골프 천재 타이거 우즈는 8살 때 첫 골프대회에서 우승했습니다. 역사상 수학에서부터 예술 분야에 이르기까지 타고 난 영재들의 활약이 돋보임에 따라, 평범한 유전자를 가진 많은 부모 역시 '우리 아이도 저렇게 될 수 없을까' 하는 막연한 기대를 품게 됩니다. 어느 날 아이가 남다른 행동을 하면 부모는 이런 기대에 대한 조물주의 보답으로 착각해 본격적인 영재 만들기 작업에 착수합니다. 작업의 양 및 정도의 수위를 높여가며, 아이가 가진 선천적 재능의 발견이나 양육 차원을 넘어 후천적 노력으로라도 자신들의 자녀를 영재의 반열에 끼워 넣으려고 총력을 기울이게 되지요.

혹 궁합이 맞는 사설 교육기관이라도 만나면, 이 아이의 특정 영재성이 치사(致辭)되고 과장되어 '좀 더 멀리 좀 더 높이' 날기 위한 전 방위 영재교육에 돌입합니다. 소위 스카이캐슬로 들어가게 되는 것이지요. 우리가 진행하는 창의적 글쓰기 워크숍에도 이런 '자칭' 영재 부모들이 자녀의 참가를 부탁하곤 합니다. 가장 많은 영재 영역이 수학과 과학이고, 음악과 미술이 그 뒤를 이었던 것 같습니다. 이런 아이들이 이젠 영어의 꽃인 글쓰기의 영재가 되기 위해 마지막 관문을 두드리는 것입니다. '창의' 빼놓고 영재를 어떻게 말할 수 있을까요? 판에 박힌 글쓰기가 아니라 다빈치에서 파인만에 이르기까지 천재들의 천재성을 『생각의 탄생』에서 제시한 생각의 도구들처럼 다차원적으로 창의적인 글쓰기를 가르친다는 시중의 입소문에 솔깃한 이들은, 책하고는 거리가 먼 자신들의 아이를 우리 워크샵에 참가시켜 '읽고 쓰기'와 '창의'라는 두 마리 토끼를 다 잡으려고 합니다.

한두 회 혹은 서너 달 워크샵이 진행되면서 이들이 깨닫는 것은 아이들의 글쓰기 실력이 단기간에 향상되지 않는다는 것입니다. 그렇습니다. 글쓰기는 하루아침에 늘지 않습니다. (저도 20년 이상 책을 써왔지만, 여전히 배우는 중입니다. 글쓰기에 마스터는 없습니다. 단, 학생만 있을 뿐입니다). 또한 아이들의 창의력 수준을 눈으로 확인하기 어렵다는 것입니다. 그나마 눈에 보이는 글쓰기가 하루아침에 늘지 않는다면, 창의력은 이보다 더하면 더했지 덜하지는 않습니다. 생각이 하루아침에 바뀌나요?

수년에 걸쳐 영재로 공인된 위의 두 아이의 글에서도 여전히 수정할 것이 나오고 보완할 것이 나옵니다. 하늘이 맑아 왠지 기분이 좋으면 고등학교 이상 수준의 글이 나오고, 옆자리의 아이가 마음에 안 들면 그저 그런 수준의 글을 갈겨씁니다. 창작의 하이라이트인 갈등의 등장과 그 갈등의 해결에서는 여전히 예측 가능한 수준의 문제해결 능력밖에는 제시하지 못하고, 도입부터 마무리까지 전체 구성(plot)은 치밀하지 못하고 조악합니다. 부분적인 묘사(description)에는 뛰어나나 전체적인 조건(早見)에는 부족한 것입니다. 아이디어는 훌륭하나 그 아이디어의 적용과 활용에는 어설픕니다. 이 아이들의 영재적 우수성은 언제 드러날까요?

어린이들을 위한 '예술성 계발(Artistic Development)'의 권위자인 보스턴 대학(Boston College)의 엘렌 위너(Ellen Winner) 교수는, "개인의 정서적 성장과 인간관계가 다양한 경험으로 우러나와 자신의 관점을 형성하기 때문에 글을 잘 쓰고, 좋은 작가가 되기 위해서는 절대적으로 성숙의 시간이 필요하다."라고 주장합니다. 즉 글쓰기 분야에서는 영재 찾기가 아주 드물다는 것입니다. 『From Where You Dream(네가 꿈꾸는 곳으로부터)』의 저자이자 창의적 글쓰기 선생인 로버트 올렌 버틀러(Robert Olen Butler) 역시 문학 영재가 되는 데에는 많은 시간이 필요하다는 설명을 덧붙입니다. "문학 예술가는 본능적으로 글을 쓴다. 각 개인의 진정한 본능은 저절로 표출되는 것이 아니라, 많은 세상 경험들이 흡수되고 잊히는 성숙의 과정을 통해 진정한 지혜로 거듭나게 된다."

창작의 세계와 영재들
어린 시절의 불우했던 가정환경을 일기(Journal)의 형태로 남긴 루이자 메이 알코트(Louisa May Alcott)는 35살이 되어서야 과거의 경험을 작가적 관점에서 승화시킬 수 있었습니다. 그 결과 탄생한 『작은 아씨들(Little Women)』은 세계 명작의 대열에 포함됐습니다. 이들의 한결같은 주장은, "글쓰기에는 영재가 없다."는 것입니다. 너무 비화한 감이 있다면, "어린 나이부터 글쓰기에 영재성을 보이는 경우는 드물다."라고 수위를 조금 낮춰도 될 것 같습니다. 문학사를 통해 그나마 어린 나이에 문학적 영재성을 발휘한 예가 없지는 않기 때문입니다.

　최근 영화로까지 상영됐던 『이레곤(Eragon)』의 작가 크리스토퍼 파올리니(Christopher Paolini)는 고등학교를 졸업한 15살에 이 소설을 쓰기 시작했습니다. 해리 포터와 판매량에서 박빙을 이루는 이 『이레곤』은 전형적인 판타지 소설로 환상적인 배경에서 용과 요정들이 등장하고 악당들과 영웅의 싸움이 전개됩니다. 판타지와 과학추리소설을 탐독해 왔던 파올리니는, '어떻게 소설을 쓸 건가'에 대한 조언과 지침을 담은 몇 권의 책을 읽고 분발해 자신의 세계를 창조하기 시작했습니다. 처음에 자비 출판을 했던 파올리니의 책이 북미의 중견 출판사인 알프레드 노프(Alfred A. Knopf)에 의해 소개되면서 일약 스타덤에 올랐고, 『이레곤』에 이어 『엘디스트(Eldest)』가 연속 출간되면서 영재 작가라는 타이틀을 거머쥐게 되었습니다. 청소년 필독서인 『아웃사이더(The Outsiders)』의 수잔 엘로이즈 힌튼(Susan Eloise Hinton) 역시 15살에 이 소설을 쓰기 시작했습니다. 4년의 집필 과정을 거쳐 세상에 나온 이 책은 전 세계적으로 1,200만 부가 팔렸습니다. 평범하지 않은 읽을거리를 추구했던 그녀는 청소년들의 현실적인 문제를 창작의 형태로 승화시켰습니다.

　살아 있는 이 둘 외에 1854년에 태어나 1891년에 죽은 아르튀르 랭보(Arthur Rimbaud)도 프랑스 문학의 이단아였습니다. 그의 실험적이고 환상적인 구문들과 보헤미안다운 라이프 스타일은 전 세계의 많은 세대에게 영향력을 구사했습니다. 그는 17살에 두 편의 시집을 썼고, 그의 명작『지옥의 계절(A season in Hell)』을 19살에 출간했습니다. 자신의 멘토인 시인 폴 벌레인(Paul Verlaine)과의 불화로 21살에 절필하고, 유럽과 북아프리카를 전전하던 그는 37살에 명을 달리했습니다.

이보다는 조금 더 오래 전에 태어난 마리 셸리(Mary Shelley, 1797~1851)는 전설적인 여성주의자 마리 울스톤크래프트(Mary Wollstonecraft)의 딸로 19세기의 자유 사상가였습니다. 결혼에 실패한 후 1816년 스위스 제네바의 산장에서 시인 바이런(Byron)을 만나게 된 것이 그녀의 인생에 전기를 가져왔습니다. 바이런은 자신의 집을 찾은 방문객들에게 공포(Horror)물을 써 보라고 제안했고 그녀는 그날 밤 무시무시한 꿈을 꾸기 시작합니다. 꿈에서 깨어난 그녀는 자신의 꿈에서 착상한 『프랑켄슈타인(Frankenstein)』을 써 내려가기 시작합니다. 이때 그녀의 나이 19살.

한국이라고 천재 문학가가 없을까요? 근대문학사가 낳은 불세출의 천재 작가인 이상(李箱)이 있습니다. 문학을 통해서 인간 고통의 근원을 끊임없이 발견하려 했던 그는 스스로 '박제가 되어버린 천재'라고 묘사하기도 했습니다. 그는 패러독스와 위트, 다다이즘과 모더니즘 등 다양한 문학 기법을 자유자재로 구사할 정도로 남달랐습니다. 1910년 서울에서 태어난 이상은 22살에 〈이상한 가역반응〉이라는 시로 문단에 데뷔한 뒤, 25살에 대표작 〈오감도〉를 중앙일보에 연재하기 시작했습니다. 결코 행복하지 않은 삶을 살았던 그는 26년 7개월이라는 짧은 생애로 요절했지요.

창작의 영재가 되기 위해서는 절대적으로 숙성의 시간이 필요하다

이러한 영재 작가들의 한결같은 공통점은, 인생의 파노라마를 축소해 놓은 사춘기를 최소한 지났다는 것이고, 하늘에서 뚝딱 하고 떨어진 영재성을 우연히 거머쥐지 않았다는 것이고, 글쓰기 영재가 되기 위한 속성코스에 등록해 본 적이 없다는 것입니다. 이들의 영재성은 누군가의 강제나 압박에 의해서가 아니라 자발적인 동기와 흥미로 개발된 것이며 과거의 경험을 배경으로 거듭된 습작을 통해 표출된 것입니다. 이들은 노하우(know-how)나 기술에 의존하지 않고, 자신을 재발견하고 성찰하면서 글쓰기의 왕도를 개발했습니다. 파올리니의 『이레곤』 역시 이러한 과정의 소산입니다. 그는 실패를 통해 글쓰기보다 사고가 중요하다는 것을 깨달았습니다. 수년에 걸친 『이레곤』의 집필 과정에서, 그는 글을 써대기에 앞서 '이야기를 구상(Plotting)'하는 데 가장 많은 시간을 할애했습니다. 미국의 작가이자 배우인 진 파울러의 말이 생각납니다. "글쓰기는 쉽다. 백지를 응시하고 앉아있기만 하면 된다. 이마에 핏방울이 맺힐 때까지!"

혹 한두 편의 습작으로 누군가로부터 '영재'라는 '무'책임한 말을 들었다면 그저 그렇겠거니 하고 잊어버리십시오. 그럴싸한 명목으로 〈영어 라이팅 대회〉라고 간판을 붙인 곳에서 대상을 받았다고 해서 영재 운운한다면 지나가는 말로 듣기 바랍니다. 대신 규칙적이고 습관적이고 성실한 글쓰기 습관을 들이기에 올인하는 정공법과 친해지길 바랍니다. 많이 쓰는 아이를 당할 재간은 없습니다. 지금까지 우리 워크샵을 통해, 소위 영재로 조심스레 평가받는 아이들은 글쓰기를 게을리한 적이 없습니다. 작가의 영감과 자극에 순진하게 노출된 이들은 어제도 오늘도 그리고 마지막 학습의 기능이 멈출 때까지 끝까지 쓰고 또 쓸 것입니다. 천재 발명왕 에디슨이 이 아이들에게 한 말이 있기 때문입니다. "애야, 천재는 99%의 땀과 1%의 영감으로 만들어진단다!"

린 레이 퍼킨스 이야기(Lynne Rae Perkins in her own wor-ds)

린은 『외톨이여 안녕(All Alone in the Universe)』라는 책 한 권으로 북미의 아동문학계에서 일약 스타 작가가 됐습니다. 특히 그녀가 스토리를 통해 표현하는 감수성은 아주 뛰어납니다. 아래의 글은, 자신이 어떻게 작가가 되었는지의 과정에 대한 솔직한 고백입니다.

제 언니 캐시가 저에게 책 읽기를 가르쳤습니다. 제가 네 살이었을 때 그녀는 여섯 살이었습니다. 다른 유치원 친구들이 자기 사진을 보며 즐거워할 때 저는 풀밭을 껑충껑충 뛰어다니는 토끼의 일상에 대한 책들을 읽었습니다. 유치원 때 또 저는 생크림을 저어서 버터를 만들기도 했고, '남태평양'에 나오는 '디테 무아(Dites Moi:말해)'라는 프랑스 노래를 배우기도 했습니다. 이런 추억들이 제가 커서도 요리하기를 좋아하고 불어를 유창하게 말할 수 있게 했나 봅니다.

샹송을 부른다고 프랑스어를 잘하는 건 아니었어요. 솔직히 잘 못한다고 고백할래요. 하지만 책 읽기는 곧바로 제 삶의 일부가 되었답니다. 저는 지금도 어느 나이이건 책에 머리를 처박고 탐독했던 모습을 그릴 수 있습니다. 『작은 공주(A Little Princess)』에 나오는 사라 크리웨(Sara Crewe)부터 데이비드 코퍼필드(David Copperfield) 그리고 킬고어 트라우트(Kilgore Trout)에 이르기까지.

저는 그들의 책과 그 속에 있는 삽화, 두 가지 모두에 흠뻑 빠졌습니다. 지금도 기억하는데, 낸 밥시(Nan Bobbsey)가 썰매에 올라타기 위해서 치맛자락을 붙잡고 있는 그림을 열심히 따라 그렸고, 나중에는 『작은 아씨들(Little Women)』의 초상화 같은 그림들을 공부했습니다. 『땅콩들(Peanuts:한국에서는 스누피로 알려져 있다.)』 만화는 매일매일 영감을 받는 데 큰 도움이 되었습니다.

저는 언제나 그림 그리기를 좋아했고, 언제나 성실한 독자였습니다. 저는 대학과 대학원에서 미술을 전공했고, 졸업 후에는 여러 가지 직업을 전전했습니다. 액자 만드는 일, 식당 웨이트리스, 미술 지도 선생, 그래픽 디자이너 등. 무엇을 하든지 제가 놓치지 않은 것은, 그리기와 읽기였습니다. 언젠가는 다른 사람의 책에 그림을 그리는 일러스트레이터가 되고 싶다는 생각을 했는데, 어느 날 저의 그림들이 그린윌로우 출판사(Greenwillow Books)의 미술 감독의 눈에 띄었습니다. 그분은 저에게 책을 직접 써보면 어떻겠냐고 제안했습니다. 집으로 돌아온 저는 '그래, 못할 것 없지. 나의 꿈이 원래 작가였던 것은 아닐까'라고 생각했습니다. 그동안 마음 한구석에 감춰 놓았던 이야기들을 써내려 가기 시작했고, 그래서 탄생한 게 『사랑스런 집(Home Lovely)』이라는 그림책입니다. 단박에 쉽게 썼다고, 바로 책이 나왔다고 결코 힘든 과정이 없었던 것은 아닙니다. 제가 그동안 읽은 책이 얼마나 입니까? 끊임없는 독서와 일상에 충실함이 저를 부지불식중에 작가로 만든 것 같습니다.

지금도 저는 그리기와 읽기를 좋아합니다. 어떤 때에는 단어들이, 또 어떤 때에는 그림이 먼저 머리에 떠오릅니다. 『횡단(Criss Cross)』이라는 제 책을 위해 노래도 만들었고, 모델을 세우고 사진을 찍기도 했습니다. 요즈음 제 딸이 이렇게 말합니다. "엄마만 너무 즐거워하는 것 아니야?" ✎

4 과외로 길든 아이와 방임된 아이(Tutored kid and free-range kid)

어린이의 지저분한(untidy) 방에서 인생의 블록들이 세워진다.
– 다니엘 페낙(1944~): 프랑스 작가이자 교육자

2004년 밴쿠버에서 시작해 현재 미국과 한국, 오프라인과 온라인으로까지 교육의 지평이 넓어진 '영어 창의적인 글쓰기 워크샵'을 17년째 주관해 오면서 다양한 부모들과 아이들을 만났습니다. 특히 글쓰기에서는 학년과 나이, 캐나다 혹은 영어권 나라에 산 횟수와 상관없이 우수하고 창의적인 아이들을 많이 만난 것이지요. 아이들 대부분은 자신의 글쓰기 수준이 다른 학생과 비교하여 어느 정도인지 모릅니다. 부모도 마찬가지입니다. 그저 학교에서 받아오는 리포트 카드(성적표)의 등급으로 가늠할 뿐이지요.

그런데 아시는지요? 현재 캐나다에선 전반적으로 학교의 리포트 채점 기준과 내용이 균일화되지 않았다는 것. 그뿐만 아니라 대개 아이를 격려하는 차원에서의 리포트 카드라는 것. 정작 부모로서 알고 싶은 아이의 객관적 수준은 그저 학교 수준과 선생의 개인적 판단에 의존합니다. 학교의 리포트 카드는 단지 '참고용'이라는 표현이 적절합니다. 캐나다의 교육수준을 너무 폄하한 것일까요? 물론 학년이 올라가면서, 공립인지 사립인지의 차이에 따라 과목별 진도 퍼센트까지 수시로 알려 주기는 합니다. 학생평가에서 캐나다의 시스템이 한국과 다른 점은, 과목 담당 선생의 절대적인 평가가 주류라는 것입니다. 한국은 반대로 상대평가를 선호합니다. 어떤 평가가 더 교육적인가는 부모와 학생과 학교 간의 신뢰 정도에 따라 다르다고 말할 수 있을 것 같습니다.

과외한 아이와 방임된 아이의 차이

저는 지금까지 창의적인 글쓰기에 관심을 보이는 아이들을 만났고 그들이 쓴 글들을 검토해 왔습니다. 같은 일을 많이 반복하다 보니 이 제는 학년별 글쓰기 수준이 어느 정도라는 걸 가늠할 수 있게 되었습니다. 어린이들의 글쓰기를 검토하면서 아이들 간의 가장 확연한 차이는 '과외(tutoring)' 여부에 있었음을 알게 되었습니다. 이 아이가 과외를 했나 안했나는 아이들의 글을 통해 바로 드러납니다. 그렇다면 과외한 아이는 잘하고 과외하지 않은 아이는 못한다는 걸까요?

과외한 아이와 안 한 아이 간에 구분되는 점들이 있습니다. 우선 과외한 아이는 같은 학년의 다른 친구들, 과외하지 않은 아이들보다 기술적으로 우수한 글을 씁니다. 다시 말해, '형식'에 투철해진다는 것입니다. 나이답지 않은 근사한 표현과 단어들을 군데군데 삽입하는 데 익숙하고, 서론과 본론이 일관되게 이어집니다(coherence and cohesion). 한동안 학교성적은 과외의 '양'과 '질'에 비례해서 'A'도 되고 'B'도 됩니다. 단, 초급이나 중급영어의 수준까지만 해당합니다.

반면 과외하지 않고 나름대로 영어공부를 해온 아이들이나 영어권에서 자연스럽게 성장한 아이들은 영어의 기본인 스펠링부터 세세한 문법까지 실수를 많이 합니다. 'a'나 'the' 혹은 '무관사'를 혼용하기도 합니다. 초기에는 일관성이 부족하기 일쑤입니다. 단정적인 표현보다는 서술형의 글이 많고, 무려 형식이 없기까지 합니다. 이야기의 구성 또한 황당한 경우가 많습니다. 인간이 태어나서 살고 죽고가 앞뒤 없이 전개되는 꼴이지요.

아래 제임스 홀(James. W. Hall)이 1979년에 쓴 시는 이런 아이들의 작품을 풍자합니다. 철자법도 완전하지 않지만 시로서는 전혀 부족함이 없습니다. 완전한 철자와 문장에 익숙한 사람은 읽기 힘드니 어린 시절의 동심으로 돌아가 그들의 발음을 따라 읽어 보시기 바랍니다. 이 시는 단어들을 발음되는 대로 썼습니다.

Maybe Dats Youwr Pwoblem Too (Maybe That's Your Problem Too)

All my pwoblems
Who knows, maybe evwybody's pwoblems
is due to da fact, due to da awful twuth
dat I am SPIDERMAN.

I know, I know. All da dumb jokes:
No flies on you, ha ha,
and da ones about what do I do wit all
doze extwa legs in bed. Well, dat's funny yeah.

But you twy being

SPIDERMAN for a month or two. Go ahead.

⟨중하략⟩

아마 그것은 당신의 문제일 수도 있어!

나의 모든 문제들은

누가 알까, 아마 모든 사람의 문제들은

그 사실, 그 지독한 진실 때문인데

그것은 내가 스파이더맨이라는 것.

나는 알아. 나는 알아. 모든 멍청한 농담들을:

파리들이 내 위에 앉지 않는다는 것('나는 바보가 아니라는 뜻의 속어'). 하하

그리고 내가 침대에 있는 여분의 다리를 가지고 무엇을 할까에 관한 것들

이지. 글쎄, 웃기지, 그렇지?

그러나 너 역시 한 두 달 스파이더맨이 되어보는 것은 어떨까? 해 봐!

과외받지 않고 방임한(free-range) 아이들의 글에서 두드러지는 점은 '창의성'이나 '감수성'이 단연 뛰어나다는 것입니다. 이들의 거침없는 하이킥과 같은 표현력과 유창성(fluency)은 기성세대에게 이미 잊어버린 동심의 아름다움을 선사합니다. 영어 글쓰기의 수준은 결국 유창성이 말해 줍니다. "줄줄 흘러가는 것!"

한 예를 또 보시지요. 아래의 시를 쓴 아이는 캐나다 밴쿠버에서 동쪽으로 1시간쯤 거리에 있는 아보츠포드에 사는 5학년짜리 캐나다 여

자아이입니다. 이 아이는 사교육을 받지 않고 자연 그대로 책과 벗하며 자란 아이입니다. 아랫글은 자기 할아버지의 죽음에 즈음하여 쓴 시입니다. 이 시가 '밴쿠버 선(The Vancouver Sun)'이라는 지역신문에 발표되기 전에 기술적인 것들은 부모가 한 번 봐주었다고 합니다.

Good Memories

I used to sit upon his knees
But now I'm afraid it's history
He used to tickle me and make me laugh

He went to the hospital one day
But then I heard my mom say;
"He went home, but to Nana's place
He went to the Heavens-that's God's place"

That was the day with lots of pain
And I hope we will all join him someday
We can't replace another Papa for the one who's died
We love him, even though he is not still alive.

좋은 추억들

나는 그의 무르팍에 앉곤 했어

그러나 그건 이제 옛 일이 되어 버렸지
그는 나를 간지럽히고 나를 웃게 만들곤 했어

그는 어느 날 병원으로 실려갔어
그러나 그때 엄마가 말하는 것을 들었어
"그는 집으로 가셨어, 그러나 그곳은 할머니가 계신 곳이야
그는 하나님이 계신 곳, 천국으로 가신 것이지."

그날은 많은 고통이 있었어
그리고 언젠가 그를 다시 만나게 될 거라고 믿어
우리는 지금 돌아가신 할아버지를 다른 분으로 대체할 수 없어
우리는 그를 사랑해, 비록 그가 살아계시지 않아도.

우선 어린 나이에 할아버지의 죽음에 대해 자신의 기억과 언어로 표현할 수 있는 것 그 자체가 훌륭하고, 또 하나는 기술적으로도 잘 다듬어진 시입니다. 마지막 문장에서 볼 수 있듯이 '죽었다'가 아니라 '살아 있지 않다'로 표현하여 동일어 'die'를 반복하지 않은 것, 그리고 중간에 세미콜론을 사용하는 것, 중간에 대화(dialogue)를 가미해 글에 생동감을 준 것 등 감수성과 테크닉이 잘 균형 잡힌 글이라 할 수 있습니다. 5학년 수준으로는 훌륭합니다.

예를 든 김에 하나 더 소개합니다. 제가 사는 캐나다 서부 BC 주 미션이라는 동네에 사는 지인의 자녀인 한국계 남자아이가 6학년 때 쓴 시입니다. (이 글을 쓴 아이는 지금 청년이 되었고 하늘을 나는 헬리콥터의 조종

사가 그의 직업입니다.) 이 아이 역시 자연과 더불어 살았습니다. 집 뒤편의 강에서 미역을 감고, 곤충과 이야기하고, 열 마리 넘는 강아지들과 잔디에서 뒹굴었습니다. 제목은 '사라'입니다. 여자아이에 대해 쓴 것 같지요? 과연 그럴까요?

Sarah

The best friend anyone could have

kind, cheerful, patient.

No one could be even close as nice.

She cheers me up when I'm sad,

she plays with me everyday,

she's way smaller than anyone

but stands up for me.

When she's mad I run

and when she's cheerful

she doesn't stop playing with me.

We had so much fun together

until that day she hurt me badly

and died afterwards.

It was one of the saddest days of my life.

I have a great memory

of her and me walking,

and whenever someone walked passed us

they'd scream and run.

Who knew a bumble bee

could be your best friend.

Sarah the greatest friend ever.

사라

누구나 가질 수 있는 가장 친한 친구

친절하고 활기차고 인내심이 강한

누구도 그렇게 좋을 수는 없을 거야

그녀는 내가 슬플 때 나를 격려해 줬지

그녀는 나와 매일 놀아줬어

그녀는 누구보다도 작았어

그러나 나를 응원해줬지

그녀가 성났을 때 나는 도망갔어

그리고 그녀가 흥분했을 때 나와 놀아주기를 쉬지 않았어

우리는 함께 즐거워했어

그녀가 심하게 다칠 때까지(그녀가 내게 심한 상처를 입히고 죽은 그날까지)

그것은 내 인생에서 가장 슬픈 날 중의 하나야

나는 그녀와 내가 같이 걷던 아름다운 기억을 가지고 있어

그리고 누군가 우리 곁을 스쳐 지날 때면 그들은 소스라치게 놀라서 달아났어

누가 알았겠어, 뒝벌이 너의 가장 친한 친구일 수 있다는 걸

사라는 최고의 친구였어.

어린아이들이 흔히 기피하는 뒝벌과의 우정을 노래한 아름다운 시입니다. 외롭고 슬플 때 자기와 같이 놀아줬던 벌, 가장 작지만, 자신을 믿어줬던 벌, 그 벌이 자신을 쏘는 아픔을 주고는 죽어버렸다는 사실. 벌에 쏘이면 울고불고 난리를 칠 텐데 도리어 이 아이는 그 벌의 죽음에 대해 슬퍼하고 있습니다. 어떻게 이렇게 천진한 아이가 있을 수 있을까요?

주위에서 학원이다 과외다 가정교사다 하면서 극성을 떠니 부모들의 마음이 뒤숭숭해집니다. 이러다가는 뒤처질 것만 같은 불안감이 엄습해 오구요. 게다가 아이의 영어 성적이 아직 A 문턱에 못 올라가 있다면? 하지만 걱정할 것 없습니다. 이들에게 부족한 것이 문법이요, 일관성이요, 기술적인 결함이라면, 이것은 영어를 꾸준히 공부하는 가운데 자연스럽게 해결됩니다(믿으세요!). 혹 해결되지 않더라도 걱정할 필요는 없습니다. 북미의 웬만한 대학교라면 제도적으로 라이팅 센터를 통해 첨삭의 도움을 받을 수 있게 되어 있습니다. 이런 제도적인 도움이 없었다면 난생처음 외국 와서 처음 대학원 공부를 했던 저 역시 리포트 하나 온전하게 제출하지 못했을 것입니다. 결론은 기술적인 부분은 걱정하지 않아도 된다는 것입니다. 영어공부를 제대로 하는 한 이런 문제는 시간이 해결해 줍니다. 영어공부를 제대로 한다는 것은 읽기와 쓰기를 꾸준히 하고 있는가로 점검하면 됩니다. 특히 책 읽기는 기본 중의 기본으로 일주일에 최소한 영어책 한 권을 제대로 읽지 않고(일주일에 한 권은 최소의 분량입니다) 영어를 잘하기를 바란다면 이것은 허황된 꿈입니다.

어려서부터 과외 하면 아이의 사고가 경직된다

과외 자체를 반대하지는 않습니다. 때론 과외가 아이들의 가려운 곳을 긁어 주고 부족한 곳을 보완해 줄 수 있습니다. 교육자로서 제가 우려하는 것은 지나치게 어린 나이부터 타인의 도움을 받게 하거나 웬만큼 컸다 해도 아이의 학습 스타일이나 적성은 고려하지 않은 채 과외라는 명목으로 아이에게 일방적으로 주입하는 것입니다. 이런 결과로 아이들이 대학에 들어가서도 학습적으로 독립하지 못하고 과외교사의 도움을 받는 일이 왕왕 일어나고 있습니다. 이미 수년 전부터 밴쿠버 UBC 대학이나 사이먼 프레이저(Simon Fraser) 대학을 비롯해 대학마다 이런 문제가 화제가 되어왔습니다. 미국의 아이비리그라고 예외는 아닙니다. 대학 리포트까지 과외교사의 도움을 받는 아이들, 그런 아이들을 원하는 부모는 없을 것입니다. 자기 주도적 학습은 어릴 때부터 시작하는 게 좋습니다.

창의적인 글쓰기 워크샵에 들어오기를 희망하는 6~7학년 아이 중에는 이전에 과외와 문법 및 에세이 훈련에 지나치게 노출되어 참가가 거부된 경우들이 있습니다. 일본 속담에 "세 살 혼(魂)이 여든까지 간다."는 말이 있고, 『컬처코드』의 저자이자 정신분석학자인 클로테르 라파이유가 "7세 정도면 정신적인 고속도로가 완성된다."고 말했듯이, 말랑말랑한 어린 시절부터 과외받은 아이들의 머리는 작가로서 우리가 깨고 들어가기에 너무 힘들었습니다. 머리가 굳기도 전에 쓰여진 이미 논리와 형식으로 무장된 글에 희로애락의 감정을 삽입하기가 쉽지 않았다는 것이지요.

얼마 전 한국의 학습 서적계를 강타한 『평생 성적, 초등 4학년에 결정된다』는 책의 자극적인 제목과 그 내용에 대해서는 크게 동의하지 않으나, 우리가 경험한 아이들의 창의성과 학습의 관계를 고려할 때 "평생 창의성, 초등 4학년, 아니 그 이전에 결정된다."라고는 인정할 수 있습니다. 아이들의 몸속에서 호르몬 분비가 주체할 수 없는 사춘기가 되면 창의성은 물 건너가게 됩니다. 남자아이들의 코 밑 수염이 거뭇거뭇하게 나면 천진난만한 세계에서 지독한 현실의 세계로 넘어가고 있다고 보면 됩니다. 이 아이들의 시계를 되돌릴 수는 없습니다.

우리는 과외 하지 않아 문법적으로는 엉성하지만, 말이 많고, 엉뚱한 아이들을 더 환영합니다. 이들의 감수성을 사랑하고, 순수함을 사랑하고, 거침없음을 사랑합니다. 이 세상에서 가장 창의적인 글들은 이미 만들어진 아이들이 아닌 이런 엉뚱하고 산만하고 뜬구름 잡는 아이들을 통해 엮어졌습니다.

더 멀리 보는 교육, 창의적인 글쓰기

다시 말하지만, 아이들은 천성적으로 창의력과 상상력을 가지고 태어났습니다. 이것을 믿어야 합니다. 더 많이 갖기를 바랄 필요는 없습니다. 있는 것도 다 못 쓰고 죽을 판 아닙니까? 부모들의 조급함 때문에 제3자를 통해 아이들의 세계를 조작하고 간섭해선 안 됩니다. 단편적이고 표면적이고 일시적인 결과로 눈을 가리면 안 됩니다. 아이들이 가지고 있는 본성을 그대로 유지하고 발전시키도록 교육해야 합니다. 이게 친환경적인 교육이고, 학생 중심의 인간적인 교육이고, 미래지향적인 교육입니다. 부모가 자제하고 인내할 때에만 아이들은 자유롭게 창의를 먹고 자라납니다. **과외는 일 년 가지만 창의력은 평생 갑니다!**

한국에서 온라인으로 창의적 글쓰기 워크샵에 참가하고 있는 송파구의 4학년 아니카(가명) 어머니와 통화한 적이 있습니다. 그 아이의 어머니는 2년째 우리 워크샵에 참가하고 있지만, 지금까지 제게서 "아이가 많이 늘었다."라는 말을 듣지 못해 서운했다고 합니다. 그러던 아이가 최근 괄목할 만한 성장을 보였습니다. 표현력도 유창해졌고, 글 자체의 메시지도 강해졌습니다. 그 이유를 묻는 국제전화에서 그 어머니는 "다른 과외 다 취소했어요. 충분히 책을 읽고 쓰도록 시간을 할애해 줬어요. 그게 다예요!"라고 자신 있게 말했습니다. 이 집은 일요일 오후 시간을 비워놨다고 합니다. 부부와 아이들이 방에서 뒹굴며 책을 보기로 한 것이지요. 서로 간섭할 필요도 없었답니다. 알아서 자기가 원하는 책을 읽었다고 합니다.

이건 축하할 일입니다. 이제 아니카는 자신의 세상을 볼 것입니다. 이 이야기를 10년 전에 들었으니 이 아이는 이미 영어권 대학교에 갔을 것이고, 어린 시절에 방목된 책 읽기와 창의적인 글쓰기의 힘으로 세상에서 자신의 역할에 대해 고민하고 있을 것입니다. 이 아이는 어린 시절에 작가가 되기를 희망했는데, 공식적인 작가로 입문하는 문턱에 와 있는지 궁금하기도 합니다. CWC에 다시 돌아와 작가들과 같이 학생들을 지도하는 카운슬러로 봉사하기를 기대해 봅니다. 아니면 신문을 통해서라도 근황이 알려지기를 바랍니다. 한국 작가 아니카 신간 발표회!

'용(dragon)'에 관한 이야기-크리스토퍼 파올리니(Christopher Paolini)의 에세이

미국에서 발행되는 〈The Writer〉에 실린 글을 독자들의 이해를 돕기 위해 한국어로 번역해 봅니다. 그리고 저의 생각을 사족으로 붙여 봅니다. 어린 시절 책 읽기를 싫어하는 아이, 반대로 이미 글쓰기에 흥미를 붙인 아이들에게 아주 좋은 독려의 글이 될 수 있습니다. 최고의 작가인 크리스토퍼 자신이 작가가 되는 과정을 상세하게 에세이 형식을 빌려 이야기하고 있습니다.

저는 도마뱀에 대한 환상이 있습니다. 바위에 붙어사는 조그만 도마뱀이 아니라 악어와는 상대도 되지 않을 만큼 크고 날아다니는 용과 같은 것입니다. 저는 샤워를 하던 소파에 앉아있던 차를 타던 늘 그 용만 상상합니다. 문제는 용에 관한 생각만 하니 조금 미쳐 보일 때도 있습니다만, 그래서 제가 18살의 나이에 작가가 되는 게 가능했나 봅니다.[1]

제 소설 『이레곤(Eragon)』은 판타지 소설입니다. 3부작의 첫 번째로 영리한 초록색 용 사피라를 부지불식간에 알게 된 젊은이의 이야기입니다. 그 속에는 폭군인 갈바토릭스가 등장하며 그 폭군의 하인들이 이레곤의 가족을 몰살하면서 이레곤과 사피라의 복수극이 시작됩니다.

---

1 저자 주: 탁월함은 몰입에 있습니다. 굳이 몰입에 관한 명사들의 말을 빌리지 않더라도 몰입은 긴요한 성공 조건입니다. 반대로 이것저것 집적대는 것은 인생에 큰 도움이 안 됩니다. 한번 하면 끝장을 보는 것, 그게 몰입(Flow)입니다. 글을 쓰는 것도 마찬가지! 한번 썼으면 마무리는 해야 합니다. 쓰다 말다 하는 것은 안 쓰니만 못합니다. 잘 쓰라는 이야기가 아닙니다. 끝은 보라는 것이지요. 책임감이라는 것은 글쓰기에도 적용된다는 점 잊지 말길 바랍니다!

이 소설은 제가 첫 원고를 마무리하는 데 1년, 적절히 수정하는 데 1년 그리고 최종적으로 편집하는 것까지 총 3년이 걸렸습니다. 원본에는 글만 쓴 게 아니라 책 표지와 책 안의 지도도 그렸습니다.

어떻게 이 모든 것을 성취할 수 있었는지, 이제 제 이야기를 하겠습니다.

저는 "책 읽는 게 싫어!"라고 어려서부터 늘 고집을 부렸습니다. 왜 배워야 하냐고, 쓸모도 없는데 왜 배워야 하냐고 엄마에게 불평했습니다. 저는 집에서 홈스쿨링을 했습니다. 그 당시만 하더라도 제게는 책 읽기가 시간 낭비였습니다. 엄마는 아주 조심스럽게 인내심을 가지고 제가 가장 쉬운 단어들을 깨우칠 때까지 도우셨습니다. 그리고 저를 인근 도서관에 데리고 갔습니다.

지금은 쉽게 말해도 그 단순한 사건이 저의 인생을 바꾸어버렸습니다. 도서관의 어린이 섹션에서 몇 권의 미스터리 단편 소설을 발견했습니다. 책 표지가 아주 마음에 들었습니다. 그래서 집에 빌려와 읽기 시작했습니다. 저는 새로운 세계를 그 속에서 발견했습니다. 흥미로운 등장인물과 예측할 수 없는 상황들. 지금도 그때 제가 무엇을 읽었는지 생생하게 기억합니다. 토마토 소스를 사람의 피로 잘못 알고 일어난 소동입니다. 그때 이후 장난감보다 책과 더 친해지게 되었습니다. 책들은 제 베개 밑에도 있고, 마룻바닥에도 있고, 집의 어느 구석에나 있었습

니다. 시내라도 나갈 때면 유일하게 들르는 곳이 도서관과 서점, 때로는 미술관이었습니다.[2]

거기서 그치지 않았습니다. 읽기만이 아니라 쓰기 시작했습니다. 책을 쓰기 위해 배워야 할 구성이나 묘사 등 다양한 문학적 접근에 대해 책을 찾아 읽기 시작했습니다. 대학생 수준 이상의 책도 읽었습니다. 이런 과정이 4년 동안 계속되었습니다. 그리고 저만의 3부작을 위해 밑그림을 그리기 시작했습니다. 구성에 대해 생각했습니다. 세세한 것까지 일일이 고민했습니다. 그리고는 모든 것이 준비되었을 때 써 내려가기 시작했습니다.

이렇게 되기까지는 결코 쉽지 않았습니다. 오늘의 저를 가능하게 해준 모든 것은 여동생과 홈스쿨링을 해주신 부모님의 덕입니다. 몬테소리 선생님이자 아동 작가셨던 어머니는 매일 일정 시간을 할애해 저를 가르쳤습니다. 교과서 외에 저의 창의력을 자극하기 위한 다양한 활동들을 어머니는 시도하셨습니다. 저는 아주 어린 나이에 단편과 시를 쓰기도 했습니다.

---

2 저자 주: 파올리니의 어머니는 훌륭한 교육자입니다. 홈스쿨링은 아무나 시키는 것이 아닙니다. 대단한 훈육과 지도방침이 있어야만 가능합니다. 한국에서와 같이 미국에서도 공교육에 염증을 느낀 많은 소신 있는 부모와 교육자들이 홈스쿨링을 하고 있고, 이런 가정교육에 대해 정부는 충분한 지원과 보상을 합니다. 홈스쿨링은 철저히 학생 위주의 맞춤 교육을 합니다. 평준화라는 말은 어울리지 않습니다. 아이의 관심과 능력을 한껏 도와줄 수 있다는 장점이 있는 대신 사회성 부분에 대한 보완이 필요합니다. 북미에서는 홈스쿨링을 하는 아이들을 위한 각종 사회활동비를 정부에서 지원합니다.

이상하게도 책을 읽고 쓰는 것을 좋아했지만 단 한 번도 전문작가가 되겠다는 생각을 해본 적이 없습니다. 제가 정말 원했던 것은 머릿속에 있는 그리고 직접 쓴 이야기들을 다른 사람들과 나누는 것이었습니다. 제가 진즉 원한 것은 옛 무용담을 현실로 불러오는 도사가 되고 싶었던 것입니다.

첫 번째 소설 『이레곤』의 집필이 끝났을 때야 비로소 바르게 글 쓰는 법을 배웠습니다. 모순같이 들릴지 모르지만 정말 그랬습니다. 책을 쓰는 첫 단계에선 순전히 창의적인 것에만 신경 썼고, 그런 다음 읽을 수 있는 수준의 편집 기술을 배웠습니다. 이 단계에서 저는 고상하고 문법적인 글을 쓰는 법을 터득했습니다. 해보는 것이 가장 좋은 학습입니다. 그러나 먼저 원칙들을 배우는 게 도움이 됩니다. 제 경우 『이레곤』을 쓰기 전에 문법에 대해 충분히 배웠어야 했습니다. 그랬다면 엄청난 양의 원고를 수정하는 데 그렇게 많은 시간을 쓰지 않았을 겁니다.[3]

『이레곤』 중 제가 가장 좋아하는 부분은 영웅 이레곤이 사피라의 등을 타고 엄청난 호수 속으로 다이빙하는 장면입니다.

---

3 저자 주: 여전히 글 쓰는 데 초보라면, 파올리니의 조언을 가려서 들을 필요가 있습니다. 파올리니가 처음부터 문법을 배우고 글을 썼다면 이런 훌륭한 소설을 쓸 수 있었을까요? 이 세상에 문법 선생들은 많지만, 창의성 선생들은 많지 않습니다. 아이들에게 글을 가르칠 때 첫 번째 원칙은 '쓰게 하라'지 '잘 쓰게 하라'가 아닙니다. 외부의 간섭 없이 자유자재로 쓸 수 있는 환경을 조성해 주는 게 교육자로서 부모의 우선적인 역할입니다. 파올리니의 고백처럼, 순전히 창의적인 것에만 신경 쓰게 해주길 바랍니다. 한번 사라진, 무뎌진 창의는 되돌리기 어렵습니다. 문법은 필요할 때 언제든지 배울 수 있습니다.

"호숫물이 이레곤을 찬 얼음벽처럼 때릴 때 그의 숨은 거의 멈췄고 사피라의 등에서 떨어질 뻔했다. 사피라가 호숫가로 헤엄쳐나갈 때 그는 등에 딱 달라붙어 있었다. 세 발짝 디딜 때마다 사피라는 숨을 쉬었고 하늘로 물을 뿜어댔다. 사피라가 꼬리로 방향을 잡으며 호수를 가로질러 미끄러질 때 이레곤은 숨을 헐떡거리며 머리를 흔들었다."(The water hit Eragon like an icy wall, knocking out his breath and almost tearing him off Saphira. He held on tightly as she swam to the surface. With three strokes of her feet, she breathed it and sent a burst of shimmering water toward the sky. Eragon gasped and shook his hair as Saphira slithered across the lake, using her tail as a rudder.)**4**

이야기 속으로 들어갈 준비가 되셨는지?

"고개를 끄덕이며 양팔에 힘을 주며 숨을 깊게 들이마셨다. 이번에는 물속으로 들어갈 차례였다. 투명한 물은 멀리까지 볼 수 있도록 해주었다. 몸을 비틀어 환상적인 형태로 둔갑한 사피라는 마치 뱀장어처럼 물속으로 미끄러져 들어갔다. 이레곤은 마치 전설 속의 바다뱀을 타고 있는 듯이 느꼈다."(Eragon nodded and took a deep breath, tightening his arms. This time they slid gently under the water. They could see for yards through the unclouded liquid. Saphira twisted and turned in fantastic shapes, slipping through the water like an eel. Eragon felt as if he were rid-

---

4 저자 주: 영어 표현을 보십시오. 살아 숨 쉰다는 것이 이런 표현입니다. 적절한 비유와 묘사 그리고 독자가 현장에 있는 것처럼 착각하게 만드는 것, 이게 창의적 글쓰기의 정수입니다.

ing a sea serpent of legend.)

　고등학교를 열다섯에 졸업하면서 대학에 입학하기로 되어 있었습니다. 2001년 오레곤 주의 리드 칼리지에 신청했고 입학 허락이 떨어졌습니다. 그러나 만약 제가 입학했으면 『이레곤』을 홍보하러 다니지 못했을 겁니다. 지금 저는 세상 저편에 있는 사람들과도 저의 책을 나눌 수 있게 됐습니다. 그리고 모든 사람이 저의 책과 책 속의 사건들을 즐기고 있습니다. 제가 원하는 모든 것은 독자들이 이야기 속의 드라마와 각 장에 숨어있는 아름다움을 발견하도록 돕는 것입니다.

　지금 저는 『이레곤』의 책 설명회와 사인회로 아주 바쁩니다. 이것은 이전에 했던 그 어느 것보다 더 흥분되고 차별화되는 일입니다. 저는 요즈음 『이레곤』의 영화 대본까지 쓰고 있습니다. 그리고 다음 책을 쓰기 시작했습니다. 바로 『엘디스트(Eldest)』입니다. 이 책은 이전 책보다 더 좋아질 것이라고 약속합니다. 만약 모든 것이 잘 되면 저는 여전히 용들의 환상을 볼 것입니다.**5** ✏

5　저자 주: 서양에서 가장 인기 있는 소설 장르는 판타지입니다. 아이들이 미칩니다. 무한한 상상력의 세계는 과연 중독성이 강합니다. 이런 판타지가 한국에는 왜 없을까요? 한국에는 '집 속의 도깨비'는 있어도 '날아라 도깨비'는 없습니다. 혹 있다 해도 한국의 작가가 쓴 판타지에 감동하기는 참 힘듭니다. 제가 한국의 작가들을 폄하하는 것일까요? 판타지는 창의와 상상의 결정체입니다. 파올리니와 같은 판타지의 천재들이 척박한 대한민국의 땅에서도 나오기를 바라는 마음으로 '창의적 글쓰기'를 시도해 볼 것을 제안합니다. 제발 아이들을 숨도 못 쉬게 몰아붙이지 마십시오. 파올리니의 어머니가 교육했던 것처럼 더 근본적인 교육을 찾고, 찾았다면 흔들리지 말고 지속해 주시기 바랍니다. 물론 이러기 위해선 한 가지 전제가 필요합니다. 아이들을 절대적으로 신뢰하는 것!

5 창의적인 글쓰기와 학교 글쓰기는 다르다?

픽션의 문제점은 그게 너무 말이 된다는 점이다. 반면 현실은 결코 앞뒤가 맞지 않는다.
– 올더스 헉슬리(1894~1963): 영국 작가, 대표작으로 『멋진 신세계(Brave New World)』가 있다.

많은 학부모가 창의적인 글쓰기와 학교에서의 글쓰기는 크게 연관이 없다고 생각합니다. 창의적인 글쓰기는 어릴 때 동화책 만드는 정도의 자유로운 창작이고 학교의 글쓰기는 문법과 형식이 중요한 에세이니까 차원이 다르다는 인식입니다. 가르치는 방법에서도 창의적인 글쓰기는 아이들의 창의성과 상상력이 침해되지 않는 범위 내에서 자율적으로 창작 활동을 하도록 격려하는 데 초점을 두기 때문에 학습에 직접적인 도움이 안 되고, 학교의 글쓰기는 체계적이고 평가가 주목적이라 학생들의 학습 강도가 높아지고 결과적으로 학습에 직접적인 도움이 된다는 것입니다.

결과에 대한 평가도 제각각입니다. 몇 번 되지 않는 창의적 글쓰기 워크숍을 통해 5학년 아이가 120페이지에 달하는 소설을 썼고, 다양한 종류의 글쓰기 훈련을 했음에도 불구하고, 과연 아이의 글쓰기 실력이 늘었는지 의구심을 품는 학부모들이 종종 있습니다. 아이들의 글쓰기 실력을 단기간에 계량화할 수 없기 때문입니다. 만약 자녀가 학교에서 받아온 영어 과목 점수가 당장 향상되지 않았다면 더욱 심각한 고민을 하게 되지요. 창의적인 글쓰기와 학교 공부는 관계가 없나 보다 하고 말입니다. 반면 '외우게 하는' 부분에 역점을 두어 학교 글쓰기를 가르치면―특히 어떻게 해야 좋은 점수를 받는지 잘 아는 출중한 경력의 과외 선생 도움을 받게 되면―C 받던 아이가 B를 받게 되고, B 받던 아이가 A를 받기도 합니다. 얼마 전 공중파를 탔던 드라마 스카이캐슬에서 모든 것을 말해 주지 않았습니까? 아이의 실력을 당장의 성적표에 의존할 수밖에 없는 부모라면 판단은 더욱 명확해집니다. "창의는 개뿔? 당장 공부만 잘하면 됐지!"

최고의 글쓰기란

이런 결과로 우리 워크샵에 참가하는 일부 아이들은 '창의'나 '상상'을 뒤로 물리고 '암기'와 '강제'의 학습 동아리로 돌아갑니다. 작가로부터 글쓰기에 대한 영감과 통찰을 배우는 것이 아니라, 과외교사나 학원선생으로부터 단기간에 최고의 점수를 받기위한 노하우를 전수 받는 것이지요. '어떻게 사고하는가'보다 '어떻게 쓰는가'에만 관심을 갖게 됩니다. 자유롭게 생각하고 표현하도록 도와주는 '**멘토링**(Mentoring)'보다는 알기 쉽게 풀어주고 잘 외우도록 도와주는 '**시스템과 훈련**(System & Training)'으로 돌아가는 것입니다. 결국 아이의 미래를 지향하다 현실에 안착하게 되는 꼴이지요.

지난 겨울 캠프 때 위와 같은 생각을 하는 부모들을 위해 '최고의 글쓰기란?' 제목으로 특강을 한 적이 있습니다. 이 특강은 단순한 정보전달 차원이 아니라 부모들의 글쓰기 눈높이를 향상하기 위한 목적에서 진행됐습니다. 구구절절한 설명보다는 여러 예제들을 다루며 창의적인 글쓰기와 학교 글쓰기를 비교하는 것이 더 실질적일 것 같았습니다. 그래서 '청소년기의 딸과의 생존경쟁'이라는 주제로 토론토 대학 에세이 대회에서 수상한 자넷 리드의 '너희 딸의 청소년기에서 살아남기(Surviving Your Daughter's Adolescence)'부터 5줄, 오직 11개 단어를 사용해 창작하는 싱케인(Cinquain) 시(詩)까지 장르를 불문하고 학생들이 쓴 다양한 글들을 검토해 보았습니다. 이런 글들은 제목부터 내용까지 어느 하나 창의적이지 않은 것이 없었습니다. 창의적인 글은 남이 보지 못하는 것, 남이 생각하지 못하는 것을 표현합니다.

모든 글쓰기의 근간은 창의다

결론부터 말씀드리면, 창의적이지 않은 글은 어떤 글도 좋은 글이 아니라는 것입니다. 학교에서 요구하는 어떠한 종류의 글도 '창의성'에서 자유롭지 못합니다. 과학 리서치부터 퍼스널 에세이까지, 도입부터 마무리까지 모든 표현이 창의적이어야 A+를 받게 됩니다. 즉 모든 글은 창의적인 글쓰기이고 그래야만 됩니다. 창의적인 글쓰기는 단순히 아이들의 상상력과 창의력을 자극하는 수단으로만 끝나는 것이 아니라 대학 이상의 교육에서 진가를 발휘하도록 돕습니다.

더 멀리 보면, 창의성, 창의력은 결국 세상에 나가 **문제해결(Problem Solving)**'을 할 수 있는 능력으로 전환됩니다. 세상의 많은 기업이 '어려서 창의성을 잃어버린' 종업원들을 위해 엄청난 교육비를 써가며 창의성 훈련을 하는 것도 창의적인 사고 없이는 혁신도 없기 때문입니다. 이런 장기적이고 근본적인 창의성 교육에 동참하려면 부모와 주관기관의 상호협조가 필요합니다. 글쓰기에 관한 한 아이들이 창의력의 날개를 달 때까지 참고 지켜보고 격려하고 칭찬하는 느긋한 태도가 절실합니다.

글쓰기를 나무에 비유하면, '창의'와 '상상'은 뿌리이고, 겉으로 드러난 줄기와 가지는 '문법'과 '표현양식'입니다. 뿌리가 튼튼하지 않은 나무에서 풍성한 잎사귀와 열매가 있을 수 없듯이, '창의'와 '상상'은 모든 글쓰기 교육의 근간이 되어야 합니다. 그렇지 않은 글쓰기는 당장은 그럴싸하지만 조금 후면 시들시들해집니다.

우리 모임에 참가했던 어느 초등학교 학생이 생각납니다. 아이들의 교육 때문에 캐나다까지 왔다던 그 부모는 목적에 충실하게 아이에게 좋다는 영어공부는 다 시켰습니다. 기대했던 대로 그 아이의 영어는 완벽했습니다. 한 글자의 실수도 없었습니다. 그 아이는 어떻게 해야만 좋은 점수를 받는지 잘 아는 아이로 성장했고, 학교에서 영어점수도 A만 받았습니다. 그런데 그 아이의 글을 검토할 때마다 저는 한 가지 아쉬움을 느꼈습니다. 글이 건조하고 기계적이고 예측적이라는 것입니다. 과연 이 아이가 복잡다단하고 변화무쌍한 21세기에 잘 적응할 수 있을까요? 이미 '틀' 맛을 본 이 아이에게 창의와 상상과 유연성의 새로운 바람을 불어넣을 수 있을까요? 이건 저만의 노파심에 불과할까요?

일본의 '하이쿠'와 '단카'에서 영감받아 탄생한 미국의 단편 시 '싱케인(Cinquain)'

창작 활동에서 '시작(詩作)'은 아이들의 창의력을 발굴하거나 동기를 부여하는 좋은 도구가 됩니다. 특히 말이 많은 어린 시절에 말수를 줄이고, 대신 적은 수의 단어로 시각화/이미지화를 부각하는 시작 활동은 아이들이 좋아하는 장르는 아니지만, 가르치면 의외의 상상력과 창의력으로 작가들을 놀라게도 합니다. 싱케인은 일본의 정형시인 하이쿠와 단카에서 영감을 받은 미국 근대 시인 아델레이드 크렙시(Adelaide Crapsey)가 새로운 형식, 즉 5행 11개의 단어만 사용해 이야기를 전달하는 형식의 시로 개발해 시도한 이후 알려지기 시작했습니다.

라틴 어원으로 '다섯'이란 뜻을 가진 싱케인은 일본의 정형시와는 달리 제목을 붙입니다. 여기에 소개하는 싱케인은 지금은 성인이 되어 결혼을 앞둔 지인의 아들 이영욱 군이 중2 때 밴쿠버의 창의적 글쓰기 워크샵에서 쓴 것으로, *(당시)* 이 아이의 문학적 재능을 충분히 엿볼 수 있습니다. 이 청년은 한국으로 돌아와 한국의 대학에서 여러 전공을 전전하고 현재는 어엿한 사회인이 되었으나 여전히 그림과 시가 그의 삶의 한 부분을 차지하고 있습니다. 예술은 영원한 것이지요. 🖊

Mirror

Clear, mysterious

Copying and facing

Wondering what it is

You

거울

선명하고 신비스럽고

마주 보고 복사하고는

그게 누군지 몰라 어리둥절한

너

6 내버려 두는 글에 대한 믿음

올림픽 출전 선수들이 메달 수상소감에서 "부모님께 감사드린다. 매일 새벽 연습장으로 데려다 주셨다." 등의 말을 한다. 글쓰기는 피겨 스케이팅이나 스키가 아니다. 부모님의 도움으로는 절대 늘 수 없다. 만약 글을 쓰고 싶다면 집을 나서라.
– 폴 써로우(1941~): 여행기에 대한 새로운 기준을 제시해 찬사를 받은 미국 여행작가 겸 소설가

한국의 과열된 논술 학습만큼이나 북미 영어교육에서 글쓰기의 중요성은 큽니다. 시쳇말로 '찍기'식, 계량화된 시험에 익숙한 한국과는 달리, 학교 간, 교사 간 자치 권한이 큰 북미 학교들은 단순한 수학이나 사회 문제도 '찍기'보다는 '주관식'으로 쓰게 되어 있어 제대로 글을 쓰지 않고는 평가조차 받기 힘듭니다. 이런 탓에 영어권에서 충분히 생활하지 않은 어린이들은 최소 3~5년 정도 ESL 적응 기간을 거쳐야 제대로 된 학력 평가의 대상에 포함됩니다. 이 정도는 돼야 말과 글로 표현하는 데 문제가 없다고 보는 것입니다.

하지만 이런 교육체제에 대해 만족하지 못하는, 좋게 말해 교육열이 남다른 한국이나 아시아계 부모들은 단시일 내에 글쓰기 실력을 키워서 아이들을 본류에 합류시키기 위해 각종 사교육에 치중합니다. 영어권에 온 많은 한국 엄마들의 소망은 아이들이 ESL에서 하루빨리 졸업하는 것입니다. 하지만 ESL은 충분히 받는 게 좋습니다. 빨리 가는 게 좋은 게 아니라 제대로 알고 가야 합니다. 학교에서 조기에 여러분의 자녀들을 ESL 클래스에서 빼면 그 이유를 묻고, 그 이유가 합당하지

않으면 그대로 놔두는 게 좋습니다. 미국에서 살았던 제 아이들도 캐나다로 건너와 다시 ESL을 충분히 했습니다. ESL 기간을 단축하는 것과 아이들의 근본적인 영어 실력의 향상과는 관계가 없음을 밝히니 ESL의 조기 탈출에 목숨 거는 학부모들이 없으시길 바랍니다.

글쓰기에는 노하우가 없다

대부분의 상업적인 사교육 교사들은 부모들의 가려운 곳을 긁어 주기 위해 소위 '노하우' 위주의 글쓰기를 가르치거나 반강제적인 방법으로 아이들의 단기 기억 용량만을 늘려 줍니다. 이들 대부분은 암기와 확인의 두 쳇바퀴에 아이들을 끼워 놓고 '평가'와 '등급'이라는 가스를 뿜어대며 아이들의 창의성과 상상력을 질식시키고 있습니다. 이런들 어떠하리! 점수가 올라가고 등급이 올라간다는데 이의를 제기하는 부모가 있을까요? 어느 부모도 점수 체제와 등급체제의 불합리성이나 부적절성에는 관심이 없고 혹 있더라도 평가할 수 있는 지식이나 안목이 없습니다. 이런 부모와 그들의 의지에 밀려 막무가내로 '글쓰기 훈련장'에 투입된 아이들은 최소한의 성의라도 있다면 투입된 시간만큼의 글쓰기 틀을 갖추게 됩니다.

이들의 문법은 웬만큼 완벽하며 문장 구성도 빈틈이 없으며 단어의 사용도 수준급입니다. 단, 아쉬운 점은 아주 건조하고 재미없고 상식적인 내용의 판박이라는 것입니다. 이들의 글에서는 그 어떤 독특함이나 상상력과 창의력을 찾아볼 수 없습니다.

이런 집중식, 주입식 교육에 한번 길든 아이들의 머리를 다시 말랑말랑하게 되돌리기는 아주 힘듭니다. 특히 초등학교 때부터 위와 같은 교육에 노출되다가 호르몬이 과다 분비되는 7~8학년 이상이 되면 창의성과 상상력보다는 소위 '논리력'과 '비평력'으로 방향을 틀면서 더욱 딱딱한 머리, 좋게 이야기해서 분석적인 머리를 지향하게 됩니다.

이들에게 상상과 창의의 세계는 물 건너간 예전 그 언젠가의 추억거리로만 존재하게 됩니다.

내버려 둘 때 싹트는 창의력

상상력과 창의력은 학교 공부 이상의 인성이요, 능력이요, 나아가 역량입니다. 이 능력들이 생략된 건조하고 획일적이고 반복적인 삶의 모습은 마치 이 두 가지가 생략된 글의 모습과도 같게 됩니다. 어린 시절 질식사한 이 두 가지 역량을 다시 살리겠다고 기업체들은 '창조경영'이니 '창조적 사고'니 '창의력 제고'니 하며 이미 굳어질 대로 굳어진 머리들을 녹이겠다고 수많은 교육비를 쓰고 있습니다. 이건 난센스입니다.

상상력과 창의력은 내버려 둘 때 싹이 트고 숨을 쉽니다. 잊지 마십시오. 이 둘은 태어날 때부터 조물주에게서 받은 선물입니다. 그렇다는 것은 인간들이 인위적으로 혹은 강제적으로 사장(死藏)시켜도 안 되고 사장될 수도 없다는 말입니다. 조금이라도 '인간성'에 대해 겸손한 인간이라면 이런 본질적인 인성/역량들이 세상 속에서 손상되고 상처받지 않도록 교육적으로 민감해야 합니다. 단, 아무리 상상력과 창의력이 훌륭하다 해도 세상의 둘레를 너무 벗어나면 인정받지 못하고 도움이 되지 못할 수도 있으니 세상과 조화할 수 있도록 그리고 세상에 기여할 수 있도록 도와주는 게 교육자와 부모의 역할입니다. 즉 긍정적인 간섭과 최소한의 지도만 필요하다는 말입니다. 하버드 출신의 첼리스트 장한나가 "음악가는 주어진 악보라는 최소한의 틀 안에서 최대한의 자유와 창의를 추구한다."라고 말했듯이, 아이들의 상상력과 창의력도 글로 표현되려면 일관성과 논리와 기술이라는 악보가 필요합니다.

창의적 글쓰기 워크샵에 참가한 한 부모의 이야기를 들어보시지요.

"저희 꼬마 역시 이번 주까지 스토리를 마감하느라고 매일 시간을 나눠 쓰고 있습니다. 나름대로 컴퓨터에 앉아 좌판을 쳐 대는데, 무엇을 쓰는지는 저도 잘 모르겠습니다만 아무튼 '쓴다는 것' 만으로 만족하고 있습니다. 솔직히 그것만으로는 불안하여 한번 아이의 글을 봐주려고(proofreading) 둘러보니 여기저기 고칠 데가 나오더군요. 대부분 글의 형태가 '대화체(dialogue)'라 산만했습니다. 문법도 많이 불완전했습니다.

그래도 자기 아빠가 미국에서 공부한 사람이니 친절하고 자상하게 고쳐줘야 할까 고민했습니다. 아빠로서의 체면을 살리려면 조금은 봐줘야 했습니다. 그런데 고친다고 하면 아이가 싫어할 것 같았습니다. 자존심이 좀 센 아이거든요.

10년 뒤를 생각해 봤습니다. 대학에 다니는 아이가 우연히 초등학교 때 자신이 썼던 글을 볼 때 어떻게 생각할까? 거기에는 자기가 글을 쓴 과정에 대한 추억이 고스란히 묻어나올 텐데 말입니다. 한장 한장 넘기며 자신의 글을 보겠지요? 그런데 만약 자기의 글이 아주 말끔하게, 문법적으로도 훌륭하게 편집(edit)되어 있다면? 그리고 이게 자신의 진짜 실력에서 나온 게 아니라 누군가의 도움으로 완성된 거라면? 이런 상상을 하니 끔찍했습니다. 아이의 어린 시절 추억이 누군가로 인해 조작되었다면? 그렇다면 미래의 아이는 과연 우리를, 부모를 존경하게 될까? 그래서 아이의 글을 그대로 두기로 했습니다. 틀린 그대로, 말도 안 되는 그대로, 초등학교 4학년 수준 그대로 말입니다. 그러는 게 아이의 미래의 기쁨을 저축해 두는 지혜인 것 같아서 말입니다. 하하하……"

창의력이 자라기 위해서는 공간이 필요하다

'창의'는 '여지(room)나 공간(space)'을 필요로 합니다. 그 '여지'와 '공간'은 아이들의 창창한 미래를 위해 반드시 필요합니다. 저와 창의적인 글쓰기를 가르치는 캐나다 작가들은 10년 후 아이들이 한때 유치했던 자신들의 글을 보면서 '킥킥'대는 추억을 남겨 주고 싶습니다. 그리고 그런 글들을 자녀들에게 보여주면서, "나도 한때는 이 정도였다. 자신감을 가지라."고 격려하는 인정의 릴레이를 꿈꿔봅니다. 우리가 우리의 아이들에게 그랬던 것처럼……

어린 아이들에게 당장 써먹을 실력을 갈고닦게 하기보다는 숨은 재능을 거침없이 표현하도록 도와줘야 하고, 이런 과정에 부모들의 인내와 자제가 필요합니다. **'창의'는 할 일 없어 빌빌대거나 지겨워서 몸부림칠 때 머리 한쪽에서 내려치게 되는 것입니다**(*A whack on the other side of the head*)! 한시도 가만히 있지 못하는 부모에게 "제발 가만히 좀 계시라."는 당부를 드리고 싶습니다. 아이들을 '만들어' 가는 즐거움에 도취하지 말고 아이들 스스로 자라게 하라고, 때론 괴롭고 답답하지만 의도적이라도 게으름을 즐기시라고 권유하고 싶습니다. **부모들이 만드는 미래는 최소한 대학까지이지만, 내버려 두는 교육의 효과는 평생 갑니다.** 그러려면 다시 말씀드리지만, 아이들을 믿어야 합니다. 어머니들의 자궁에서 9개월을 품어 세상에 나온 아이들입니다. 아니 그 이전부터 그 누군가의 섭리로 잉태된 아이들인지도 모릅니다. 이런 아이들을 부모가 안 믿고 세상이 안 믿으면 누가 믿겠습니까?

이런 맥락에 동의하신다면 이제는 아이들에게 더 많이 글을 쓰라고 종용하기보다는 "네가 원하는 만큼, 네가 만족할 만큼만 써라!"고 안심시켜 줄 필요가 있습니다. 작가로서 제 아이들에게도 같은 방법을 사용했습니다. 글쓰기는 일회성 행사가 아닙니다. 죽을 때까지 글을 써야 합니다. 아무리 글쓰기를 싫어해도 최소한 죽기 전 유서는 써야 하지 않습니까? 인생의 반 이상을 넘긴 저 역시 죽을 때까지 글을 쓸 것입니다. 그러기 위해선 아이들을 단기적이거나 결과 중심적인 관점으로 보면 안 됩니다. 지금은 한 문장도 벌벌 기며 쓴 아이가 다음에는 10장을 논스톱으로 쓰게 될 것입니다. 상상과 창의의 잉걸불만 살아있다면 말입니다!

내놓고 기를 때, 풀어놓고 글을 쓰게 할 때 성격이 변하고 글발이 살아난 엄청난 사례들이 창의적 글쓰기 워크샵의 창고에 많이 쌓여 있습니다. 처음에 잘할 것 같은 아이가 나중에 뒤처졌고, 중간에 들어온 아이가 가장 재미있게 글을 완성했고, 가장 말을 못 했던 아이가 가장 자발적으로 글을 쓰게 됐고, 학습 부진아로 낙인찍힌 아이가 선생에게 늘 사랑받아온 학습 우수아들보다 더 창의적인 글로 세상을 놀라게 하기도 했습니다. 학교 가기를 끔찍이도 싫어했던 아이가 글쓰기를 가장 좋아하게 됐습니다. 이제는 미래에 작가가 되겠답니다.

이렇게 내놓고 기르는 교육의 잠재력을 믿는다면 부모들이여, 이제는 아이들이 빈둥거리며 낙서를 하든, 글을 쓰든, 그림을 그리든, 그냥 내버려 두거나 알면서도 모른 척하길 바랍니다. 남아공의 넬슨 만델라가 그랬듯이 울타리를 벗어나지 않도록 최소한의 보호만 해주는 양치기 리더십으로 자녀를 기르시길 바랍니다. 이화여대 석좌교수이자 진화생물학자인 최재천 교수 역시 같은 생각으로 "부모는 느슨한 끈을 잡고서 자녀를 방목하라."고 하지 않았습니까? 그는 이런 교육을 '아름다운 방목'이라고까지 불렀습니다. 부모가 앞장서서 아이들을 일방적으로 끌지 말고 아이들을 믿고 그들이 스스로 할 수 기회와 자유를 주시기 바랍니다. 아이들의 미래는 부모가 만드는 게 아니라 아이들 스스로 개척해 나가는 것이고, 그게 바로 인생입니다. 우리는 부모로서 그들이 원할 때 같이 걸어주는 동반자일 뿐입니다. 아이들 앞에 가지 않으시기를 바랍니다.

한 세기를 더 사신 연세대 명예교수인 김형석의 자녀교육법으로 마무리하면 좋을 것 같습니다. 그는 이렇게 촌철살인의 말씀을 남겨 주셨습니다. "아이에겐 딱 이것만 주면 된다. 자유, 선택의 자유!"

만일 내가 다시 아이를 키운다면(*If I Had My Child to Raise Over Again*)

– 다이아나 루먼스

만일 내가 다시 아이를 키운다면
먼저 아이의 자존심을 세워주고
집은 나중에 세우리라

아이와 함께 손가락 그림을 더 많이 그리고
손가락으로 명령하는 일은 덜 하리라
아이를 바로 잡으려고 덜 노력하고
아이와 하나가 되려고 더 많이 노력하리라
시계에서 눈을 떼고 눈으로 아이를 더 많이 바라보리라

만일 내가 다시 아이를 키운다면
더 많이 아는 데 관심 갖지 않고
더 많이 관심 갖는 법을 배우리라

자전거도 더 많이 타고
연도 더 많이 날리리라
들판을 더 많이 뛰어다니고

별들을 더 오래 바라보리라
더 많이 껴안고 더 적게 다투리라
도토리 속의 떡갈나무를 더 자주 보리라

덜 단호하고 더 많이 긍정하리라
힘을 사랑하는 사람으로 보이지 않고
사랑의 힘을 가진 사람으로 보이리라 🖊

- 도종환 시인이 엮은 『부모와 자녀가 꼭 함께 읽어야 할 시』 중에서

7 글은 칭찬을 먹고 자란다

글쓰기에도 로젠탈 효과가 작용한다. 글은 칭찬을 먹고 자란다.
– 강원국: 『강원국의 글쓰기』 저자 겸 전 대통령 연설비서관

어린아이가 최소 초등 3~4학년 이상이 되어 자기 생각을 글이라는 형식을 빌려 표현하게 되었다면 그 자체가 즐거움이 되어야 합니다. 이렇게 시작한 글쓰기가 거침없이 자라나려면 간섭보다는 칭찬이라는 기제가 필요하고 이는 적절히 지혜롭게 사용되어야 합니다.

칭찬에 관한 교육적인 지침은 너무나 많습니다. 일각에서는 칭찬은 고래도 춤추게 하니 칭찬을 해야 한다고 하고, 다른 일각에서는 칭찬도 가려가면서 해야 한다고 합니다. 『보이지 않는 손』으로 유명한 영국의 경제학자 아담 스미스는 "분수에 지나친 칭찬을 받고 기뻐 뛰는 자는 가장 천박하고 평범한 인간이다."라고 말해 칭찬도 잘하고 잘 받아야 함을 강조했습니다. 모두 맞는 말이지만 어린아이들의 상상력과 창의력을 자극하는 게 직업인 제 입장에서는, 칭찬의 적절성 여부를 가리기 전에, '칭찬은 하는 게 더 좋다'는 쪽에 무게를 두고 싶습니다. 칭찬은 가려서 해야 한다는 신중론자의 말은 '당분간' 무시하고 싶습니다. 할 수 있는 한 많이 칭찬하라는 게 저의 철학입니다(그리고 이런 비판을 잠시 뒤로 물린 칭찬의 미학은 북미에 와서 오랜 세월 살면서 배운 것입니다). 단, 뭉뚱그리지 말고 구체적으로 해주면 금상첨화지만 그것마저

고민하기 싫다면 그냥 칭찬하는 편이 낫습니다. 한 가지만 주의하면 됩니다. 거짓 칭찬, 마음에도 없는 칭찬은 의미가 없다는 것! 근거 있는 칭찬이라면 그 어떤 원칙이나 이론이나 노하우보다 강력한 교육적 충전제임을 잊지 마십시오!

창의적인 워크샵을 통해 많은 소위 문제아들이 정상아로 돌아오는 장면을 목격했습니다(지금도 그런 아이들이 있습니다). 말 못하고 우물거리는 아이, 글을 쓰긴 쓰되 해석을 못하는 아이, 자신만의 상상의 세계에 갇혀 다른 아이들에게 놀림의 대상이 되곤 하는 아이들이 자신감을 얻고 당당하게 표현하는 감격스러운 순간들이 있었습니다. 이들에게 글쓰기는 학습의 일환이 아니라 치료나 치유의 방편이었습니다. 이들은 글을 통해 정서를 찾았고 자존감을 회복했습니다. 흔히 음악치료, 미술치료 하는 데 저는 '글쓰기 치료'라는 분야를 만들고 싶을 정도로 글쓰기는 아이들의 정서 함양에 절대적인 공헌을 해왔습니다. 이미 한국에는 이런 글쓰기를 하는 훌륭한 작가들이 있는 것으로 압니다. 단, 주로 성인들이 대상이겠습니다만. 그 예가 박미라의 『치유하는 글쓰기』로 글쓰기가 여성들의 삶에 정화의 도구로서 어떤 역할을 하는지 생생히 보여주고 있습니다.

학교 선생이나 엄마에게 못 할 말을 아이들은 글을 통해 표현합니다. 학교에서 놀림의 대상이 되어 온 아이가 글을 통해 자신의 억울함과 불편함을 해소합니다. 학교 가기 싫어하고 다른 아이들과 어울리기 싫어하는 아이가 자기만의 공간에서 하는 글쓰기는 좋아합니다. 이런 아이들이 표현한 글은 기가 막힐 정도로 놀랍습니다. 대단한 상상력이 소외되고 외로운 아이들의 마음 한편에 숨어있습니다. 아이들에게서 이런 숨은 보화를 찾아내는 직업처럼 아름다운 일이 어디 있습니까?

이런 아이들이 자신을 표현하게 되고 글쓰기를 사랑하게 되는데 결정적인 역할을 해준 것이 지도작가들의 끊임없는 칭찬과 격려입니다. *(CWC의 모든 워크샵은 작가들이 진행합니다. 이 세상의 글쓰기 교육의 많은 문제점은 글을 쓰지 않는 선생들이 가르치기 때문입니다. 그러다보니 원칙과 시스템과 표준화를 강조하게 되고 창의와 유연성과 상상력을 뒤로 물리게 됩니다.)* 평가하지 않되 격려는 한다는 마음으로 아이들의 개성을 존중하고 끝까지 인내해 준 작가들의 도움으로 이들의 말문이 터졌고 글문이 열렸습니다. 작가들은 조금이라도 아이가 잘한 것이 있으면 놓치지 않고 격려했습니다. 못한 것, 의도적으로 안 하는 것에 대해서는 오직 인내로 기다렸습니다. 이런 인내의 결과는 달았습니다. 공부 잘하는 누나 밑에서 주눅 든 소심한 4학년 남자아이가 대범해지기 시작한 것입니다. 그 아이의 손놀림이 빨라졌습니다. 남들 앞에서 단 한 번도 손을 들어 발표하지 않았던 6학년짜리 여자아이가 작가와의 만남을 통해 마음이 풀어지고 자신감을 되찾아 약 4개월이 지난 후 드디어 남들 앞에서 그것도 자신이 직접 손을 들어 발표하기를 청했습니다. 이 글을 쓰는 오늘 그 아이는 대학에서 영문학을 공부하고 있습니다.

이런 감격의 순간들에는 작가나 선생이 입에 달고 살았던 칭찬이 있었습니다. 이제 이 칭찬의 말들을 여러분과 나누고 싶습니다. 아래 정리된 65가지 칭찬의 영어들은 이미 우리 작가들의 입을 통해 실험된 표현들입니다. 충분히 보상받은 표현들입니다. 칭찬의 중요성과 필요성에 공감하는 부모라면 하나도 놓치지 않고 다 읽어 내려가길 바랍니다. 한번 읽고 나서 다 잊지 말고, 필요할 때 써먹으십시오. 말로 '꼭' 표현하십시오. 아이들의 글쓰기 노트에 적어두십시오. 벽에다도 붙여 놓으십시오. 특히 잠잘 때 잊지 않도록 천장에다 몇 개 붙여놓기도 하십시오. 틈만 나면 칭찬하십시오. 아무리 들어도 들어도 지겹지 않은 게 칭찬 아닙니까? 마지막으로 이 시대의 선생이자 작가인 다니엘 페낙의 말에 귀 기울여 봅시다.

"저기 다가오는 학생들을 보라. 성장해가는 그들의 몸과 책가방을 가득 채우고 있는 무거운 짐들을. 수업은 그 짐이 땅바닥에 내려지고 양파껍질이 벗겨져야만 진정으로 시작될 수 있다. 설명하긴 어렵지만, 단 하나의 시선, 호의적인 말 한마디, 믿음직한 어른의 말 한마디, 분명하고 안정적인 그 한마디면 충분히 그들의 슬픔을 녹여내고 마음을 가볍게 하여, 그들을 직설법 현재에 빈틈없이 정착시킬 수 있다."

– 『학교의 슬픔』 중에서

창의적인 칭찬 표현 65(쉬운 것부터 좀 더 어려운 표현으로 넘어갑니다)
이제 칭찬이 아이의 성장에 얼마나 중요한지 공감하시면 연습하고 공부해 보시지 않겠습니까? 칭찬도 공부해야 익숙해질 테니까요. 여러분의 격려지수(*EI: Encouragement Index*)를 높이시기 바랍니다. 아래의 표현 중에서 가장 편하고 자연스러운 것을 찾아 여러분만의 것으로 만드시기 바랍니다. 작가로서 저는 어떤 표현을 가장 좋아할까요? 그것은 바로 '어메이징(*Amazing*)'입니다(제가 너무 극적인가요?). 아래 각 단어

옆의 공간에 마음 놓고 낙서하셔서도 됩니다. 이런 여러분을, 노력하는
여러분을 제가 먼저 칭찬해 드리고 싶습니다.

1. Awesome(끝내주는군)!

2. Loved it(아주 좋네)!

3. Fantastic(환상적이군)!

4. Very informative(정보가 좋아)!

5. Great style(스타일이 좋네)!

6. Very convincing(아주 설득력이 있어)!

7. Good use of details(디테일이 좋아)!

8. Excellent beginning(시작이 좋군)!

9. Thank you(고마워)!

10. Very creative(아주 창의적인데)!

11. Very interesting(아주 흥미롭군)!

12. Good thinking(좋은 생각이야)!

13. Much better(아주 좋아)!

14. Keep it up(잘해 봐)!

15. Way to go(이대로만 해)!

16. Pulitzer-Prize-winner in training(미래의 퓰리처상 후보인걸)!

17. Clear, concise, and complete(간결하고 분명하고 완전해)!

18. A well developed theme(잘 발전된 주제야)!

19. A splendid job(훌륭하게 해냈네)!

20. Very artistic! Outstanding(매우 예술적이야, 대단해)!

21. This is a winner(이겼다, 이겼어)!

22. Superb(훌륭해)!

23. Superior work(아주 우수해)!

24. Super(최고야)!

25. Great going(잘 가고 있네)!

26. Good job(매우 잘 했어)!

27. What neat work(깨끗하네)!

28. Congratulations(축하해)!

29. That's right(그게 맞아)!

30. Good for you(잘됐네)!

31. Terrific(끝내주는군)!

32. Nice going(잘 가고 있어)!

33. Excellent work(훌륭한 작품이야)!

34. Very good(아주 좋아)!

35. Beautiful(아름답네)!

36. Marvelous(훌륭해)!

37. Very fine work(잘 다듬은 작품이야)!

38. Good reasoning(논리력이 아주 좋은데)!

39. Exactly right(바로 그거야)!

40. You're quite an expert(전문가 수준인데)!

41. I can tell you were very careful with this(너는 아주 꼼꼼하다고 말할 수 있겠는데)!

42. You really caught on(너는 완전히 몰입했구나)!

43. Be sure to share this-it's great(나누는 것을 잊지 마, 대단해)!

44. I like your choice of words(단어의 선택이 좋구나)!

45. This is very well organized(이건 정돈이 잘 되었어)!

46. You've really mastered this(너는 이제 이것에 마스터가 됐구나)!

47. Now you've figured it out(이제 너는 완전히 파악을 다 했구나)!

48. Keep up the good work(이대로만 해라)!

49. You've made my day(네가 나를 오늘 기쁘게 만들었다)!

50. You're on the ball today(잘 파악하고 있구나)!

51. This is something special(이건 정말 특별해)!

52. That's quite an improvement(많은 향상이 있네)!

53. That's the right answer(그게 정답이야)!

54. You made me smile(너, 나를 웃게 만들었어)!

55. You're a Rising Star(너는 떠오르는 스타야)!

56. You're on the right track now(너는 지금 제대로 하고 있는 거야)!

57. This is quite an accomplishment(이건 엄청난 성취야)!

58. I like the way you've tackled this assignment(나는 네가 문제를 다루는 방식을 좋아해)!

59. You've shown a lot of patience with this(이것에 너는 많은 인내를 보여 주었어)!

60. You've really been paying attention(많은 주의를 기울였구나)!

61. It looks like you've put a lot of work into this(노력을 많이 했네)!

62. I am proud of your work(너의 작품이 아주 자랑스럽구나)!

63. You really outdid yourself today(정말 너 자신을 뛰어넘었구나)!

64. That looks like it's going to be a masterpiece(이젠 명작이 탄생하겠는데)!

65. Amazing(대단해)!

8 이 세상에서 가장 힘든 교육이란

'공상'이 어디서 자라나는지 말해봐! 마음에서 아니면 머리에서? 어떻게 태어나는가? 어떻게 자라나는가? 대답해, 대답해!
– 윌리엄 셰익스피어(1564~1616): 영국 작가. 『베니스의 상인』 중에서

2004년 저의 두 딸과 같은 처지에 있는 이민 1세대의 자녀들을 위해 창의적인 글쓰기 워크샵을 시작하면서 아주 단순한 기대를 했습니다. '작가와 같이 만나고 이야기하고 관계가 이뤄질 때 얻는 정서가 학업의 강화보다 더 중요하다.' '작가들과의 인격적인 교제를 통해 감정적으로 풍부한 아이가 되기를 바란다.' '책을 읽게 하자―그것도 거침없이!' '평가하고 확인하기보다는 방목하고 자극하자!' '자신의 감정과 상상력과 창의력을 구애받지 않고 표현하게 도와주자!'

이런 저의 소박한(?) 취지에 공감하는 이웃의 자녀 한 다스(dozen:12)로 시작한 게 2004년 가을이고 이제 17년이 되어갑니다. 당시 만난 아이들은 대학에 갈 때까지 7~8년 이상, 많게는 10년간 창의적 글쓰기의 테두리 안에 있었습니다. 워크샵을 통해 단 한 번도 글을 잘 쓴다 못 쓴다, 책을 덜 읽는다 더 읽는다는 문제로 닦달하지 않았던 이 아이들이 실력으로나 뭐로나 최고의 아이들이 되었습니다. 이 아이들은 학업에 대한 스트레스를 받으면서 우리 모임에서 유년 시절을 보내지 않았습니다. 다른 아이와 비교하고 경쟁하지도 않았습니다. 이들은 다양

한 작가들을 만나는 그 자체를 즐겼습니다. 같은 그룹에 키가 큰 아이가 있건 작은 아이가 있건, 실력 있는 아이가 있건 관심이 딴 데 가 있는 아이가 있건, 남자 아이건 여자 아이건 간에 이들은 신경 쓰지 않았습니다. 그저 작가를 만나고 그들의 이야기를 듣고 자신들의 이야기를 썼습니다. 많이 쓸 때도 있었고 적게 쓸 때도 있었습니다. 누구도 그런 결과로 채근하거나 평가하거나 질책하지 않았습니다. 부모들은 이 아이들을 믿고 같이 있어 준 것으로 만족했습니다. 창의적 글쓰기 워크샵이 어디서 열리든 이 그룹은 늘 같이 다녔습니다. 이제 이 아이들의 이야기는, '슬프게도' 지나간 전설이 되었습니다. 다시는 이런 아이들의 '한 떼'를 못 만나게 되었습니다. 그 이후에 만났던 아이들과 부모들은 훨씬 더 조급하고 채근하고 단기목표지향적이었습니다. 세상이 금세 변해서였을까요?

가장 쉬운 교육 vs. 가장 어려운 교육

가장 쉬운 교육은 방법을 알려 주는 교육입니다(다른 말로는, 고기 잡는 법을 가르쳐주는 게 아니라 먹을 만큼의 고기를 그때그때 주는 것이지요). '노하우' 위주의 교육인 셈입니다. 사람들의 관심을 쉽게 끌기 위해서는 이런 교육이 가장 손쉽습니다. 판에 박힌 교육의 비극이지요. 이것은 회화에서 적용되는 '패턴교육'과 다르지 않습니다. A이면 B이고 B이면 C가 되는 교육이지요. 패턴을 안다는 것은 노하우를 아는 것과 진배없습니다. 흔히 이야기하는 아카데믹 에세이의 방법을 알려 주는 것과 같습니다. 이러면 되고 저러면 안 되고...... 우리 워크샵에 온 그리고 워크샵을 마치고 돌아간 수많은 아이들이 이런 교육에 노출되어 있습니다. 여타의 사설학원들이 제공하는 3개월 특강을 통해 대단한 노하우를 전수 받는 것이지요. 이런 학원들은 아이가 책 읽은 것을 매번 같은 형태로 확인하면서, 소위 등급이나 레벨이라는 획일화된 시스템으로 부모들을 유혹합니다. 아이에게 매번 같은 형태의 글을 반복해 쓰게 하면서, 물론 주제는 바꿀 정도의 성의는 있지만, 다듬고 또 다듬어 다음 단계로 올립니다. 저는 작가로서 그리고 '양심'을 중요하게 생각하는 교육자로서 이런 교육에 노출된 아이들의 글을 보고 감동해 본 적이 드뭅니다. 3개월 전에 이렇게 쓴 아이가 2년 후에도 같은 형태를 반복하고 있었습니다. 방법 위주의 교육은 아이들의 창의성을 무기력하게 만들어 문제해결 능력을 저해합니다. 열린 사고보다는 닫힌 사고를 조장합니다. 자발적이기보다는 피동적인 아이로 자라나게 합니다. 이런 아이가 여러분 주위에는 없습니까?

그렇다면 가장 힘든 교육이란 무엇일까요? 가장 힘든 교육은 아이들이 가지고 태어난 본연의 동기를 찾아내는 것입니다. 그러기 위해서는 상상력을 자극하고 영감을 주는 데 집중해야 합니다. 자아상이 이미 굳어진 어린 나이 이후의 아이들을 자극하고 격려하고 독려해서 자기 안의 세상을 밖으로 꺼내도록 돕는 것, 이게 과연 쉬울까요? 사실 '동기부여'라는 말 자체가 잘못되었습니다. 누가 누가에게 동기를 부여합니까? '부여한다'는 말 자체가 모순 아닙니까? '부여한다(grant)'는 것은 일방적이기 때문입니다. 도리어 동기를 '발견하고(discover)' '끄집어낸다(bring out)'는 게 더 적합한 말일 것입니다. 동기는 아이가 가지고 태어나는 것이지 누군가가 집어넣는 것이 아니기 때문입니다. 기술적으로 글을 잘 쓰고 못 쓰고는 한창 나중에 고민해야 할 문제입니다.

동기부여가 창의성 교육의 근간이다

예술가와 기술자의 차이를 분명히 아시기 바랍니다. 교육의 장은 기술자를 양성하는 학원이 아닙니다. 저는 아이들이 글과 책의 기술자가 되기를 원치 않습니다. 저는 아이들 안에 감춰진 혹은 사라지고 있는 예술성을 스스로 발견하도록 자극하고 싶습니다. 저는 아이들이 무슨 직업을 갖든 예술가적 삶을 잃지 않기를 바랍니다.

동기부여는 아무나 하는 것이 아닙니다. 쉽게 동기부여가 되지도 않습니다. 수많은 동기부여의 방법 중에서 우리는 작가로서 우리 자신의 책과 글을 가지고 왔습니다. 그러니 책과 글은 목적일 수 없습니다. 단지 수단일 뿐입니다. 아이에게 동기를 부여하기 위한 수단에 불과합니다! 동기부여라는 고상한 단어를 다루기 위해서는 우선 재미(fun)라든지 흥미(interest)라든지 호기심(curiosity)과 같은 단어들이 동원되어야 합니다. 아이가 즐거워하는가? Yes or no? 이 질문에 아이가 답을 못한다면 그 이유를 곰곰이 생각해 봐야 합니다. 왜 그럴까? 그리고 해결책을 같이 고민해야 합니다. 어떻게 하면 아이를 더 자유롭게 풀어줄까? 어떻게 아이의 즐거움을 배가시킬까?

동기가 부여된 다음의 결과는 굳이 말하지 않아도 충분합니다. 주변에서 동기가 부여된 아이들의 모습이 어땠습니까? 그들은 전동차처럼 스스로 달리게 됩니다. 말하지 않아도 합니다. 한번 동기부여의 사이클을 온전히 경험한 아이들은 제2, 제3의 대상이나 목표에도 쉽게 동기부여가 됩니다. 동기부여가 되어야 '몰입(Flow: 자신이 하고 있는 일에 빠져드는 개인의 심리상태로 미국의 심리학자인 미하이 칙센트미하이가 인간의 생산성에 도움을 주는 *심리학적 개념으로 고안했음*)'을 경험하게 되고, 몰입해야 더 전문가적인 식견이 생기고 결국 어디서나 '전환가능한 힘(Transferable Power)'을 갖게 됩니다. 그리고 이렇게 한번 생긴 힘은 더 노력하지 않아도 사장되지 않습니다. *(더 많은 정보를 원하시면, 말콤 글래드웰의 『티핑 포인트』와 칙센트미하이의 『몰입』이란 책을 읽으시기 바랍니다.)* 이 힘은 사라지지 않고 아이들의 삶에 원동력이 됩니다. 어느 때를 만나면 거침없이 도약하고 발전하게 되는 것입니다!

여러분의 자녀는 쉽게 동기부여가 되는 성격인가요? 여러분도 부모로서 교육자이시고, 저 역시 작가로, 부모로 교육자입니다. 교육은 억지로 쑤셔 넣는 게 아니고 끄집어내는 것입니다. 동기가 부여되어야 아이들은 자신의 세계를 바깥으로 가지고 나옵니다. 제발 기술적인 면은(그게 성적이라도) 차후에 고민하시기 바랍니다. 지금 여러분의 자녀는 글을 잘 쓴다, 못 쓴다, 영어를 잘한다, 못한다를 고민할 단계가 아닙니다. 대신 아이가 매사에 '즐거워하는가, 행복한가'를 고민하시기 바랍니다. 이 1단계를 지나야 '집중의 단계'로 넘어가게 됩니다. 이런 과정이 아이에 따라서 1년이 걸릴 수도 있고, 저희 아이들처럼 3년이 걸릴 수 있고, 그 이상 걸릴 수도 있습니다. 이런 과정에서 부모는 '절대로' 포기하면 안 된다는 것을 잊지 마시기 바랍니다. 스스로 동기부여 못하는 아이가 독립적인 성인으로 자랄 수 없습니다. 의존적인 성인으로 남게 됩니다. 영어라는 기능은 잘하는데 정신적으로는 가장 의존적인 자녀를 원하십니까? 교육이 우선이지 영어라는 기능이 결코 우선일 수 없습니다.

영어교육에 관심이 많은 독자 여러분, 특히 학생과 학부모 여러분! 이런 저의 생각과 취지에 공감한다면, 이제는 여러분들의 기대와 욕구를 맞추거나 낮출 때입니다. 라디오도 튜닝이 안 되면 잡음이 생기듯이 교육도 부모와 다른 모든 교육의 주체들이 일체가 되어야 그 가운데에서 아이들이 자유롭게 숨 쉬고 즐거워하고 동기부여 되어서 자신을 표현하는 데 거침이 없게 됩니다. 이런 조율의 과정—피아노 조율을 생각해 보십시오. 이런 과정이 얼마나 귀찮고 듣기 힘듭니까?—을 통해서 자연스럽게 아이들은 책을 좋아하게 되고 글을 쓰는 데 자신감을 얻게 됩니다. 글은 아이들이 쓰는 것이고 결국 아이들이 글을 씀으로 더 잘 쓰게 되는 것입니다. 우리는 조언자이고 격려자이고 환경조성자일 뿐입니다. 이게 참교육의 현장입니다.

이런 저의 시도에 같은 마음으로 동참해 주실 것을 바랍니다. 세상만사에 때가 있듯이 여러분의 자녀도 비약할 때가 있습니다. 그때까지 인내하고 부모로서의 조급함을 내려놓으시기 바랍니다. 아이의 세상은 아이 자신이 만들어갑니다!

이 세상에서 가장 하기 힘든 교육에 도전하라

여러분, 이 세상에서 가장 하기 힘든, 하지만 가장 그 생명력이 긴 교육에 도전해 보시기 바랍니다. 자발적이고 동기부여가 되고 창의적인 교육. 영어는 그저 그 일부일 뿐입니다. 이런 힘든 교육의 탐구과정 (더 근본적으로는 자녀가 어디서 왔고, 누구이고, 어디로 가는가에 대한 고민) 가운데 보람을 찾으시기 바랍니다. 교육의 과정을 무시할 수 없습니다.

그럼 결과는? 우리가 믿는 신이 공평하시고 자비로우시고 신실하신 분이라면 반드시 우리들의 이런 노력과 인내에, 우리 아이들의 충만하고 온전해지는 삶으로 축복해주실 것입니다.

지난 주말 아내와 함께 옆 동네 미션(Mission—이 세상에서 이처럼 아름다운 동네 이름이 있을까요?)의 한 베네딕도 수도원에서 두 명의 훌륭한 캐나다 커리어 컨설턴트이자 신학 교수들이 진행하는 워크샵에 다녀왔습니다. 이 중 한 컨설턴트는 어릴 때 영어를 잘하지 못해 늘 '학습 부진아'라는 오명을 달고 다녔다고 합니다. 읽고 쓰는 기능이 다른 아이보다 현저히 부진했다고 해요. 이런 학습 부진은 대학에 가서도 여전했다고 합니다. 단어 하나 제대로 못 썼다고 하니까요. 그런 그가 무엇이 되었는지 아세요? 대학의 영문과 교수, 신학 교수, 그리고 지금 60이 넘은 나이에는 사람들의 숨은 재능을 발견해 자신감을 가지도록 도와주는 커리어 컨설턴트가 되었습니다.

여러분의 자녀가 영어를 못해 고민하십니까? 단어를 못 외우고 있나요? 한 문장도 제대로 못 쓰고 있나요? 말을 더듬습니까? 이런 기능적이고 지엽적인 문제들로 아이를 닦달하지 않으시기를, 초조하지 마시기를 바랍니다. '왜 못하는가'로 지난 과거나 부모의 유전자를 한탄하기보다 앞으로 어떻게 할 건지를 생산적으로 고민하시기 바랍니다. 아이 자신이 세상에 가지고 나온 고유한 동기와 재능을 발견하는 데 더욱 힘쓰시기 바랍니다. 여러분의 자녀가 바로 영재라는 믿음을 버리지 마십시오. 이 세상에 영재(Gifted) 아닌 아이는 없습니다. 단, 자신의 영재성을 발견하지 못하는 아이만 있을 수 있습니다. 이런 믿음만 있으면 영어라는 언어 기능의 문제는 실타래 풀리듯이 자연적으로 풀리게 될 거라고 믿습니다. 모든 교육은 결국 모두 통하게 되어 있으니까요. 신념이라는 문을 통해서!

"Come to the edge," he said.

They answered, "We are afraid."

"Come to the edge," he said.

They came.

He pushed them.

And they flew.

그가 말했다.

"가장자리로 오라!"

그들이 대답했다.

"우린 두려워요."

그가 다시 말했다.

"가장자리로 오라."

그들이 왔다.

그는 그들을 밀어 버렸다.

그리하여 그들은 날았다. 🖊

– 기욤 아폴리네르(*Guillaume Apollinaire, 1880~1919년*): 프랑스 시인

2	부							
창	의	적	인					
독	서	의		조	건			

책을 읽지 않고 좋은 글을 쓸 수 있을까요? 나이가 이미 칠십을 넘었고 오십대에 큰 교통사고를 당했음으로 불구하고 왕성하게 집필 활동을 하고 있는 미국의 스티븐 킹 작가는 틈만 나면 책을 읽으라고 조언합니다. 어디를 가건 손에는 책이 쥐어져 있어야 한다는 이야기이지요. 어린 시절에는 책을 겁 없이, 지독하게, 경계 없이 읽어야 합니다. 책 속에 문법이 있고 책 속에 단어가 있고 책 속에 '훔쳐 올' 문장들이 넘쳐나기 때문입니다. 책 속에 우리 아이와는 다른 인생들이 있고 책 속에 인간사의 희로애락이 다 포함되어 있기 때문입니다. 나아가 책을 통해 아이가 더 큰 세계, 경험해 보지 않은 미지의 세계와 연결될 수 있기 때문입니다. 안 중근 의사의 말씀대로, 하루라도 책을 읽지 않으면 입에 가시가 돋을 정도로, 책을 읽고, 읽으십시오. 글쓰기는 그럼 이제 시간문제입니다. 어느 날 아이 손에 펜만 쥐어지면 됩니다!

9 왜 책을 읽느냐고 묻거든

두 가지에서 영향을 받지 않는다면 우리 인생은 5년이 지나도 지금과 똑같을 것이다. 그 두 가지란 우리가 만나는 '사람'과 '책'이다.
– 찰리 트리멘더스(*Tremendous:굉장한*) 존스: 동기부여 연설가이자 작가

'창의적인 글쓰기 워크숍'을 통해 만난 많은 한국의 부모에게 "책을 왜 읽느냐?"고 물으면, 가장 많이 하는 대답이 "정보를 얻기 위해서서!"입니다. 이 글을 쓰고 있는 지금, 옆에 있는 아내에게 같은 질문을 했더니 이렇게 대답합니다. "재미있으라고." 책을 읽는 이유에 정답이 있을 수는 없습니다.

심신의학의 창시자이며 세계에서 가장 영향력 있는 100인으로 선정되기도 했던 베스트셀러 작가인 미국의 디팩 초프라는 멈춰 서서 돌아볼 기회를 갖기 위해서 책을 읽고, 알코올 중독자 아버지를 둔 미국의 베스트셀러 작가 재클린 미처드는 비참한 현실 속에서 피난처를 찾고자 책을 읽고, 『화성에서 온 남자, 금성에서 온 여자』의 작가 존 그레이는 더 열린 정신과 열린 마음을 가지려고 책을 읽고, 기업 컨설턴트인 케이트 루드먼은 자기 자신의 강점을 극대화하기 위해서 책을 읽고, 미국의 전설적인 판타지/SF 소설가인 어슐러 K. 르 귄은 '거짓으로의 도피'가 아닌 '거짓으로부터의 도피'를 통해 정확하게 현실을 바라보기 위해 책을 읽고, 『위험한 독서』의 작가 김경욱은 공감하기 위

해서 책을 읽는다고 말합니다. "현명한 독자가 되고 싶다면 독서를 통해 교훈 따위를 찾아낼 생각은 일찌감치 접어라. 독자로서 당신에게 필요한 것은 계몽이 아니라 공감이니…." 번역가로 유명한 공선옥 작가는 자신의 영혼을 구원해 줄 방편으로 책을 읽는다고 합니다. 『왜 책을 읽는가』의 저자 샤를 단치의 이유는 거창합니다. "독서를 통해 소멸과 죽음에 맞서 불멸에 이르는 것." 이렇게 거창하고 심오한 이유에서부터 정보 수집까지 책을 읽는 이유는 정말 천차만별입니다.

여러분은 책을 왜 읽고 여러분의 자녀에게 책을 왜 읽히십니까?

책을 읽는 이유에 대해서 좀 더 깊이 생각하기 위해서 이 세상에 왜 책이 나오게 되었는가를 생각해 보면 도움이 되지 않을까 싶습니다. 우리가 현재 손에 들고 다니는 소위 책의 원조는 무엇일까요? 미국의 언어학자이자 비즈니스 컨설턴트 리처드 오글이 쓴 『스마트월드』에는 책이 어떻게 이 세상에 나오게 되었는지에 대한 이야기가 나옵니다.

최초의 책 그리고 구텐베르크
프란시스 베이컨의 말대로 이 세상의 역사에서 가장 중요한 세 가지 발명은 화약과 나침반과 인쇄술입니다. 한국에서도 각광을 받은 베스트셀러 『총, 균, 쇠』의 저자 제레드 다이아몬드는 인쇄술을 지난 천 년 동안의 가장 중요한 발명이라고 했습니다. 인쇄술의 혁명으로 오늘날 우리가 소위 책다운 책을 만져보게 되었습니다. 서양의 인쇄술을 논할 때 독일의 구텐베르크를 빼놓을 수 없습니다. 독일의 금속활자보다도

7~80년 빠른 한국의 그 훌륭한 『직지심경』이 종교의 경계를 넘지 못하고 산속의 절에서 먼지만 쌓이고 있을 때, 상업주의와 손잡은 독일의 구텐베르크와 그 일당은 이미 글자를 일일이 손으로 팔(필사할) 필요가 없는 천공기를 사용한 대량생산의 문턱에 와 있었습니다. 이렇게 해서 1454년경 독일 마인쯔에서 파일럿 테스트로 처음 탄생한 책이 4세기 로마의 문법학자이며 수사학 선생인 아엘리우스 도나투스(Aelius Donatus)가 남긴 『문법학(Ars minor)』입니다.

하지만 36행, 총 28 페이지에 불과한 이 책은 야심만만한 금속세공 업자 구텐베르크의 최종 목적이 될 수 없었습니다. 이 책은 그저 당시 15세기 중반 가톨릭이 지배하던 유럽의 도서시장의 확대―당시에는 학교나 대학의 설립이 호황이기도 했습니다―에 부응하는 차원이기도 하고, 자신이 진즉 마음에 굳게 품고 있는 라틴어 표준 성경의 인쇄를 염두에 둔 것이기도 했습니다. 이와 동시에 그가 자신의 양심을 팔아가며 가톨릭의 면죄부까지 인쇄했던 것은, 46,000개의 낱자로 300만 개의 문자를 조합해야 하는 42행, 1,275페이지에 달하는 성경을 인쇄하기 위한, 최소 20~30명의 기능공이 꼬박 2년은 걸려 일해야만 하는 자금의 확보 차원이었습니다. 그 돈은 무려 2,120 굴덴에 달했습니다 (지금의 34만불 가량).

결과는 화려하고 초라했습니다. 책 자체는 황금비율로 완벽하게 인쇄되었지만 흥행에는 실패해 구텐베르크는 결국 빚더미에 안게 됩니다. 하지만 그의 인류에 대한 공헌은 그가 죽고 나서 약 반세기가 지나 본격화됩니다. 그의 남긴 인쇄술의 덕택으로 마틴 루터가 시작한 종교

개혁의 불씨가 전 유럽으로 급속도로 퍼져 나가게 됐고, 성직자들의 전유물인 라틴어 성경조차 독일어로 출판되어 일반인들의 손에 넘겨주게 되었다는 것입니다.

성경을 손에 쥔 일반인들, 일반 신도들은 이제 그들의 신을 누구의 입을 통해서가 아니라 본인들이 직접 만날 수 있게 되었습니다. 이 인쇄된 책 한 권으로 '평'신도들은 하나님과의 직접 연결이 가능하게 된 것이지요. 이제 그들과 신 사이에는 그 누구의 중재나 간섭도 필요 없게 되었습니다. '만인이 제사장'이 되어버렸으니까요. 하늘 위의 하나님과 땅 위의 인간들이 성경책 하나로 연결된 것입니다. 바티칸 시스티나 성당의 천장화인 미켈란젤로의 〈천지창조〉에서는 하나님과 인간의 손이 닿을까 말까 하지만 이 간격을 이제 성경책이 채우게 된 것입니다.

책의 존재 이유는 '연결'에 있다

여기에 '왜 책을 읽는가'의 힌트가 있습니다. 책이 이 세상에 존재하는 이유, 우리가 책을 읽는 이유는 바로 **'연결(connect)'**을 위해서입니다. 한국어로는 가장 쉬운 단어가 '연결'이지만 그 뜻은 실로 심오합니다. 영어 단어 '커넥트(connect)'는 어찌 보면 성스럽기까지 합니다. 이는 거룩한 단어입니다. 독자를 저자와 연결하고 저자가 드러내는 세상, 그리고 그 속의 인물들과 일일이 '연결'한다는 것이 쉬운 일입니까? 한 권의 책이 아무 관련도 없고 알 필요도 없는 가상의 인간들과 독자를 연결합니다. 세상 저편에서 배고프고 고통받고 가족이 없고 미래가 없는 그런 인간들을 책을 통해 만나게 되고, 그들의 삶에 공감하게 되고, 그들과 더불어 희로애락을 나누게 됩니다. 이런 연결 과정을 통해 독자인 우리 자신을 돌아보고 성장하게 됩니다. 참된 나를 알게 되는 것이지요. 신달자 시인이 말한 대로, 책은 인간이 되게 합니다. **'연결된 인간!'** 나를 세상과 더불어 살게 해준 책. 그게 우리가 책과 함께 살아야 하는, 즉 책을 읽는 이유입니다.

"내가 자란 곳은 전기가 들어오지 않는 시골 마을이었습니다. 그곳에서 세 오빠와 어울려 지내면서 오빠들이 빌려온 책을 읽기 시작했습니다. 세 살 위 오빠가 안데르센 동화집을 빌려왔을 때 먼저 읽고 싶어 비밀스러운 장소를 찾아야 했습니다. 닭과 돼지가 있는 헛간에 들어가 볏짚에 엎드려 책을 읽기 시작했죠. 돼지가 꿀꿀, 닭이 꼬꼬댁거리는 소리를 들으며 '인어공주'를 다 읽었을 때 많이 슬펐습니다. 오빠가 찾지 못하게 조용히 있어야 하는데 그만 큰 소리로 울었습니다. 이곳 말고 다른 곳에선 이렇게 아름답고 슬픈 이야기가 있구나...... 그 헛간에서 책을 읽고 울음을 터뜨리면서 열한 살 소녀는 조금 어른이 됐다고 생각합니다."

『엄마를 부탁해』의 작가 신경숙이 호주 브리즈번의 작가 페스티벌에서 낭독한 본인의 이야기 중 일부입니다. 이 시골 소녀가 오늘날 세계적인 작가의 반열에 든 것은 전기도 들어오지 않는 시골의 소녀를 다른 세상과 연결해 준 책이 있었기 때문입니다. 책 한 권으로 이 시골 소녀는 다른 세상, 다른 사람들과 공감하는 법을 배웠고, 연결하는 법을 배웠습니다. 아이러니하게도 이 작가의 소설 『엄마를 부탁해』는 연결고리를 잃어버린 가족들의 이야기입니다. 이 책을 통해서 우리는 잃어버린 우리 가족과의 '연결'을 고민하고, '재연결'하기 위해 우리 자신을 바꾸게 됩니다. 그런 면에서 이 작가의 그 긴 이야기를 한 단어로 줄인다면, 저는 '연결'이라고 하겠습니다.

이런 심오하고 고상한 책의 본연의 의미와는 달리 우리는 책을 읽으면서도 도통 '연결'이 되지 않는 딜레마에 빠져 있습니다. 책이 이 세상에 나온 이유가 우리를 세상, 그리고 세상 사람들과 연결하려는 것인데, 우리는 책을 읽으면서 도리어 세상과 멀어지고 사람들과 소외되곤 합니다. 첫 번째 책이나 다름없는 성경이 책으로 인쇄되어 신자들에게 찾아온 목적이 인간들을 하나님과 하나님이 만들어나가는 세상과 연결시키는 것인데 이런 책을 매일 들고 다니는 신자들이 세상에 덕이 되기는커녕 조롱거리로 전락한 것과 같이, 일반 독자나 아이들도 수많은 책을 접하고 있으면서도 자기만의 세상에서 나오지 못하고 책속에 갇혀 사는 것을 볼 때 '책을 도대체 왜 읽는가'에 대한 근본적인 고민을 하게 됩니다.

책과 삶이 유리(遊離)되는 이유

자, 주변을 둘러보십시오! 책을 많이 읽는 인간들이 어떤 모습인지? 그들이 어떤 모습으로 살고 있는지? 왜 우리에게 각인된 책 많이 읽는 자들의 이미지는 한결같이 고리타분하고 가식적이고 진부하고 반사회적일까요? 신달자 시인은 책을 멀리하고 책을 우습게 보면서 훌륭한 사람이 된 경우를 보지 못했다고 하지만, 저는 책을 많이 읽어서 착해지고 너그러워지고 친절해져서 결국 세상을 품게 되었다는 인간을 만나보기가 드물었습니다. 책이 머리를 차게 하는 대신에 가슴까지 더 식게 만들어버린 것은 아닐까요?

솔직히 이 책을 쓰는 저 역시 착한 저자, 착한 독자하고는 거리가 멉니다. 그리고 책을 쓰는 아빠와 함께 성장해 지금은 성인이 된 제 딸들도 어린 시절 수많은 책을 읽었고 지금도 틈틈이 읽고 있지만, 그들이 책을 많이 읽은 만큼 더 성숙해지고 더 착해졌는지는 장담할 수 없습니다. 많은 부분에서 우리의 삶은 책과 책의 세상과 유리되거나 단절되어 있습니다. "책은 책이고 나는 나다!" 왜 이런 비극이 발생하는 것일까요?

첫째, 우리가 책을 너무 도구적으로 생각하기 때문입니다. 책은 단지 타자(제삼자)에 불과합니다. 정보를 얻기 위한 삼자, 나의 상처를 치유할 수 있는 삼자, 낄낄거리기 좋은 삼자. 지하철에서 읽기 좋은 삼자. 이런 '삼자'적인 사고에 젖은 독자에게 책은 결코 공감의 대상이 될 수 없습니다. 이런 상태에서는, 번역가이자 작가인 공선옥의 말대로, "시를 읽는 내 눈에도 맑고 차가운 눈물이 흐르고 내 손엔 어느새 소주잔이 쥐어져' 있을 정도로 소설 속으로 자신이 들어가야 하는데 들어갈 수 없게 됩니다. 앞서 언급한 신경숙의 어린 시절처럼 우리 자신이 소설 안으로 들어가야 공감이 되고, 정화되고, 승화가 되는데 우리는 늘 거기에 있고 책은 늘 저기에 머물러 있게 됩니다. 그러니 책과의 합일은 감히 상상도 할 수 없지요. 지금 이 순간 만약 부모로서 여러분이 아이에게 책을 사주니 안 사주니로 주판알을 굴리고 있다면,

여러분에게 책은 여전히 대상이고 삼자이지 삶과 연결되는 통로가 아닙니다. 여러분이 여러분의 자녀를 위해 책을 사는데, 책의 보고인 도서관으로 데려가는 데 주저하지 않고 도리어 그것을 기쁨으로 여기게 될 때 비로소 책은 앎의 대상이 아니라 삶의 일부가 되기 시작합니다.(책을 밥이라고 생각해 보십시오!)

둘째, 우리는 너무 바쁩니다. 책을 읽는 것도 바쁩니다. 다음 할 일이 기다리고 있으니까요. 아이들도 바쁩니다. 다음에 갈 학원이 기다리고 있으니까요. 회사의 CEO도 바쁩니다. 저녁 회식 자리가 부르니까요. 그래서 탄생한 것이, 5분짜리 요약집입니다. 한 저자가 최소 2년 이상 들여 고민해 만든 5만 단어 이상의 책 한 권을 A4지 한 장으로 요약해 읽고 줄거리를 파악하고, 그 책이 주는 메시지를 암기해야 하는 세상! 그리고 사람들은 아이러니하게도 변화를 꿈꿉니다. 변화가 암기에서 오나요? 정신없이 바쁜 특수를 겨냥해 독서대행업도 성행합니다. 책 요약 회사, 책을 또 10분짜리 비디오로 만들어 배포하는 회사, 조찬 독서회, 기타 등등.

바쁜 상태에서 우리는 몰입을 경험할 수 없습니다. 『왜 책을 읽는가』의 샤를 단치가 말했듯이, 바쁜 상태에서는 작가와 독자가 한 편이 되어 죽음과 결투를 벌일 수 없습니다. 바쁜 상태에서는 책을 만지고 냄새 맡고 품 안에 껴안을 수도 없습니다. 김열규 교수가 『독서』에서 말했듯이, 우리는 책에서 글만 읽는 게 아닙니다. 보는 것, 듣는 것, 냄새 맡는 것, 그리고 만지는 것, 이 모두를 읽는 것입니다. 책 속에 있는 자신을 발견하려면, 책을 보는 게 아니라 먹으려면, 우리는 책을 읽은 다음에(혹은 읽으면서) 무엇을 할지 생각하는 것을 포기해야 합니다. 책 속에 있는 자신을 발견하려면, 지루한 과정을 거쳐야 합니다.

셋째, 책을 피동적으로 읽습니다. 책 읽기는 적극적인 행위여야 합니다. 책을 읽는 행위가 '보고 읽는' 두 가지만의 감각적 차원에 머물러선 안 됩니다. 어린아이에게 책을 읽힐 경우, 특히 영어 서적일 경우 오디오북을 활용하는 경우를 많이 봅니다. 하지만 제 의견은 조금 다릅니다. 오디오북은 전형적으로 피동적인 독서입니다. 귀만 열고 남의 입을 통해 책을 읽는 것(아니 듣는 것)입니다. 아직 문자에 대한 이해가 부족하거나 책을 직접 읽을 수준이 아닌 4학년 이전이라면 오디오북의 사용을 권할 수 있습니다. 지루한 차량 이동 중에, 여행 중에, 손에 책을 들기가 물리적으로 불편한 장소에서 대안으로 오디오북을 사용하는 것에는 동감입니다. 물론 아이마다 학습 스타일이 다르므로, 유독 '들음'을 통해 학습효과가 좋아지는 아이들의 경우, 듣기 위한 기재들이 아이의 학습능력 개발에 더 많은 도움이 될 수 있습니다. 그렇다고 해도 피동적인 학습 기재에 오랜 기간 의지할 수는 없습니다.

'인공 정서'인 오디오북과 비교할 수는 없지만, 부모들의 베드타임 리딩도 피동적인 읽기에 속합니다. 아이가 잠들기 전 엄마나 아빠가 침대맡에서 고상하고 잔잔한 목소리로 대독하는 것 역시 어린 나이에 국한할 것을 당부하고 싶습니다. 물론 부모와 함께하는 베드타임 리딩이 정서적으로 좋은 교육 도구라는 데에는 이견이 없습니다. 하지만 아이가 충분히 혼자 읽을 수 있는 나이가 되었는데도 베드타임 리딩을 지속하는 것은 책을 더 좋아하고 아니고의 기능적인 목적을 떠나 아이의 학습의존도를 강화하는 것으로, 독립적인 자아 형성에 도움이 되지 않는다는 점 명심하시기 바랍니다.

아이가 책을 제 손으로 들고 직접 읽을 수 있다면 응당 그렇게 하도록 해야 합니다. 피동적인 독서는 아이가 적극적으로 책과 공감하는 데 도리어 방해가 될 수도 있습니다. 오디오로 흘러나오는 성우들의 완벽한 발음과 속도와 억양과 가장 편한 자세로 귀만 열고 있는 아이들이 만날 때 '귀 뚫기'라는 기계적인 기능은 좋아질 수 있을지언정(이런 방식의 듣기로 승부를 걸려면 최소한 고막이 나가고 귀청이 떨어질 정도의 육체적 고통을 감수해야 합니다.) 아이의 적극적인 사고와 감각의 활동은 도리어 축소될 수 있습니다. 당신의 아이를 영어 듣는 기계로 만들고 싶습니까? 아니면 상상하고 창의하고 공감하는 인간으로 양육하길 바랍니까? 세상은 어떤 인간을 바랄까요? 선택은 부모들의 몫입니다!

넷째, 책 읽기가 숙제에 불과합니다. 숙제라는 강제적인 도구를 사용해 아이에게 책을 읽힐 정도라면 사실 때는 이미 늦었습니다. 어느 것도 숙제라는 강제성을 동원해서는 책과 하나가 되고 책을 통해 세상과 연결하는 데 무리입니다. 숙제가 우선이지 세상과 연결하는 게 우선이겠습니까? 책을 통해 '연결'이라는 단어를 체화시키려면 '확인한다'는 말 자체가 없어져야 합니다. 그냥 내버려 둬야 합니다. 책을 가지고 씹어 먹던, 뱉어버리던 내버려 둬야 합니다. 책과 싸우기도 해야 합니다. 그리고 그 책을 이겨내야 합니다.

공선옥 작가의 조언대로, **'무익한 책 읽기'**를 추천합니다. "책을 읽으려면 당장에는 아무 이득도, 성과도, 효과도 주지 않는 책을 힘들게, 괴롭게 읽을 필요가 있다!" 책 읽는 목적 자체를 내려놓으라는 말입니다. 몇 권 읽었다 읽지 않았다는 일차원적인 셈법으로 독서를 지도할 수는 없습니다. 아무리 책을 많이 읽었다 하더라도 책과의 혼연일치를 경험하지 못하고 세상과의 연결에 파열음이 발생했다면 지금 쥐고 있는 책을 당분간 내려놓는 게 지혜로울 수도 있습니다. 이런 상태에서 책은 아이에게 좋은 약이 못 되고 있는지도 모릅니다. 도리어 독약이 되는 것은 아닌지 고민해 봐야 합니다. 이는 책을 헛읽는 수고이기 때문입니다. 그렇다면 당분간 책 읽기를 금하십시오. 그리고 아이를 세상으로 데리고 나가 사람들을 만나게 하고 같이 숨 쉬고 그들이 지금 무슨 생각을 하는지 느끼게 하십시오. 그러는 가운데 아이의 찬 머리는 다시 온기를 찾게 될 것이고, 아이의 정지해 버린 가슴은 다시 뛰기 시작할 것입니다. 세상이 눈에 들어오게 될 것입니다.

다섯째, 삶의 체험이 없습니다. 오늘 한국이라는 세상과 책에서 만나는 세상은 차원이 다릅니다. 비디오와 스마트폰 그리고 온갖 디지털 제품과 자본주의의 세계에 흠뻑 젖어 있는 오늘날의 한국 아이들에게 작가들이 제공하는 제3 세계는 도무지 상상할 수 없는 가공 혹은 가상 세계에 그치고 맙니다. 이 아이들의 부모 역시 책의 세계와 현실 세계의 간격을 좁혀 줄 수 있는 의지와 물리적인 환경을 가지고 있지 못합니다. 아이들을 세상 저편으로 데려갈 여유도, 필요도 느끼지 못합니다. 어른이나 아이 할 것 없이 모두 바쁩니다. 책에서 보는 세상이 상상속에 갇혀 있는 세계가 아니라 실제 있는 세상의 저편이라는 것을 체험하게 해줘야 하는데, 제한적인 종교 행위나 단기 체험 어학연수

등을 제외하곤 현실적으로 엄두도 못 냅니다. 다음 달에 있을 경시가 중요하고 다음 달에 있을 학원 평가가 더 중요하기 때문입니다.

아이들의 24시는 책의 세상과는 전혀 상관없는 인공적인 도시 생활과 입시라는 괴물과 싸우게 됩니다. 아이들은 점점 더 건조해지고, 타인을 배려할 줄 모르게 되고, 개인주의적이 되며, 자기 속에 갇히게 됩니다. 현실 세계의 괴물이 되어가는 것은 아닌지? 이들에게 남과 세상은 없습니다. 나 외의 다른 것은 생각할 필요도 없고 타인에게 다가갈 필요도 없습니다. 책은 그저 도구일 뿐입니다. 정말 하고 싶은 것은 아무 생각 없이 피동적 자세로 TV를 시청하는 것뿐입니다. 오직 비주얼을 통해서만 이들은 만족합니다. 이마에 땀을 흘리고 먼지를 뒤집어쓰고 찝찝한 속옷을 며칠 내내 입는 것은 상상조차 못하는, 결핍의 미덕을 모르는 아이들에게 책의 세계는 아무 연결성이 없는 무미건조한 지식의 비곗덩어리에 불과합니다. 이들에게 땅을 밟게 하고 공기를 마시게 하고 제3 세계의 아이들을 만나게 하는 것, 자신이 우상처럼 숭배해 왔던 것들과 이별하고 새로운 세상에 눈을 뜨게 하는 것, 이런 의도적인 행위 없이 아이들의 세계에서 책이란 여전히 '그것'으로서의 어설픈 추상의 가치일 뿐입니다. 책을 덮고 세상을 보게 하십시오! 자연을 느끼게 하십시오! 그게 진짜 책의 세상으로 들어가는 마법의 문입니다.

캐나다의 자랑인 아동작가 데보라 엘리스(Deborah Ellis) 에 대해!

이 작가의 작품 소재는 제3국의 아이들이고 이들의 삶입니다. 『Looking for X』로 캐나다 최고의 문학상인 캐나다 총독상을 받은 그녀 는 『브레드위너(Breadwinner)』라는 작품으로 세계적인 명성을 얻었습니다. '브레드위너'는 굳이 한국어로 표현하자면, '앵벌이' 정도이겠습니다. 탈레반 치하 아프가니스탄의 11살 된 아이 파르바나의 고단한 삶을 그렸습니다. 데보라 엘리스는 보통 제3국의 아이들의 삶을 이야기로 만들기 위해 현지에서 체류하고 인터뷰하며 이들의 삶에 적극적으로 개입합니다. 브레드위너의 아프가니스탄에 이어 이스라엘과 아프리카 와 남미 등에서 체류하며 현지 아이들의 문제에 대해서 소설이라는 도 구를 통해 온 세상에 알렸습니다. 캐나다 온타리오 주에서 태어나 파리 에서 자랐고 다시 캐나다로 돌아온 데보라 엘리스는 반전, 인권활동가 로 활동하며, '여성들을 위한 여성들(Women for Women)'이란 구호단체 를 설립하기도 했습니다. 그녀는 주로 가난한 아이들의 일상적인 삶을 이야기합니다. 북미의 아이들의 세계를 제3 세계와 연결하는 데 탁월 한 재능을 가진 그녀는 캐나다 및 온 세상의 자랑입니다.

데보라 엘리스는 우리 워크샵에 참가하고 있는 아이들에게 가장 사 랑받고 있는 작가 중 한 명입니다. 그녀의 사명은 북미와 세상 모든 곳 의 아이들에게 세상 저편의 아이들이 어떻게 살고 있는지, 어떻게 고통받고 있는지, 그래서 어떻게 서로 사랑할 수 있는지를 알려 주고 '연결'해 주는 데 있습니다. 그녀의 작품이 한국어로도 번역되어 있어 기쁩니다.

10 거침없이 독서하라

어릴 때만 읽히는 책은 그때조차 가치가 없는 책이다.
- J. K. 롤링(Rowling, *1965년~*): 영국의 소설가

전 세계 어린이들의 우상이 된 해리포터 시리즈의 J. K. 롤링과 이를 능가하기 위해 월트 디즈니에서 각고의 노력 끝에 내놓은 나니아 연대기의 C. S. 루이스는 둘 다 지독한 독서광이었습니다. 루이스가 유복하고 안정적인 가정환경에서 자랐든 롤링이 경제적으로 빈곤하고 불안한 가정에서 자랐든 간에, 그들 모두의 특징은 어려서부터 책을 많이 읽었다는 사실입니다. 그들은 아마 '이 세상에서 가장 좋은 아동 독서 100편'을 참고해 그것만 읽지는 않았을 것입니다. 이들은 판에 박힌 책들을 거부하고 대신 유머에서부터 모험과 판타지에 이르기까지, 만화에서부터 시와 소설에 이르기까지 형태와 장르를 초월해 책을 읽었다고 합니다.

그들의 부모는 요즈음 부모들처럼 대학입시용 자녀교육에 그다지 엄격하지 않았기 때문에 그런 경계 없는 독서가 가능했을 거라는 짐작을 해봅니다. 어찌 됐든 그런 독서의 결과로 이들은 일반인들은 감히 생각할 수 없는 상상의 한계를 초월해 판타지 소설의 진수를 보여줬습니다. 안타깝지만 한국의 창작세계에는 판타지가 드뭅니다. 최근 들어 『개미』의 프랑스 작가 베르베르의 열풍으로 사기가 진작되기는 했으

나, 여전히 구태의연하고 획일적인 한국의 교육환경에서 상상과 창의를 최우선의 요소로 하는 판타지 장르가 제대로 살아날지 의심스럽습니다.

　풍부한 독서 없이 창의적인 글은 상상하기 어렵습니다. 인간의 상상력과 창의력이 무한하다지만, 인식과 경험 그리고 후천적으로 습득된 세계관의 한도 내에서만 가능한 것이지요. 제한된 환경과 물리적인 제약을 넘어 세상을 경험할 수 있는 가장 경제적이고 간편한 방법이 '독서'입니다. 독서로 요정이 되고, 독서로 대통령이 되며, 독서로 대서양을 횡단하고, 독서로 화성까지 날아가며, 독서로 가난해져도 보고, 독서로 초콜릿 공장의 사장이 되기도 합니다.

　이런 독서의 중요성과 필요성을 모르는 부모는 세상에 없을 겁니다. 한국의 부모든 러시아의 부모든 캐나다의 부모든 어린 자녀에게 어떻게 하면 책 한 권이라도 더 읽힐까 고민합니다. 북미 가정에서는 부모가 아이들에게 틈틈이 책을 읽어주는 방법을 수백 년 전부터 선호해 왔지만, 영어책 읽기에 서툴거나 먹고 살기 바쁜 한국의 부모들은 '책 읽어주고 돈 받는' 사설학원에 보내 이런 북미의 독서 경쟁에 뒤처지지 않기 위해 노력합니다. 심지어 어느 학원은 한국 부모들의 이런 독서 경쟁 성향에 편승해 '강제 독서 시스템'을 만들어 지정된 책을 지정된 시간 내에 읽히고 지정된 시간에 점검하는, 그래서 책 한 권을 통째로 씹어 먹게 해주는 살벌한 학습법(?)으로 성공하기도 했습니다.

방만한 독서에 대한 관용

독서는 강압적이기보다는 자발적으로(voluntary), 고정적이기보다는 유연하게(flexible), 주입식이기보다는 창의적인(creative) 방법으로 권장되어야 합니다. 그래야만 아이들의 세계가 다양하게 확장되고, 신묘막측한 상상의 나래를 타게 됩니다. 아이들에게 책을 읽히는 부모들은 항상 '왜 책을 읽히나'를 고민해야 합니다. 이런 고민을 하지 않으면, 아이들은 '독서' 본연의 목적을 상실하고, '지식'의 축적으로서 책이라는 대상과 싸우게 되고, 운이 좋으면 그나마 책과의 인연을 지속하지만 그렇지 못하면 책과 아예 담을 쌓게 됩니다.

최소한 초등학교 시절까지는, '사전'과 '문법책' 그리고 '암기'와 '통제'와 '확인'이 없는 '거침없고 자유롭고 방만하기까지 한' 책 읽기가 권장되어야 합니다. 혹 초등학교 2~3학년 때부터 '창의적인 독서(Creative Reading)'가 아니라 '비평적 독서(Critical Reading)'와 '의무 독서(Mandatory Reading)'를 강요한다면, 그것은 태어날 때부터 가지고 나온 어린 아이들의 상상력을 제한하고 맙니다. 아이들은 바보가 아닙니다. 최소한 초등학생 이상의 아이라면 누구나 자신의 수준에 맞는 책을 고를 수 있습니다. '말'로 안 되면 '그림'으로라도 고르지 않습니까? 글도 못 읽는 초등학교 1학년 아이가 '반지의 제왕(Lord of the Rings)'을 고를 리 만무합니다.

아이의 손을 잡고 100m도 채 안 되는 거리에 있는 동네 도서관에 가십시오. 그럴 시간이 없으면 책을 집안 곳곳에 깔아 두십시오. 화장실은 독서를 권장하기 좋은 신비의 장소 아닌가요? 자유롭게 책을 고를 수 있는 자유를 주십시오. 그리고 그 아이가 읽는(read) 혹은 보는(see) 책을 한 발 떨어져 관찰하십시오. '무슨 책을 읽는가? 책을 잡은 다음에 먼저 읽는가? 그림을 그리는가? 낙서를 하는가?' 책에 관한 한 '엄숙주의자'가 되어선 안 됩니다. 신줏단지 모시듯 책을 소중히 모시는 행위 말입니다. 책을 소중히 다루도록 하지 마십시오. 책과 친구가 되기 위해선 낙서든 그림이든 뭐든 해야 합니다. 둘째, '손가락으로 코를 파는가? 책을 베고 잠을 청하는가?' 세심한 관찰을 통해 아이가 좋아하는 책을 분류해 보고, 집에 돌아와서는 그런 책들을 집안 어디서나 손에 잡힐 수 있도록 깔아 두십시오. 단, 책과 상극인 TV와 컴퓨터 게임의 불이 커져 있을 때 이런 책들은 휴짓조각에 불과하다는 사실을 명심해야 합니다. 깔아 둔 책들을 절대로 치우지 마십시오! 아이들은 지저분함에 대한 인내심이 큽니다.

45년간 영어학습에 대해서 연구해 온 그리고는 『크라센의 읽기 혁명』이라는 책으로 온 세상을 떠들석하게 만들었던 미국의 언어학자 스티븐 크라센 교수는 "말을 물가에 끌고 올 수는 있지만 물을 마시게 할 수는 없다. 그런데 물가는 마련해주라."고 말하며, 아이들에게 책을 읽히기 위해서는 환경의 조성이 급선무라고 조언합니다. 나아가 그는 자발적이고 즐거움을 느끼는게 하는 읽기가 외국어를 배우는 최상이 방법이 아니라 유일한 방법이라고 주장합니다.

최소한 초등학교 시절까지는 이런 방법으로 거침없이 책 읽기, 자유롭게 책 읽는 정서를 심어줘야 합니다. 단어 하나 찾지 않고 200페이지 이상의 책 전체를 이해할 수 있다면 그것은 대단한 '추리 능력(in-

ferability)'이요, 대단한 '상상력*(imagination)*'입니다. 대학 이상의 교육에서 학생들에게 요구하는 것은 사실적인 묘사가 아닌 추리하고 추정하는 능력입니다. 다차원의 추리 능력이 일차원의 암기능력보다 훨씬 중요하니, "부모들이여! 제발 외우게 마시고 추리하고 상상할 수 있도록 마음에 여지*(room)*가 남아있는 아이들로 키워주시길 바라옵나이다!"

그렇다면 아무 책이나 다 읽혀도 되나요? 많이 읽히기만 하면 되는 건가요? 주니 비 존스*(Junie B. Jones)* 시리즈에서 언포츄니트 이벤트 *(Unfortunate Events)* 시리즈에 이르기까지, 프랑스 아스테릭스*(Asterix)* 만화에서 일본 이누야사 만화에 이르기까지, 해리포터*(Harry Potter)*에서 이레곤*(Eragon)*에 이르기까지 모두 다?

그렇지는 않습니다. 물론 좋은 책은 엄연히 있습니다. 우선 책과 접할 수 있는 자유로운 환경을 제공하고, 독서의 늪에 한 발 내디딘 아이들에게는 '독서 지도'가 필요합니다. 즉 그림책과 읽기 쉬운 시리즈 물 *(50~70페이지 정도)*을 섭렵한 정도, 흔히 초등학교 3학년 정도가 되면 이때부터는 한번 먹고 질리는 팝콘과 같은 책들보다 마음의 양분이 되는 좋은 책들을 접할 수 있도록 도와주어야 합니다. 책을 통해 아이들의 감성과 지성과 세계관이 자랍니다.

좋은 책의 기준은

그러면 어떤 책을 읽혀야 하나요? 학교나 학원에서 추천해 준 책? 뉴베리*(Newbery)* 메달을 받은 책? 책 표지가 아름다운 책? 캐나다 챕터스(Chapters)나 미국의 반즈앤노블(Barnes and Noble)에서 구할 수 있는 책?

좋은 책의 기준은 아주 간단합니다. 첫 번째는 '**희로애락(喜怒哀樂)**'이 **다 포함된 책**입니다. '기쁘고 화나고 슬프고 즐겁고'가 파노라마처럼 펼쳐지는 책입니다. 이런 다양한 감정들이 갈등을 겪으면서 조화롭게 전개될 때 구성(plot)이 단단하다는 말을 하는 것입니다. 인간의 다양한 감정과 삶의 형태 중에서도 특히 외롭고 슬프고 고통받고 이겨내고 사랑하는 이야기들을 다룬 감수성 풍부한 책들이 주로 수상작들이 됩니다. 두 번째는 **내용의 전개 과정에 '결핍(lack)'이나 '결함(deficiency)'이 있는 책**입니다. 주인공이 좋은 환경에서 태어나 잘 살았다는 이야기는 이야기가 아닙니다. 가난하게 태어났으나 열심히 노력해서 부자가 되었다는 일차원적인 이야기는 좋은 책이 될 수 없습니다. 이야기에는 반드시 결함과 결핍과 불편함이 있어야 하고 시련과 극복과 희망이 있어야 합니다. 아무리 로알드 달(Roald Dahl)의 책이 웃기고 재미있어도, 거기에는 이런 문제들이 포함되어 있어 최고의 책이 된 것입니다.

미국 의회가 선정한 최고의 책 『내 친구 윈딕시(Because of Winn-Dixie)』는 강아지까지 끌어들여 이런 문제들을 독자들과 나눕니다. 하지만 안타깝게도 햄버거와 콜라, 플레이 스테이션과 아이패드에 중독된 대부분의 현대판 아이들은 이런 칙칙한 책들을 좋아하지 않습니다. 이런 책들은 동시대적이지 않거나 시시각각 흥분하는 장면을 제공하지 않기 때문입니다. 반대로 고민하게 하고, 눈물을 질질 짜게 만들고,

더 느려지게 하며, 책을 본 후에도 정서적인 후유증을 남겨 줍니다.

특히 제가 사는 캐나다의 국기(國技)인 '하키'에 중독된 아이라면(아니면 컴퓨터 게임에 중독되었던지), 이런 책 읽기는 한없는 슬픔과 인생의 무료함을 선사하게 됩니다. 하키는 인간의 감정을 있는 그대로 표현하는 매력적이고 숨 막히는 경기입니다. 경기 중 치고받고 싸우는 폭력을 공식적으로 인정하는 경기는 이것뿐이지요. 이런 격렬한 하키와 아날로그적이고 평화롭고 한가로운 독서가 공존하기는 어렵습니다. 컴퓨터와 독서 역시 좋은 친구가 아닙니다. 디지털과 아날로그는 늘 반대 방향에 있기 쉬우므로 이 둘의 관계를 어떻게 조화하고 화해시킬 수 있는가가 교육자로서 우리의 관건입니다.

해리포터는 흥행에 가장 성공한 책이지 가장 좋은 책이라고는 말씀 드리기 어렵습니다. 아래 10권의 판타지(fantasy) 책들은 해리포터보다 더 훌륭한 책들이라고 저는 평합니다. 당신들의 자녀는 아래 책 중 몇 권을 읽었을까요?

1. Charmed Life
2. Wizard's Hall
3. The Bad Beginning
4. So You Want to Be a Wizard
5. A Wizard of Earthsea
6. The Golden Compass
7. Half Magic

8. The Wolves of Willoughby Chase

9. The Boggart

10. The Snarkout Boys and the Avocado of Death

창의적인 독서환경 조성이 급선무이다

좋은 글을 쓰려면 다양한 직·간접적인 경험이 바탕이 되어야 한다는 것은 상식입니다. 경험과 '독서'는 떼려야 뗄 수 없는 관계입니다. 세상만사를 직접 경험할 수 없는 인간의 한계를 독서가 뛰어넘도록 도와줍니다. 한국의 광고 카피라이터이면서 최근 『부부가 둘 다 놀고 있어요』란 책으로 대중의 관심을 받은 편성준 작가는, "잘 정리된 생각을 모아놓은 보물상자와 같은 것이 책"이라면서 책은 언제든지 열기만 하면 아낌없이 새로운 세상을 보여준다고 말합니다. 너무 진부한 말인가요?

방금 전 한국의 한 학부형과 통화했습니다. 중학교 1학년짜리 강남 대치동 학생인데 원래 책을 아주 좋아하는 아이였답니다. 그런데 중학교에 들어간 뒤 그 좋아하는 책들을 못 읽는다는 것입니다. 시간이 없다는 게 이유입니다. 그럼 영어공부는 어떻게 하느냐고 물었더니 학원에 다닌다고 했습니다. 그 학원에서는 책을 안 읽히느냐고 했더니 2주일에 1권 정도 읽히는 것 같은데 아이가 즐거워하지는 않는다는 것입니다. 한국 영어교육의 비극은 이처럼 책 읽기가 하나의 상투적인 행위나 프로그램이 되어버렸다는 것입니다.

이런 영어교육법은 살다 살다 처음 봅니다. 영어 실력이 '읽고 쓰고 말하기'라면 그 중 읽기는 나머지 둘의 기초가 됩니다. 책 읽기 없는 영어는 영어가 아닙니다. 자녀의 영어 실력이 향상되길 원하십니까? 그렇다면 책을 읽히고 또 읽히고 더 읽히십시오. 안 읽는다고 아이만 불량학생으로 내몰지 말고 환경을 조성해 주십시오. 컵의 물이 비워야 새로 채워지듯이 비어 있는 공간이 필요합니다. 아이들의 나이에 맞게 자유롭고 창의적인 독서환경을 제공해 주는 것, 입에다 퍼먹이는 독서가 아니라 스스로 먹도록 도와주는 독서가 필요하다는 것입니다. 먹다 질리고 결국에는 먹은 것을 죄다 토하게 하는 강제적인 독서가 아니라, 스스로 소화해낼 수 있는 능력을 심어주는 자율적인 독서를 지향해야 합니다. '교육의 공학'이란 미명 아래 건조하게 설계된 소위 시스템에 맞춰가는 '훈육적 독서(Disciplinary Reading)'보다는 '관찰'을 통해 간섭을 최소화하고, '아이들이 스스로 할 수 있는 환경'을 조성해 나가는 몬테소리와 같은 교육방법이 '독서'에도 적용되어야 합니다. 아이들은 남의 도움이 없이도 스스로 책을 읽을 수 있고 이해할 수 있고 해석할 수 있습니다. 자유와 해방감이 없는 독서는 독서가 아니라 강제노동에 불과합니다! 아이들의 권리를 방해하고 훼손시키지 마시길 바랍니다.

독자의 권리

1. 책을 읽지 않을 권리

2. 건너뛰며 읽을 권리

3. 끝까지 읽지 않을 권리

4. 다시 읽을 권리

5. 아무 책이나 읽을 권리

6. 보바리즘을 누릴(마음대로 상상하며 빠져들) 권리

7. 아무 데서나 읽을 권리

8. 군데군데 골라 읽을 권리

9. 소리 내어 읽을 권리

10. 읽고 나서 아무 말도 하지 않을 권리

– 다니엘 페낙의 『소설처럼』에서

11 독후감의 틀을 깨라

나는 좋은 질문이 좋은 답보다 더 중요하다고 생각한다. 가장 좋은 아이들의 책은 질문을 가지고 있고 독자로 하여금 그 질문을 직접 하게 만든다. 그리고 각각의 새로운 질문들은 누군가의 세상을 혼란스럽게 만든다.
– 매들렌 렝글(1918~2007): 「시간의 주름(A Wrinkle in Time)」으로 유명한 미국 뉴베리 메달 수상 아동작가

국내 인터넷의 한 블로그에 익명의 사용자가 〈독후감 쓰기 싫다...ㅠ
ㅠ〉라는 제목의 글을 올리자 다음과 같은 댓글들이 바로 따라붙었습니다.

- 제발 책만 읽으면 안 되나요? 책 읽는 건 좋지만 쓰는 건 질색이에요(어느 초딩).
- 독후감 쓰기 귀차나. 내일 학교에서 급하게 써버려(어느 중딩)!
- 정말로 독후감은 초등학교 때만 쓰는 건 줄 알았는데... 어찌 된 게 중학교 때
  보다... 고등학교 때 보다.... 대학 와서 쓰는 독후감이 더 많은 걸까요... 체육
  이랑 미술 안 하는 건 정말 눈물 나게 감사하지만 독후감도 좀 줄여주면 안 될
  라나.... 이번 달에만 독후감이 다섯 개네요(어느 대딩).
- 월급쟁이가 된다면 대학 졸업해도 독후감이나 보고서 요약의 마수에서 벗어
  날 수 없습니다. 그냥 즐기세요(어느 월급쟁이).
- 똑같은 짓을 반복하며 즐거워할 사람은 정신병자가 아니고는 없어요. 일정 기
  간 반복하더라도 한도를 초과하면 싫증을 내고 새로움을 갈구하는 게 정상적인
  인간의 본성이랍니다. 과감히 틀을 파괴하고 뛰쳐나오세요(어느 대안 교육자).

모든 책을 백 번이나 읽고 백 번이나 썼다는 백독백습(百讀百習)의 세종대왕. 전쟁에 나갈 때도 책을 수레로 싣고 가서 읽고 책을 읽은 후에는 늘 메모하고 정리하는 습관을 지녔다는 프랑스의 나폴레옹. 역사적인 이 둘을 빼고 오늘날 '독후감' 쓰기를 즐겨 하는 인간을 만나기는 힘듭니다. 과도한 독후감 중독증에 전염되거나 혹은 절박하고 강제된 외부적 필요성으로 인해 독후감을 쓸 수는 있으나 자발적으로 보상이나 결과를 바라지 않으면서 즐겨 쓰는 인간은 드뭅니다. 저 역시 한 명의 저자로 많은 책을 섭렵하지만, 언론매체에서 돈 주고 작품 평을 요구하기 전까지는 군이 독후감이라는 형식으로 글을 쓰지는 않습니다. 그저 쓴다면 책장 위아래를 여백 삼아 메모를 할 뿐이지요.

어른도 이러거늘 아이들은 어떤가요? 한창 밖에 나가 놀 나이에, 파란 하늘의 구름을 보며 솜사탕을 그려야 할 나이에, 책을 읽어도 그림에만 눈 팔릴 나이에 혹은 조금 나이 들어 여학생의 뒤꽁무니를 쫓아다니기도 바쁠 나이에 사각 책상 앞에서 머리에 띠를 두르고, 오른손엔 연필, 왼손에 사전과 책을 쥐고 〈저자-출판사-출판 연도-배경(setting)-인물 묘사(character description)-요약(summary)-느낌(feeling)〉의 순서까지 정해 A4 사이즈 2장 길이의 독후감을 쓰라고 하면 이들에게 독후감은 으악, 독약이 됩니다.

글을 잘 쓰려면 우선 많이 읽혀야겠기에 우리 기관도 창의적 글쓰기 워크샵을 처음 시작한 2004년 초에는 청소년들에게 많은 책을 읽히고 많은 독후감을 쓰게 했습니다. 책에 대한 지식과 이해를 돕고 책의 내용과 그때의 느낌을 간직하고 결국 책을 읽는 데 도움이 되기 위한 독후감의 중요성을 우리라고 어찌 간과할 수 있었겠습니까? 한 달에 10권 정도의 책을 선정해 주제별로 읽히고 독후감을 위와 같은 순서에 입각해 쓰게 했더니 매번 아이들이 제출하는 내용은 천편일률이었습니다: 재미있다, 지루하다, 좋아하지 않는다, 읽기 쉬웠다, 어려웠다, 좋아하는 주인공은 누구였다, 잘 살았다, 죽었다.

이중 가장 대표적인 표현으로 요약할 때는 시작이 '원스 어폰 어 타임(Once upon a time:옛날 옛적에)', 끝날 때는 '해필리 에버 에프터(Happily ever after:잘 살았더래요)', 요약 후 자신의 느낌을 적을 때는 '펀(fun:재미있었어요)' 또는 '보오링(boring:지겨웠어요)'이었습니다. 어린이들의 이런 단적인 표현에는 감정적 피드백이 다 포함되어 있습니다. 싫으면 모든 게 '보오링(boring)'이고 좋으면 모든 게 '펀(fun)'으로 통합니다.

창의적인 독후감에 대해서 생각하라

아이들의 독후감은 허구한 날 같은 내용이었고 같은 형태였습니다. 1년을 이런 식으로 독후감을 쓰게 했고, 캐나다 작가들은 아이들이 쓴 개성 없고 무미건조한 독후감을 정성 들여 첨삭 지도 한 후 집에 가서 고치라고 돌려줬습니다. 아이들은 아무 생각 없이 갈겨 댄 혹은 강제된 자신들의 독후감을, 작가들이 아무리 정성 들여 첨삭해도 두 번 다시 들여다볼 생각을 하지 않았습니다. 정성이 없었으니 애정도 없었던 거지요. 아이들의 무성의에 대해 우리는 순전히 어른의 시각으로, 우리의 기준에 못 맞췄으면 그만두게 했고, 더러 영리한 몇몇 아이들은 자진해서 중도하차 하기도 했습니다. 우리들의 강제된 독후감 쓰기 교육은 학습욕에 남다른 한국의 부모들만 만족시켰지요.

 이런 식으로 다람쥐 쳇바퀴 돌 듯한 1년간의 독후감 지도를 통해 우리 작가 그룹은 독후감을 지도할 의욕이 없어졌습니다. 판에 박힌 독후감. 사고의 탄력을 용납하지 않는 독후감. 강제된 독후감. 독후감 자체가 목적이 되어버린 독후감. 평가되는 독후감. 선택의 여지가 없는 독후감. 이런 독후감을 꼭 쓰게 해야 하는가에 대한 근본적인 고민을 시작하게 된 것입니다.

 '우리는 글을 쓰기 위한 모임이다. 그것도 창의적인 글쓰기. 타율적인 글쓰기가 아닌 자발적인 글쓰기. 형식에 구애되지 않고 자신의 상상과 창의를 마음껏 표현하도록 돕는 그런 글쓰기. 그런 글쓰기를 추구하는 모임이 아이들에게 정형화된 독후감을 강제하고 있지 않은가? 독후감은 자신의 글을 쓰기 위한 하나의 도구에 불과한데, 우리는 본격적인 글쓰기에 들어가기도 전에 아이들을 독후감으로 지치게 하고 있지 않은가?'

 작가 그룹의 치열한 토론을 거쳐 우리는 기존의 독후감, 정형적인 독후감의 틀에서 벗어났습니다. 아이들의 창의성을 도와주는 한도 내에서, 더 좋은 글을 쓰기 위한 도구로서의 독후감 쓰기를 고민하기 시작했습니다. 이런 고민 과정을 거쳐 이제는 책마다 다른 독후감을 쓰게 했습니다. 어느 때는 주인공과의 인터뷰 형식을 띤 독후감을 쓰게 했고, 어느 때는 이야기 도입 부분 혹은 종결 부분을 차용해 자신의 이야기를 창작하는 독후감을 쓰게 했고, 어느 때는 이야기를 드라마로 다시 연출하는 독후감을 쓰게 했습니다. 책의 내용에 따라 독후감의 내용이 달라진 것이지요.

　작가의 전문성에 따라 독후감의 특징도 달라졌습니다. 드라마 작가는 드라마를 중심으로 독후감 쓰기를 개발하고, 시인은 시적인 영감을 배경으로 독후감 쓰기를 지도하고, 동화작가는 책마다 자신의 관점을 이용해 '비평적인 질문(Critical Question)'들을 만들어냈습니다. 당연히 길이의 제한도 없어졌습니다. 자신들이 쓸 만큼만 쓰라고 했더니 어느 아이는 1장을 쓰고, 어느 아이는 5장을 쓰기도 했습니다. 이런 우리들의 시도에 대해 학습량을 문장의 길이로만 측정하는 일차원적인 학부형들의 견제나 간섭도 없었다고는 말할 수 없으나 이런 '노파(老婆)심'은 금세 사라졌습니다. 아이들의 즐거움을 거부할 부모는 없었습니다.

자발적인 독후감이 최고다

　일정 시점이 지나자 아이들은 석탄만 넣어주면 끝없이 달리는 전동 기차(locomotive train)처럼 걷잡을 수 없는 양의 창의적인 독후감을 쓰게 됐습니다. 표현이 자유로워지고 양도 많아지니 자연히 말도 많아졌습니다. 1년 전의 '펀(fun:재미)' 또는 '보오링(boring:지겨움)'의 단답형 대답에서 이제는 소위 난상 토론을 할 정도로 아이디어들이 많아진 것입니다. 이런 결과를 작가들은 '토론'이라는 공통된 학습 도구로 묶어 아이들 자신의 의사를 분명하게 표현하고 전달하도록 권장했고, 결국 아이들은 이런 과정을 거쳐 자신감을 가지게 됐습니다.

1927년부터 1932년까지 미국 시카고에 있는 서부 전기 호오돈 공장에서 하버드 비즈니스 스쿨의 엘톤 마요라는 교수가 작업환경과 생산성의 관계를 측정하기 위해 재미있는 실험을 했습니다. 실험 결과, 근무환경, 일의 단조로움으로 인한 피로도, 휴식과 작업시간 그리고 마지막으로 작업 통제 등으로 구분된 환경적 요인 중에서 생산성에 가장 영향을 많이 미치는 요인이 '타율적인 통제'였으며 통제에서 벗어나 자율적으로 근무하게 했을 때 여타의 근무환경이 열악해져도 생산성은 저하되지 않았고 도리어 증가했습니다. 즉 생산성과 조직관리 면에서 자율을 바탕으로 한 동기부여만 한 요소가 없다는 것을 여실히 증명한 실험이었습니다. 학교의 학습이라고 다르지 않고 가정교육이라고 다르지 않고 독후감 쓰기 역시 다르지 않습니다.

주위의 통제를 받지 않고 강제되지 않고 스스로 좋아서 쓰게 할 수는 없을까요? 독후감 잘 쓰라고 공부방 조명 밝혀 주고, 좋은 책과 노트 사주고, 잘 쓰면 후한 포상까지 하고, 한편으로는 주어진 시간 내에 정형화되고 강제된 양식에 채워 넣어 결국 숨 막히게 하는 그런 이중적인 독후감 쓰기가 아니라, 엘톤 마요가 보여줬듯이 주위의 감시와 통제와 정형화된 요소를 과감히 배제하고 아이들이 스스로 하도록 위임하는 그런 창의적 독후감 쓰기는 과연 먼 나라 이야기일까요?

| 쉬 | 어 | 가 | 는 | | 글 |

창의적인 독후감의 예들

1. 이야기의 구성(plot)과 세팅(setting)에 대해 지도(map)를 만들게 하면?

2. 등장인물 각각에 대한 관계와 그들의 일생에 대한 도표를 만들게 하면?

3. 책에 대해 포스터 크기의 광고를 만들게 하면?

4. 아이 여러 명이 같은 책을 읽게 하고 돌아가면서 책에 관해 이야기하게 하면?

5. 중요한 사건이나 주인공에 대해 드라마를 하게 하면?

6. 책을 홍보하기 위한 라디오 방송을 하라고 하면?

7. 그 이야기에 이은 극본을 쓰라고 하면?

8. 책 일부를 구연동화 식으로 읽게 하면?

9. 주인공의 입장(1인칭)이 되어 일기를 쓰라고 하면?

10. 왜 그 책을 좋아하는지, 좋아하는 부분이 뭔지, 구성에 덧붙이고 싶은 말이 있는지를 작가에게 직접 편지를 쓰게 하면?

11. 책의 주인공에게 편지를 쓰게 해 어떻게 하면 자신이 문제를 해결할 수 있는지 밝혀보라고 하면?

12. 책에 대한 서평을 신문에 기고하는 형식으로 쓰게 하면?

13. 주인공에 대한 전기를 쓰라고 하면?

14. 영화화 되었을 경우 영화와 책을 비교하게 하면?

15. 등장인물들과 똑같은 복장을 하게 하면?

16. 그 이야기를 자신이 고치고 싶은 대로 다시 쓰게 하면?

17. 가장 좋아하는 부분을 기억하도록 하면?

18. 혹 오디오 테이프로 나와 있는 게 있으면 자동차 탈 때마다 틀어주면?

19. 찰흙으로 등장인물 중 가장 마음에 드는 인물을 직접 만들어 보라고 하면?

20. 인근 도서관 웹사이트에 들어가 읽은 책에 대한 서평을 적으라고 하면?

21. 이야기를 읽고 한 편의 시로 줄여 쓰라고 하면?

12 독서에는 권태가 약이다

"뱃속 가득 들어 있는 소화 안 된 글자들을 핀셋으로 하나씩 꺼내 화분에 심어야지. 책꽂이에 나란히 꽂힌 권태로운 저 고정관념들은 잘게 부수어 거름으로 쓰는 거야. 봄이야 봄, 어서어서 뿌리를 내려야 해."
– 황희순의 '권태' 중

『선생님, 이 장은 활기가 없군요. 등장인물 이야기는 거의 하지 않고 사람들 이름만 잔뜩 늘어놓으면 독자들은 흥미를 느끼지 않을 겁니다. 당신이 훌륭한 문체로 이야기를 시작하고 있다는 건 나도 인정합니다. 처음에는 나도 상당히 깊은 인상을 받았습니다. 하지만 전체적으로 보면 당신은 하나도 빠짐없이 이야기하려는 지나친 생각을 하고 있습니다. 중요한 부분을 골라내고 필요 없는 부분을 빼십시오. 원고를 적당한 분량으로 줄인 다음에 다시 가져오십시오.』

이 말은 버트런드 러셀의 책 『행복의 정복』에 뜬금없이 등장하는 미국 어느 출판업자의 상상 속의 서평입니다. 이런 신랄한 지적을 받은 책은 다름 아닌 지난 이십 세기 지구상에서 가장 많이 팔렸다는 구약성경의 첫 책, 인류의 시작에 관한 창세기랍니다.

권태 예찬

하지만 그의 목적은 문학적 지루함과 진부함을 혹평하는 데 있지 않습니다. 도리어 그 반대입니다. 그 예로, 첫 페이지부터 마지막 페이지까지 시종일관 재치가 넘치는 소설은 훌륭한 소설이라고 할 수 없다는 것입니다. 그러면서 그는 위인들의 생애 역시 몇몇 위대한 시기를 빼놓고는 흥밋거리가 없다는 것, 소크라테스는 때때로 연회를 즐겼고, 독약의 효과가 퍼져나가는 동안에도 사람들과 대화를 나누면서 상당한 만족을 얻었을 것이지만 그는 생애 대부분을 아내 크산티페와 함께 조용히 지내면서 오후에는 건강을 위해 산책하고, 산책길에 친구들을 만나기도 하면서 지냈을 것이라 하고, 칸트는 평생 쾨니히스베르크에서 16㎞ 밖으로 나가본 적이 없다고 하고, 다윈은 세계 일주를 한 뒤 남은 생애를 자신의 집에서 보냈다고 하고, 마르크스는 몇 차례 혁명을 선동한 뒤에는 여생을 대영박물관에서 보내기도 했다고 하면서, **어느 정도 권태를 견딜 수 있는 힘은 행복한 삶에 있어서 필수적인 것이**라고 말합니다. 단순하고 권태로운 삶 가운데 창조의 힘을 경험한 자들이 이들뿐인가요? C.S. 루이스를 비롯해 수많은 서양 판타지 작가들의 영감과 모범이 된 J.R. 톨킨 역시 평생 그 흔한 해외여행 한번 가지 않고 옥스포드 내의 성당과 대학과 자신의 서재만 왔다 갔다 하는 단조로운 삶 가운데 대서사시 『반지의 제왕』을 썼습니다.

책 읽기, 아이들에게 책 읽히기도 다르지 않습니다. 권태, 지루함, 단순하게 하기/만들기는 책을 읽고 읽히는 데 최상의 모티브를 제공합니다.

일전에 한국에 계신 팔순 훌쩍 지난 어머니와 고모 그리고 작은아버지 세 분이 제가 사는 캐나다 집을 방문하셨습니다. 우리 집은 한국에서 24시간 풀가동되는 그 흔한 TV도 없는 단순하고 원초적인 환경이었습니다. 다만 간접조명으로 침침한 거실의 양 벽에는 투박하게 설치된 나무 선반들이 있었고 그 위에는 지난 세월의 흔적을 가늠할 수 있는 수많은 책들이 진열되어 있었습니다. 하루 이틀 무료함이 더해지자 자식들에게 불평은 차마 할 수 노인네들이 한 권 두 권 책을 집어 들기 시작하더니 약 2달여의 체류 기간 중 대입을 앞둔 학생들과 같은 열공으로 다양한 책들을 섭렵하기에 이르렀습니다. 이때 저는 깨달았습니다. 팔십이 지난 노인네도 지루하면 책을 읽으실 수 있다는 것. 하물며 아이들 쯤이야!

무엇이 권태를 방해하는가

문제는 숨 가쁜 21세기를 사는 우리는 조용한 삶이 특징인, 때론 무료하고 권태로웠던 위인 혹은 작가들과 그들이 누렸던 창조의 기쁨을 달가워하지도 않고 닮으려 하지도 않는다는 것입니다. 오늘날의 우리는 자극만 원합니다. 코카콜라와 같은 짜릿한 자극을 원합니다. 지나친 자극은 건강을 해치고, 특히 책을 읽는 1차원적인 즐거움을 무디게 만들고, 근본적인 만족감을 표면적인 쾌감으로, 지혜를 얄팍한 재치로 바꾸어 버린다는 것을 머리로는 알면서도 더 많은, 더 강한, 때로는 비극적인 종말을 초래하는 자극까지 원합니다. '성장하는 데 일정한 자극은 필요하다'라는 당위는 인정하지만, 그 정도로 만족하지 못하는 것이지요. 우리는 자극에 중독되어 있다고 해도 과언이 아닙니다. **자극 사회! "얼마나 많은 경고가 필요하고 얼마나 많은 아름다움이 사라져야만 하는가?"** *(로맹 가리의 『인간의 문제』 중)*

그렇다면 우리의 아이들은요? 아파트 숲속에서 땅을 밟지 않고 사는 우리의 자식들에게, '들어라, 종달새의 노래를(Hark, hark, the lark)' 혹은 '여기 노란 모래밭으로 오라(Come unto these yellow sands)'는 셰익스피어의 서정시들을 들려준다면 뭐라고 반응할까요? 겨울이라 모든 것이 축축하고 진흙투성이일 때, 어른들이 볼 때 기쁨이 샘솟을 만한 것이 아무것도 없을 때, 문명의 이기에서 멀찍이 떨어진 어느 시골 동네에서 두 살짜리 아이가 땅바닥에 앉아 얼굴을 풀 속에 파묻고 거의 알아들을 수 없는 환호성을 지를 때 오늘날 우리 도시의 아이들은 무엇을 하고 있을까요? 대지에는 봄과 여름뿐 아니라 가을과 겨울도 중요하다는 것, 찬란한 태양이 떠오르기 위해서는 칠흑 같은 밤도 필요하다는 것에 대해 이 아이들은 어떻게 생각할까요?

오늘날의 아이들은 대단한 과학발전에는 감탄하면서 단조롭고 권태롭고 조용한 것에는 '제로'의 인내력을 발휘합니다. 애플 컴퓨터를 아무리 잘 만들었다고 해도 열은 나기 마련이고, 소니의 플레이 스테이션을 아무리 잘 만들었다 해도 주위 사람을 시끄럽게 만들며, 맥도널드가 아무리 건강에 신경을 쓴다 해도 어제 쓴 기름을 또 쓰며 혼다 차가 아무리 잘나간다고 해도 공해를 뿜어낸다는 것을 아이들은 모릅니다. 그들은 그런 열과 소음과 기름과 공해를 도리어 목말라 합니다.

이런 첨단 자극 중독증에 걸린 아이들에게 우리는 500년 전부터 이어져 온 금속활자 책을 읽히고 있고, 더 많이 읽히려고 합니다. '책은 읽어야 한다.'는 교육적 당위를 거역하고 대체할 만한 다른 기술적인 제도나 장치는 아직 없습니다. 인간이라면 누구나 책을 읽어야 한다고 믿는 것은 다행입니다. 하지만 이런 기성세대들의 전통적 합의와 동의에도 불구하고 우리 아이들에게 책을 읽히기는 대단히 어렵습니다. 우리 주위에는 여전히 열과 소음과 기름과 공해가 만연하기 때문입니다. 게다가 최근에는 환경적으로는 중국발 미세먼지가 한반도를 뒤덮고, 기술적으로는 인간을 미디어의 노예로 전락시켜 버린 소셜 미디어의 광풍으로 책이 설 자리는 점점 없어지는 듯합니다. 최근 넷플릭스에서 히트한 『소셜 딜레마』라는 영화를 보면, 자신도 모르는 사이에 우리가 얼마나 소셜 미디어에 의해서 조작된 삶을 살고 있는지 생생히 알 수 있습니다. 나도 모르게 조작되는 삶!

권태 연습

이런 절체절명의 시점에서 저는 교육자와 부모의 입장에서 다음의 두 가지를 생각해 보도록 조언합니다. 어떻게 책 읽는 환경을 조성해야 하는가와 어떤 책을 읽혀야 하는가.

첫째, 아이들을 일부러 무료하게 만드는 '역발상'이 필요합니다. 권태를 느끼게 하는 환경의 조성이 필요하다는 말입니다. *(격세지감인 것은, 옛날에는 삶 그 자체가 권태였지만 이제는 물리적으로 노력해야만 권태로울 수 있다는 것입니다!)* 그래서 결국 단조로운, 단순한 삶을 견디게 해야 합니다. 그런 가운데 아이들 스스로 무료와 권태에서 벗어나는 방법을 찾게 됩니다. 한국의 천재 작가 이상의 오감도 중 〈권태〉에도 있듯이 오죽하면 남들이 똥 누는 것을 관찰하기까지 할까요? 그리고 관찰에 호기심이 더해지면서 권태를 잊게 됩니다. 굳이 들녘에 가서 이상 작가의 별난 짓을 흉내 낼 수 있는 환경이 아니라면, 책 읽기만큼 손쉽게 권태를 잊게 하는 처방이 없습니다. 심심해서 읽든 작가가 되기 위해서 읽든, 아이들에게 책 읽히는 게 우리의 궁극적인 목적이라면 아이들이 권태를 느끼는 순간 포착에 한눈을 팔아선 안 됩니다. 이제부터 흥미진진한 독서의 세계가 펼쳐질 것이기 때문입니다.

아이가 하품을 서너 번 하고 기지개를 한두 번 정도 켤 때, 아이의 활동 반경에 미리 준비해 놓은 책들이 보여야 합니다(환경의 조성으로 넘어갑니다). 이러기 위해서는 책을 여기저기, 적재적소에 배치해 놓는, 어지럽히는 지혜가 필요합니다. 책이 너무 두꺼워 기죽게 하지도 않고, 책이 너무 반질반질해 만지기가 두렵고, 책이 너무 남자애 혹은 여자애 같아 들여다보기도 싫고, 책이 너무 노골적이거나 폭력적이어서 꼴도 보기 싫지 않도록 아이의 흥미와 수준을 감안한 책들이 아이의 시야에 들어오도록 배치해야 합니다. 그게 그림책일 수도 있고, 만화책일 수도 있고, 판타지일 수도 있고, 시집일 수도 있습니다. 벌레가 거미줄 안에 들어오면 꼼짝하지 못하듯 한번 우리들의 사정권 안에 들어온 아이를 두 번째 책의 세계로 안내하는 것은 껌입니다. 아이들은 한번 한다고 하면 한다는 것을 믿으십시오! 이렇게만 되면 처음에는 책을 잡는 데 마뜩잖았던 아이가 며칠 후에는 몇 장을 넘기게 되고 어느 날 책을 더 사달라고 조를 것입니다. '책 읽히는 데 책값 아끼지 마라.'는 이미 상식이 되었으니 더는 말 않겠습니다. 가끔 아이들에게 책을 사줄 때면 얼굴색이 바뀌는 아빠들을 봅니다. 책값은 줄이지 마십시오. 아이들의 인생이 달린 문제입니다. 이런 환경의 조성이 물리적으로 어려운 가정에게는 대단히 죄송한 조언입니다만 그렇다면 도서관을 최대한 이용하라는 말로 대신하겠습니다. 방법이 없는 것은 아닙니다. 단지, 조금 불편할 뿐입니다.

이런 과정의 시도, 실험에 입꼬리가 올라가는 부모라면, 우선 아이의 눈과 입과 귀를 즐겁게 해주는 소음과 공해들을 의도적으로 줄여나가야 합니다. 영화나 비디오나 TV나 컴퓨터 게임이나 맥도널드와 배스킨라빈스와 코카콜라와 아이폰과 아이패드 등이 바로 축소 대상입니다. 전자 회사에는 안됐지만, 아무튼 제 말은 **디지털의 사용에 민감하고 그 사용시간을 최소화하고 대신 잊혀 가는 아날로그를 회복하라는 것**입니다. 책을 읽는 행위는 가장 일차원적이고 가장 단조로울수록 그 효과가 큽니다. 이 세상에 대한 찰나적 흥미와 자극은 단조로운 책 읽기, 손과 눈을 움직여야 하는 노동력과 머리가 빠질 정도의 지적 순환 과정을 통해 완전히 상쇄되어 사라져야 합니다. 자, 드디어 몰입의 순간이 옵니다! 책과 아이의 혼연일체의 순간 말입니다!

둘째, 이런 과정을 거쳐 책의 세계로 들어가는 아이들에게는 **책의 선정이 중요합니다.** 처음 책을 읽기 시작한 아이에게 장장 66권짜리 성경책을 쥐어 줄 수는 없으니 흥미와 관심을 유도할 만한 책 선정이 필요하지만, 그렇다고 마냥 메달 받은 책 찾기에만 매달릴 수는 없습니다. **아이들의 독서 수준을 고양하려면, 무료하고 단순한 환경조성이 필요하듯이 무료한 책과 건조한 책과 단조로운 책도 함께 읽혀야 합니다**(인간이 한 가지 음식만 먹고 건강해질 수 없는 것처럼).

다시 말해, **닥치는 대로 책을 읽게 하라**는 것입니다. 책 선정에 너무 신경 쓰지 말라는 것(비록 만화책이라도! 때로는 그림이 말보다 더 강력하게 아이들의 호기심을 자극할 수도 있다는 것)! 소위 훌륭한 책들은 시종일관 흥미롭지 않습니다. 처음에 지루한 책도 있고 중간 혹은 마지막에 그런 책도 있습니다. 책의 2/3가 다 지나가는데도 지루하거나 단조로운 책도 있습니다. 하지만 마지막 1/3에 엄청난 반전이 있고 긴장감이 넘치고 급기야 새로운 창조의 세계가 열리며 끝이 납니다. 이런 면에서 어느 정도 독서 수준이 된 아이들이라면 책을 읽다가 중간에 내려놓게 해서는 안 됩니다. 잡으면 끝장을 보라고, 아이의 성질을 고려해 달래거나 독려하거나 점잖게 협박하거나 그것도 아니면 애교라도 떨어야 합니다(부모 노릇이 쉬운가요?). 할 말이 있으면 다 읽은 후에 이야기하자고 때로는 준엄하게 말해야 합니다. 그러면 아이가 책을 다 읽은 후 다짜고짜 책도 읽어 보지 않고 털어놓았던 자신의 불평에 대해서 사과하게 될 것입니다. 조금 더 커서는 그 언젠가의 단순함과 지루함과 권태에 감사하게 될 것입니다.

동시대 프랑스 최고의 작가로 손꼽히는 다니엘 페낙이 있습니다. 학창 시절 지독한 열등생이었던 그는 훗날 선생이 된 자신의 관점에서 학창 시절을 돌아본 『학교의 슬픔』이란 책을 썼습니다. 이 책에는 선생이 된 그가 열등생, 문제아들을 지도하는 교육의 지혜가 있습니다. 그중 그가 추천하는 한 방법이 '권태 연습'입니다. 그는 학습의 큰 장애인 권태를 제어하는 방법으로 도리어 권태하기 위한 방법을 가르칩니다. 그는 늘 정면승부를 강조하는 편이지요. 아래는 그와 그의 학생과의 대화입니다.

"오늘 저녁 이십 분간 권태 연습을 하는 거다. 공부 시작 전에 아무것도 하지 않는 거야."

"음악 듣는 것도 안 돼요?"

"그거야말로 안 돼."

"이십 분이요?"

"그래 이십 분. 시계를 손에 쥐고. 오후 5시 20분부터 5시 40분까지. 곧장 집으로 돌아가 아무에게도 말을 건네지 말고, 도중에 딴 데로 새지도 말고, 게임기도 무시하고, 친구들도 못 본 체하고, 너희들 방으로 곧장 들어가 침대 옆 구석에 앉아 책가방도 열지 말고, 워크맨도 끼지 말고 게임기도 들여다보지 말고, 허공에 눈을 박고 이십 분을 기다려봐."

"뭐 하러 그래요?"

"어떻게 되나 보게. 흘러가는 시간에 집중하고, 일 분도 놓치지 말고 어땠는지 내일 얘기하는 거야."

"우리가 어땠는지 어떻게 검사하실 거죠?"

"나야 할 수 없지."

"그리고 이십 분이 지난 다음에는요?"

"허기진 사람처럼 각자의 일에 달려드는 거야."

창의적인 독서를 위한 부모들의 노력 15

아이들의 독서습관을 길러주는 데 부모의 역할을 간과할 수 있을까요? 아이가 자라면서 스스로 책을 읽으면 좋으련만 아이에 따라서는 관심의 영역이 엉뚱한 곳에 가 있을 수 있습니다. 특히 운동을 좋아하는 아이가 온몸의 땀을 닦자마자 소파에 앉아 정숙하게 책을 읽는다는 것은 어불성설이며, 컴퓨터를 좋아하는 아이가 3차원의 신박한 세계를 떠나 1차원의 무료한 독서 세계로 관심을 바꾸기는 상상하기 어렵습니다. 그렇다고 내버려 둘 수도 없습니다. 책은 읽어야 하니까. 아래의 지침들은 부모들을 위한 독서 지도의 지혜들입니다. 아이의 미래에 대한 책임감으로 아이들의 정서 함양을 위해 시간을 쪼개 보시지요. 어느덧 아이들의 귀와 글귀가 열리게 되는 것을 보게 될 것입니다.

1. 매일 아이들에게 책을 읽어주십시오. 가능한 한 어린 나이부터 시작하십시오. 아이가 잠들기 전 10분에서 20분 정도 읽어주는 게 가장 효과적입니다. 단, 스스로 책을 읽기 전까지만.

2. 차를 탈 때면 이야기 테이프를 틀어주십시오. 아무 생각 없을 때 듣는 것 효과 만점입니다.

3. 어린이들의 동요나 노래들을 반복해서 들려주십시오.

4. 그림책을 보면서 이야기를 만들어 구연하십시오. 아이는 아이 나름대로 상상의 옷을 입게 됩니다.

5. 읽으면서 단어들을 가리키십시오. 반대로 읽을 때 아이보고 단어를 가리키게도

하십시오.

6. 책 속에 있는 그림이나 사진들을 이용해 아이의 이해를 도우십시오.

7. 그림책을 아이에게 읽어달라고 하십시오.

8. 이야기 시간을 정하세요. 절대적인 독서시간을 확보해 주십시오.

9. 이야기에 대한 아이의 개인적인 의견을 고무하십시오.

10. 다양한 종류의 그림책들을 선정해 읽히십시오.

11. 그림책을 뗀 다음에는 대화가 많이 담긴 책들을 골라 읽히십시오.

12. 책을 읽을 때는 감정을 섞어 읽어주십시오. 최대한 실감 나게!

13. 좋아하는 책의 캐릭터를 생일의 주제로 삼아 보십시오.

14. 말문이 트이고 그림책을 뗄 때쯤 되면 잠자는 시간에 이야기해달라고 졸라보세요. 이땐 아이 옆에 누워있기만 하면 됩니다.

15. 부모 먼저 어디에 가든 책을 가지고 다니십시오. 그리고 책을 틈틈이 읽으십시오. 아이는 부모의 뒷모습을 보고 배운답니다.

13 정독주의자들에 대한 경고

"글 쓰는 게 직업이 된 것은 모두 어머니 덕분입니다. 어머니는 틈만 나면 '철가면', '몬테크리스토 백작', '천로역정' 등의 명작을 읽으셨어요. 어머니의 등 너머로 독서가 시작되었습니다. 벽장이나 다락, 헛간에서 시간이 가는 줄도 모르고 책을 읽었습니다. 거의 광적으로 '남독(濫讀)'하는 수준이었습니다."
 - 이어령(1934~): 문학평론가

저자로서 저는 다독주의자입니다. 충분하고 경계 없는 독서를 위해서는 한 가지 책을 오랫동안 붙잡고 있어선 안 된다고 생각합니다. 어느 책이건 몇 시간 만에 끝낼 수 있어야 합니다. 150페이지 정도의 책은 두세 시간이면 충분해야 합니다. 매일 책은 쏟아져 나옵니다. 공부를 하면 할수록 책은 더 많이 읽어야 합니다. 학생들을 걸러내기 위한 대학교 학부를 지나면 그때부터 본격적인 책과의 전쟁이 시작됩니다. 누가 먼저 얼마나 많은 양의 책을 읽어낼 건가가 절대적인 능력과 합격과 성공의 기준이 됩니다. 단, 겉핥기식 책 읽기, 혹은 방만한 독서를 다독과 혼동하지는 마십시오. 저는 지금 넘치도록 많이 읽는 '남독(濫讀)'에 대해 이야기하는 것이지 대강 날림으로 넘기라는 '홀독(忽讀)'의 뜻은 아닙니다. 책을 많이 빨리 읽다 보면 결국 '숙독(熟讀),' 즉 숙성된 독서와 만나게 됩니다. 그런 면에서 속독과 숙독은 결국 한통속입니다.

어떻게 이렇게 책을 빨리 많이 읽느냐고요? 그러면 책을 이해는 한

거냐고요? 책을 이해한다는 기준이 뭔가요? 달달 외워 기승전결을 말할 수 있는 정도?

다독을 위한 열세 가지 원칙

아이에게 책을 아주 많이 읽히기 위해서는 작가로서 또는 기관의 창립자로 제가 경험으로 체득한 아래의 열세 가지 지혜를 살펴보십시오. 앞서 말씀드린 책 읽기에 관한 저의 나눔을 여기에서 다시 소환해 종합해 봅니다. 이 장 다음부터는 본격적인 글쓰기에 관해 나눌 것이기 때문입니다.

첫 번째, 책을 보면서 단어를 찾게 하지 말 것! 단어가 중요한 게 아니라 자간, 행간(*between the lines*)을 읽으면서 전체의 맥락을 추리하는 것이 더 중요합니다. 책을 많이 읽으면, 같거나 비슷한 유형의 단어들을 다른 책들을 통해 반복해서 만나게 되므로, 아이들은 한 가지 뜻 이상의 다양한 의미를 상상하고 추리하게 됩니다. 책을 충분히 읽는 아이라면, 정답은 아니지만 70~80% 정도는 비슷하게 단어의 뜻을 맞추게 됩니다. 이건 정답이 아닌가요? 저는 '다른 하나의' 정답이라 간주합니다.

두 번째, 아이가 책장을 넘기고 있다면 이해하고 있다고 간주할 것. 아이에게 수준에 맞지 않는, 터무니없이 어려운 책을 읽히면 책장을 못 넘기게 됩니다. 한 장에 모르는 단어가 너무 많거나, 화제가 자신들의 시대와 동떨어져 있거나, 욕지거리가 많이 나오거나, 기분이 나빠

지거나 하면 아이들은 책장을 넘기지 않습니다. 그런 책은 아이들에게 맞는, '페이지 터너(page-turner:흥미진진한 책)'가 아닙니다. 하지만 아이가 책장을 무난히 넘기고 있다면 책 내용을 이미 이해하고 있는 것입니다. 절대 시험의 형태로 아이의 이해도를 확인하지 마십시오! 정 아이를 못 믿겠으면 거짓말탐지기를 구입하는 게 더 낫지 않을까요?

세 번째, 책을 읽는 아이에게 모든 내용이 다 중요한 것은 아니라고 일러줄 것. 유사 이래 베스트셀러인 성경조차 내용에 있어 중요한 게 있고 그렇지 않은 게 있습니다. 하물며 인간이 만든 책은 오죽할까요? 내용의 흥미와 중요도에 따라 완급을 조절하는 능력이 속독의 관건입니다. 이해하기 어려운 부분이 있으면 생략할 것, 지루한 부분이 나오면 지나치라고 미리 일러둘 것. 그리고 그렇게 읽어도 아무도 뭐라 할 사람이 없다고 안심시켜 줄 것. '독서 감시자'를 감옥에 가둬놓고 아이에게 책을 읽히십시오!

네 번째, 함부로 책을 내려놓지 않도록 할 것. 책의 세계에 본격적으로 빠지지 않은 초급의 아이에게는 되도록 책을 끝내라고 격려하고 독려할 필요가 있습니다. 아이가 중간에 책을 내려놓으려 들면, 위의 원칙들을 알려주고 마지막 장까지 가라고 때론 '엄격하게' 말해야 합니다. 마무리하는 것은 책임감과 관련이 있습니다. 그 어떤 책도 배울 게 없는 책은 없습니다. "저는 양서(良書)도 악서(惡書)도 없다고 생각합니다. 읽는 사람이 해독할 능력만 있다면 나쁜 책을 읽는 것도 괜찮습니다."라고 이어령 씨는 조언합니다. 재미없고 지루하다는 것을 깨닫는 것도 배움입니다. 책을 내려놓는 아이들의 본의를 잘 파악해야 합니다. 꾀는 어느 정도까지만 용납하는 지혜가 필요합니다. 책을 좋아하고 안 하고는 책을 단박에 읽어내느냐 아니냐에 달렸습니다. 이런 습관은 뭐든지 마무리하는 데서 시작됩니다. 뒤끝 좋은 아이들로 키워주십시오!

다섯 번째, 정말 어려운 책은 볼 만큼만 보라고 할 것. 네 번째 원칙과 상치되나요? 그렇지 않습니다. 여러분이 생각하는 아이의 독서 수준과 믿음에 흔들림이 없다면 아이의 말을 믿으십시오. 책을 중간에 내려놓을 수 있는 유일한 변명은 어려운 것이지 재미없거나 지루한 것은 아닙니다. 이들이 혹여 중간에 책을 포기하더라도 재촉하지 마십시오. 언젠가는 다시 잡게 되고 그때는 끝까지 완독할 수 있을 것입니다. *(이러려면 '지속성 있는 환경조성'이 필요합니다!)*

여섯 번째, 다양한 수준의 책을 동시에 읽힐 것. 학원식 시스템을 거부하십시오. 아이의 능력을 등급으로 제한하지 마십시오. 처음에는 30페이지도 못 읽던 아이가 6개월 뒤, 1년 뒤면 완독하게 됩니다. 우리 창의적 글쓰기 워크샵에 참가하고 있는 초등학교 코흘리개들이 고등학교 이상 수준의 책을 겁 없이 읽어대는 것도 이런 교육방법의 결과입니다. 그러나 소위 상급 수준의 독서능력을 갖췄다고 자꾸 어려운 책만 권하지도 마십시오*(아이의 머리만 커지고 있습니다)*. 아이는 아이입니다. 경계 없는 책 읽기, 등급 없는 책 읽기, 이게 최고의 독서법입니다. 이제 곧 있으면 환갑을 바라보는 저도 동화작가 셀 실버스타인의 '우다(Woulda)와 쿠다(Coulda)와 슈다(Shoulda)' 시를 읽으며 낄낄대기도 하고 모리스 샌닥의 '괴물들이 사는 나라' 그림을 따라 괴물을 흉내 내기도 합니다. 이건 그럼 추태인가요?

일곱 번째, 기술적인 속독법을 주입하지 말 것. 남의 도움을 받는 독서는 금물입니다. 혹 부모가 속독법 창시자라도 자식에게 방법을 일러줘선 안 됩니다. 아이의 세상을 존중해 주고 그 아이가 스스로 깨우쳐 나가는 능력을 믿으십시오. 그러니 추천도서 목록과 타인의 조언 등에 귀가 얇아져서 안 됩니다. 꿋꿋하게 그리고 느긋하게, 이게 창의적인 독서의 시작이자 결국 다독주의자가 되는 왕도입니다.

여덟 번째, 정독을 강조하지 말 것. '나는 정독주의자입니다'라는 말을 저는 가장 싫어합니다. 제가 지금까지 만나온 이런 종류의 인간들은 결국 책을 싫어했습니다. 물론 다 그렇다고 폄하하고 싶지는 않습니다. 소수의 예외는 있겠지요. '한때' 컴퓨터 백신 전문가로 알려진 안철수. 그는 "무조건 많은 책을 읽는 것보다 좋은 책을 천천히 생각해가면서 읽는 것이 좋다."라고 말했습니다. 사색이 중요하다는 것이지요. 맞습니다. 하지만 아이들의 책 수준을 그와 비교해서는 안 됩니다. 안철수 씨는 천천히 읽지만 결국 많이 읽을 것이기 때문입니다. 정독은 필요에 따라서 조절할 문제이지 원칙으로 삼아선 안 됩니다. 저 역시 안철수 씨처럼 필요할 때는 재독하고 탐독하고 정독합니다. 제가 지적하는 것은, 정독이 독서의 목적이어서는 안 된다는 것입니다. 이는 충분한 독서, 방만한 독서, 넘치는 독서의 자연스러운 결과여야 합니다.

아홉 번째, 여러 권을 동시에 두서없이 읽어도 막지 말 것(이런 독서를

'병독(竝讀)'이라고 합시다). 저는 여러 권을 동시에 봅니다. 방마다 화장실마다 다른 책들이 있습니다. 여러 권을 동시에 읽는다고 산만해지지 않습니다. 여러 권을 동시에 읽게 하는 환경이란? 이전에 말씀드린 바와 같이, 책을 깔아놓은 환경을 말합니다. 단, 모두 읽는 습관은 중요합니다(안 읽으면 또 어쩔 텐가요?). 책 읽는 수준이 어느 정도 되면, 걱정하지 마십시오. 아이들은 어느 책을 어느 정도 읽었는지 다 압니다. 한 권에 목숨 걸지 말고 여러 권을 동시에 읽을 수 있는 병행 능력은 예측할 수 없는 오늘날 긴요하게 쓰임 받을 대단한 '**통합 능력**(Converging Power)'임에 틀림이 없습니다.

열 번째, 빨리 읽되 여러 번 읽게 할 것(재독:再讀). 저는 아주 빨리 책을 보지만 그렇다고 한 번 보고 던져 놓지는 않습니다. 책은 평생 갑니다. 필요할 때 꺼내볼 수 있는 정도로 책을 읽습니다. 그 속에 무엇이 들어 있는지만 알면 됩니다. 기억하기 위해 물론 메모도 하고 낙서도 합니다. 책은 박물관의 장식물이 아닙니다. 여러 번 읽히는 것도 절대 강요해서 될 일은 아닙니다. 좋은 책은 결국 여러 번 읽게 됩니다. 자녀가 여러 번 읽는 것을 못 봤다면 아직 이 아이의 독서 수준은 '초급' 이하라고 생각하십시오. 반복해서 읽는 과정을 통해 아이들은 자연스럽게 내용을 외우게 되고, 작가의 표현을 그대로 글의 형태로 표출하게 됩니다. 최고의 문법 공부는 바로 이런, 읽고 또 읽어서 '자연스럽게' 명문들을 암기하게 되는 과정에 있습니다.

다시 『크라센의 읽기 혁명』으로 돌아가 보면, 언어학자 크라센 교수는 수십 년간의 실험을 통해 리딩이 영어학습에 실질적인 도움을 준다면서, 예로 어느 일본인이 소설 『트와일라잇(Twilight)』을 213시간(하루 1시간씩 7개월 읽은 분량) 읽은 후 토익 성적이 180점 올랐다고 말하며, 매일 한 시간씩 영어 책을 읽을 때 토익 점수가 0.62점씩 올라간다는 연구결과를 밝힙니다. 과연 읽기는 영어학습에 혁명이라는 것이지요.

열한 번째, 가장 최근에 나온 책부터 먼저 읽게 할 것. 한국의 독서지도의 비극은 처음부터 다짜고짜 소위 '클래식'부터 읽히는 데 있습니다. 클래식이 도대체 언제 나온 책인가요? 여러분의 자녀는 언제 태어났나요? 책에 대한 흥미도 없고 지식도 부족한 아이에게, 절대로 자기 돈으로는 책을 안 사는 부류의 아이에게 100년 전의 고리타분하고 칙칙한 세계를 소개하는 것은 세종대왕 시대의 사람에게 애플의 아이패드 사용법을 설명하는 것과 같습니다. 지금 서점의 매대에 깔린 책부터 시작하십시오. 아이들이 '먹고-마시고-떠들고-어울리는' 동시대의 상황과 가장 유사한 세팅의 책부터 읽히는 게 동시대적인 지혜입니다. 책의 질이나 내용을 고민하십니까? No, No, No! 우리의 일차적인 목표는 아이의 손에 책을 쥐여 주는 것이고, 그 아이가 침을 질질 흘리며 정신 나간 모습으로 책을 읽는 모습을 보는 것입니다. '질'은 나중에, 한참 나중에 고민하시지요.

열두 번째, 위의 열 가지 원칙에 익숙해졌다면 이제는 꼼꼼히 읽기 즉 '정독(精讀)'을 고려해 볼 것. 이때가 되면 이미 꼼꼼히 책을 읽을 만큼 독서력이 성숙했을 것이기 때문입니다. 한국 인문학계의 석학으로 통하는 김열규 교수는 창조적인 읽기로 통하는 문으로 '꼼꼼히 읽기'를 권했습니다. 그는, "글 읽기는 그냥 보는 것이 아니다. 읽는 사람이 그 사람 아니면 못 찾아낼 것을 찾아낼 때 비로소 읽기는 참다운 읽기가 된다. 글짓기가 창조인 것처럼 글 읽기 또한 창조이다. 우리의 읽기가 언제나 '창조적인 읽기'가 되도록 마음을 써야 한다. 그건 꼼꼼히 읽기가 아니면 가망도 없는 일이다."라고 강조했습니다. 광맥을 찾아금과 은을 캐는 것같이 독서하는 것, 이것이 꼼꼼히 읽기입니다.

마지막 열세 번째는 환경조성에 관한 것으로, 가정 도서관(Home Library)을 만들 것. 책을 읽히려면 책을 읽을 수 있는 환경이 필요합니다. 그렇다고 "환경이 조성되지 않으면 책을 안 읽는가?"라고 반문하면 "반드시 그렇지는 않다."라고 말할 수밖에 없습니다. 동시대의 세계적인 문학가이며 『안젤라의 재』의 저자인 아일랜드계 미국인 프랭크 맥코트는 그의 책에서 생생하게 묘사했듯이 지독한 가난 속에서 자라났습니다. 그런 가난 가운데에서 그는 책을 읽었고 세계적인 문학가의 반열에 들었습니다. 지독한 결핍이 그의 성장 동기였습니다. 하지만 이런 작가가 오늘날 '풍요'의 한국에서 태어난다는 것은 상상하기 어렵습니다. 그러기에 환경조성의 가치가 더 절실하기도 합니다. 2010년 〈사회 분화 및 이동 실태(Research in Social Stratification and Mobility)〉에 관한 조사에서 밝혀졌듯이, 집에 도서관 환경을 만들었는지의 여부에 따라 어린이들이 평균 500권 이상의 책을 더 읽게 되고, 교육 기간 역시 3년 이상 더 길어진다고 합니다. 책을 읽을 수밖에 없는 환경조성에는 부모의 결심이 절대적으로 필요합니다.

위의 열세 가지만 지키면 한 가지는 약속합니다. 책 한 권에 절절매던 아이가 책과 친구가 된다는 것! 어느 책이건 단박에 읽어 나가게 된다는 것! 책을 사랑하게 된다는 것! 책을 창조하게 된다는 것! 아이들의 세상이 넓어지게 된다는 것! 더 이상 뭘 바라십니까?

　잠깐! 한 가지 고민해 볼 것이 있습니다. 책 읽기에 있어서(영어 학습에 있어서) '책을 외우게 하는 것이 좋은가' 입니다. 저의 모교 스승이시기도 했던 김열규 교수는 자신의 열정적 책 읽기의 삶을 회고한 『독서』라는 책에서 자신의 어린 시절 만화, 동화, 소년 소설을 막론하고 모조리 외워 댔다고 이야기합니다. 대학 1학년 시절 이분의 국문과 수업 첫 시간, 이상의 〈날개〉를 줄줄이 낭독하는 그의 모습에 모든 학생들이 입을 다물지 못했던 기억이 있습니다. 이분의 엄청난 기억력이 어린 시절부터 훈련된 결과라는 것을 당시에는 알 수 없었습니다. 이분의 책 세계에는 '암기'가 있었지만 이런 방법이 모든 아이에게 통하지는 않는다고 밝힙니다. 하지만 저도 인정은 합니다. 암기는 문학을 공부하는 학생들에게 가장 고전적인 학습 방법이라는 것을. 프랑스 작가 다니엘 페낙도 그의 문학 수업에서 학급 내 열등생들의 잠재력을 고양시키기 위해 많은 고전을 받아쓰게 하고 외우게 했습니다. 그는 '받아쓰고 암기하기'를 언어와의 완전한 만남으로 이해했습니다. 단, 그의 능력은 아이들을 자극하고 아이들 스스로 좋아서 외우게 했다는 것이지요. 누가 가르치는가는 이처럼 중요한 문제입니다. 다시 그의 말입니다, "우리를 우리 자신으로부터 구해내고 나머지 다른 사람들을 모두 잊게 하는 데는 한 분, 단 한 분의 선생님이면 충분하다!"

　전라남도의 어느 대안학교가 영어책을 통째로 외우게 해서 영어 연극을 한다는 이야기를 일전에 들은 적이 있습니다. 그렇습니다. 외우는 것만큼 확실한 것은 없습니다. 문제는 외울 때, 아이들의 상상력이 같이 숨쉴 수 있는가이며, 암기능력이 모든 아이에게 공히 잠재되어 있지는 않다는 점을 알아야 합니다. '우리 아이는 외우는 것을 즐기는 가'에 따라 책 읽기가 암기로 자연스럽게 발전될 수 있을 것이고, 이런 경우(자발적으로 암기하는 경우) 그 문학적 결과나 영향은 김열규 교수 못 지않게, 다니엘 페낙의 제자들 못지않게 대단할 거라는 것을 것을 부 인할 수는 없습니다. 그 어떤 경우도 강제적이고 획일적인 암기는 권 장될 수 없습니다. 이 세상의 영어공부를, 책 읽기를 문장 외우다가 끝 낼 수는 없잖습니까? 되려 '상상하고 추론하고 이해하도록 돕는 것'이 더 깊은 물에 있는 고기를 잡게 하는 법 아닐까요? 잊지 마세요! 다니 엘 페낙이 말한, 책을 읽을 때 마음대로 상상하며 빠져드는 것은 선택 이 아니라 독자의 고유한 권리라는 것을!

내 문학의 출발 〈세계어린이명화〉

"한글을 뗄 무렵이었다. 청천벽력과도 같이 내게 〈세계어린이명화〉라는 책이 주어졌다. 책을 받아 든 어린 나는 공포와 놀람과 흥분으로 눈이 동그래져 있었다. 대체 이게 뭐지? 맨 처음에 호기심으로 그림들을 보기 시작했다. 올 컬러판이었다지만 지금의 화집과는 질도 비교할 수 없었던 〈세계어린이명화〉. 보고 또 보았다. 그 과정에서 한글도 떼고 글도 술술 읽기 시작했을 것이다. 하지만 글을 몰랐을 그 짧은 기간 동안, 먼 나라의 화가들이 그린 그림들은 또 다른 감각을 깨웠다. 그리고 그림들이 어느 날 내게 말을 걸기 시작했다. 내 속에 그때부터 이야기들이 쌓였다. 나는 그림을 보고 풍경을 보고 사물을 본다. 한참 들여다본다. 그들이 내게 해줄 이야기들을 기다린다. 내 문학의 기원은 아이러니하게도 글자 하나 없던 〈세계어린이명화〉였다. 조금은 조잡하고 거칠게 인쇄된, 출판사 이름도 까맣게 잊은 그 책. 내게 본다는 것에 대해 알려준 책. 나는 본다 고로 나는 존재한다. 그리고 나는 쓴다."

― 『내 인생의 책 읽기』 중에서 하성란

3	부						
창	의	적	인				
영	어		글	쓰	기	의	
세	계						

"얼음이 녹으면 뭐가 될까요?" 선생님의 이런 뜬금없는 질문에 '물'이 아니라 '봄'이라고 잘못 대답해 못매를 벌던 아이가 이제는 '상상과 창의력의 모범생'으로 환영받는 세상이 되었습니다. 하다못해 30분 만에 해치우는 건조한 에세이조차 남들이 생각하지 못하는 기발하고도 창의적인 대안을 요구하는 다중지능의 21세기 교육환경에 우리 아이들이 노출되어 있습니다. 이런 시대에 창의를 글로 연결하는 작업은 그 어느 때보다 절실해집니다. 창의적 글쓰기는 단지 대학입시용 글발을 살리기 위해서뿐만 아니라 소위 '감수성 개발'이나 '문제해결 능력'에도 아주 중요하기 때문입니다. 도대체 뭐가 창의적 글쓰기인데 이렇게 소리가 크냐고요? 말로 해서 뭐합니까? 구슬이 서 말이라도 꿰어야 보배이듯이 이젠 직접 글쓰기의 세계로 첨벙 하고 들어가 보시지요.

14 30분짜리 에세이가 죽어야 아이가 산다

글을 쓰기 전에는 항상 내 앞에 마주 앉은 누군가에게 이야기를 해주는 것이라고 상상해라. 그리고
그 사람이 지루해 자리를 뜨지 않도록 설명해라.
– 제임스 패터슨(1947~): 전 세계 누적 인세 1위, 현존 최다 베스트셀러 보유, 누적 2억 2천만 부 판매 미국 소설가

저는 2002년 미국 동부에서 대학원 공부를 마치고 대륙을 횡단해 캐나다의 서부 밴쿠버로 이민 왔습니다. 낯선 곳에 왔으니 우선 뭐라도 배워야 할 것 같아 인근의 카필라노 대학에서 여러 과목을 수강해 보기로 마음먹었습니다. 우선 고등학교 영어와 역사 과목부터 시작했습니다. 고등학교 과목을 마친 다음에는 대학 과목으로 격상해 도전해 보기로 했습니다. 인근의 카필라노 대학은 정규 학부 과목 외에도 밴쿠버에서 ESL 잘 가르치기로 소문난 학교입니다. ESL의 여러 과목 중에서도 이민자나 유학생들에게 가장 인기가 많은 과목이 '라이팅'이었던 것 같습니다. 대학 과목의 신청 시기를 놓친 저는 대학 준비 차원에서 이 학교 ESL의 꽃인 '에세이 라이팅' 과목을 신청했습니다.

이제부터는 자기가 하라는 대로만 해야 한다는 준엄한 소개로 첫 강의를 시작한 동구권 출신의 여자 강사는 매시간 원칙을 강조하며 원칙을 벗어나면 안 된다고 했습니다. 과제물의 종이가 커도 안 되고 한 단락을 써야 하는데 두 단락을 써도 안 되고, 주제문(topic sentence)이 모두(冒頭)에 나와야 하는데 중간에 나와도 안 되고, 첫 문장 띄어쓰기

(indention)를 안 해도 안 되고, 도입문장을 의문문으로 써야 하는데 감탄형으로 써도 안 되고, 각 문장을 사실적 묘사형(descriptive)으로 써야 하는데 '주저리주저리' 떠드는 서술형(narrative)으로 써도 안 되고, 휴우, 좀 더 구체적으로 말하자면, '쇼핑'이라는 단편적인 주제가 주어졌을 때 제한된 주제(limited topic)로 풀어쓰고, 통제하는 아이디어(controlling idea)로 이어주고, 문장 전개를 위한 전략(strategy for development) 순으로 이어져야 하는데 이 순서를 조금이라도 어기면 '절대로' 안 된다고 했습니다. 이 클래스는 '안 된다'로 시작해 '안 된다'로 끝났습니다. 그녀의 '안 된다' 정신에 입각해 착실하게 글을 쓰면 'A'이고, 문장을 쓸 때 문화적인 차이도 있으니 인정해 달라, 틀을 너무 강조하지 말고 내용에도 관심을 가져달라고 주장하며 오기를 펴는 나와 같은 인간들에게 그녀는 'C'를 줬습니다.

그녀를 거치지 않고 한국에서 학사와 미국에서 석사 공부를 한 것을 감사하게 여기도록 해준 ESL 라이팅 과목이었습니다. 한국에서조차 저는 이런 '안 된다'식 에세이 형식을 단 한 번도 접해보지 못하고 미국으로 유학 가 공부했습니다. 매번 리포트를 낼 때마다 친구나 교내 라이팅 센터의 교정 도움을 받기는 했으나 큰 불편 없이 '통과(pass)'할 수 있었습니다. 만약 한국에서 학사 시절부터 혹은 그 이전부터 '안 된다'식 에세이 노이로제에 걸렸다면 저는 자유롭게 토론하고 사고해 자신의 것을 재창조하는 대학원 이상의 공부에 실패했거나 혹은 운 좋게 졸업했더라도 결과는 C였을 것입니다. 아니면 좀 더 거창하게 말해서, 이런 식으로 내용보다는 형식 중심으로 대학 공부를 했다면 졸업 후 복잡다단한 21세기의 변화에 적응하며 차별화된 삶을 살려고 노력하

는 것이 아니라, 남들이 이뤄놓은 업적이나 결과에 편승하려고 발버둥
치고 있었을 것입니다.

형식에 충실한 글과 독창적인 글의 차이

이런 황당한 ESL 경험을 한 뒤 2년의 세월이 흐른 뒤 어린이들에게
'글쓰기'라는 학습 도구를 통해 창의력과 자신감을 심어주는 워크샵을
시작했습니다. 이 워크샵은 어린이들이 캐나다 작가들의 지도와 도움
을 받아 자신의 책을 '스스로' 쓰게 한다는 야심 찬 목적을 가지고 시
작했습니다. 하지만 이런 목적에 도달하려면 이 워크샵에 참가하는 아
이들은 기본적으로 읽고 쓰는 데 어느 정도 익숙해야 한다는 조건이
필요했습니다. 그래서 참가를 희망하는 아이들의 라이팅 샘플을 우선
검토하게 됐습니다. 학년으로 보자면, Gr. 4(초등학교 4학년)에서 Gr.
10(고 1)까지의 아이들이 가장 많았습니다. 라이팅 샘플 제출 시 제한
과 조건이 없게 했더니 많은 아이들이 여러 경로(?)를 통해 갈고 닦은
에세이들을 제출했습니다. 본인이 생각하기에 최고라며 제출한 샘플
수준은 한 마디로 '오, 하나님, 맙소사!'였습니다. '학교의 유니폼을 입
어야 하나 말아야 하나' 또는 '비디오 게임은 좋은가 나쁜가'와 같이
'이것 아니면 저것' 식의 설득형 에세이가 주류인 그들의 문장 수준은
형식에 철저히 부응했다는 것 외에 독창적인 요소를 찾아보기 힘들었
습니다. 그저 첫째, 둘째, 셋째의 순서를 따르고 있을 뿐, 정작 설득의
'묘'나 '창의적인 문제해결 능력-기발한 아이디어'에 대해선 무미건조
한 기성의 모범 답안을 따르고 있었습니다.

제 나이 40 넘어 출몰했던 카필라노 대학의 에세이 망령이 이제는 초등학교 수준의 코흘리개에게까지 전파되고 있었습니다. 아이들의 글쓰기 수준과 경향에 낙담한 저에게 그들의 부모들은 30분 안에 쓰려니 그럴 수밖에 없었다, 아직 아이가 어려서 논리적인 전개가 어려웠다, 'SSAT'를 준비하다 보니 그렇게 됐다고 이유를 달면서, 한편으로는 "에세이를 잘 쓰는 데 창의력이 무슨 상관있느냐?" 아니면 "창의적인 글쓰기가 학교 공부에 무슨 도움이 되겠느냐?"라고 생뚱맞은 질문을 했습니다. 하긴 국내의 신문 매체와 어느 일류대학이 공동 주최한 글쓰기 대회의 심사기준에 '창의성은 안 본다'는, 말도 안 되는 기준이 있다는 것, 그리고 이런 언어도단의 교육적 기준에도 불구하고 수많은 학생이 이 대회 참가를 희망했다는 것만 보더라도 라이팅에 대한 일반인의 오해는 이미 도를 넘었습니다. 이들에게는 진즉 아이들 고유의 라이팅이 중요한 게 아니라 주최 측이 미끼로 제시한 A4지 크기의 상장이 필요했던 것입니다.

에세이는 학교 글쓰기가 아니라 문학의 한 장르이다

에세이가 도대체 뭐길래? '시도하다(to attempt)'라는 불어 'essayer'에서 유래된 에세이는 작가적 관점으로 하나의 주제에 대해 간단히 서술하는 '단편(short piece)'이라고 말할 수 있습니다. "소설에 비해 길이가 짧다 뿐이지 글이 갖는 모든 요소는 다 포함하고 있다."라고 현대사상의 리더 격인 영국계 미국인 작가 헉슬리는 강변합니다. 에세이는 형식의 구애(혹은 구속) 정도에 따라 정형(formal)과 비정형(informal)으로 나뉘는데, 전자는 학교 에세이를, 후자는 문학 에세이를 뜻하게 됩니다. 학교 에세이는 일관성(coherence)과 논리(logic)의 틀 안에서 설득형(Persuasive), 비교대비형(Comparison & contrast), 구술형(Narrative), 그리고 분석형(Analytical) 등 다양한 형태로 나뉘는데, 고등학교 시절 특히 Gr. 10(고1) 이후에는 이런 형식과 형태를 소개하는 수준이고, 결국은 대학 이상의 교육에서 구체적으로 활용하도록 준비시키는 데 주목적이 있습니다.

문학 에세이는 작가의 전문성과 관심 정도에 따라 미술과 음악 그리고 여행과 개인수필에 이르기까지 다양한 장르로 나뉘게 됩니다. 세상에 알려진 수필가들을 꼽자면, 이 세상에서 처음으로 에세이라는 형식을 소개한 16세기 프랑스 작가 몽테뉴부터 프랜시스 베이컨에 이어 버지니아 울프, 수전 손택, 랄프 왈도 에머슨, 조지 오웰에 이르기까지 끝도 없습니다. 한국에는 박완서 작가가 대표적이겠지요.

형식이 있든 없든, 창작의 한 형태(genre)인 에세이에서 분가한 '학교 에세이'는 최소한 '이성(rationality)'과 '논리(logic)'에 눈을 뜨는 고등학교 중반 이후부터 가르치도록 북미의 교육제도는 권장하고 있습니다. 다시 말해 에세이는 풍부한 독서와 자유로운 라이팅 훈련을 경험한 이후의 늦깎이 공부여야 한다는 것입니다. 에세이에는 작가의 관점이 경험과 연리지(連理枝)해서 표출되기 때문에 아이의 성숙도와 직결됩니다. 이런 에세이를, 이제 겨우 코흘리개 수준을 벗어난 그림책 수준의 초딩 아이들에게, 한창 풍부한 독서와 자유로운 글 표현으로 상상과 창의의 바다를 헤엄칠 중딩 아이들에게 '하나-둘-셋'을 복창시키며 획일화된 형태로 주입한다는 것은 세상의 미래를 '정답형 인간'으로 전락시켜 서서히 질식시키는 것과 진배없습니다.

에세이도 다 가르칠 때가 있다

두 살 난 아이에게 어른이 먹는 현미밥을 먹이지 않는 것처럼 에세이도 아이들의 물리적, 정신적 수준과 능력에 맞춰 병행시키는 것이 교육의 정도(正道)입니다. 영어의 본산인 북미에서 100년 전부터 가르쳐 온 정규 학교 과정을 보충하는 학습으로서의 에세이를 지도해야지 '선행학습'을 빌미로, 한국이라는 특수한 상황이라서, 어린 나이부터 에세이를 가르치는 것은 아이들의 세계를 축소하고 건조하는 무책임한 행위입니다. 인간이 하나를 얻으면 하나를 잃게 만드신 공평하신 하나님은 어린 나이에 에세이를 얻으면 더 큰 세상을 잃게 하신다는 것 잊지 마십시오.

'모든 라이팅은 에세이로 통한다'라는 말도 안 되는 추세에 한 몫 단단히 하는 주범이 미국식 입시제도입니다. 'SSAT'에서부터 시작하는 미국의 여러 입시 도구 중에서 특히 미국의 고등 교육제도에 편입하기 위한 도구로 만들어져 현재 약 110개국에서 치러지고 있는 토플은 미국의 아이비(IVEY)를 사모하는 세상의 모든 아이들을 30분짜리 에세이에 목숨 걸도록 유도하고 있습니다. 듣기부터 읽기까지 이 시험의 여러 측정 요소 중 유독 한국식 암기와 노하우의 덕을 못 보고 있는 게 '에세이'이기에 더더욱 에세이의 중요도는 상승가를 칠 수밖에 없습니다. 따라서 가능한 한 어린 나이부터 이 30분짜리 에세이에 노출시키는 게 지름길이라는 상업주의에 경도된 거짓 교육자들이 아이들의 언어적 개성과 창의와 잠재능력은 '나 몰라라'하고, 우선 시험에 붙이고나 보자는 식으로 아이들에게 에세이를 강요하게 됩니다.

안타까운 것은, 제한된 시간 내에 가능한 한 빨리 컴퓨터 자판을 두들겨대는 이런 에세이 교육의 수혜자들이 대학 이상의 교육에서 본때를 보여주어야 하는데, 실제는 그 반대로 바닥을 치고 있다는 사실에 주목해야 합니다. 북미의 대학제도가 멍청하지 않은 이상 이런 수준의 저급한 '에세이스트(Essayist)'들을 환영할 리 없습니다. 특히 '무엇을 아는가(what to know)'의 대학 시절을 간신히 통과했다 하더라도 '무엇을 생각하는가(what to think)'의 대학원 이상 교육으로 넘어가면, 이런 교육의 힘은 바닥나고 그나마 학부 때까지 도움을 받았던 대학 튜터나 동료들의 도움은 물 건너가게 됩니다. 그리곤 문제의 발원인 초등학교 3학년 때부터 배웠던 '주입식 에세이'를 후회막급하게 되지요. '내가 도대체 뭘 배웠단 말인가?'

표준화된 테스트라는 괴물

이런 언어교육의 이단아를 탄생시킨, 엄청나게 많은 신청자를 단시간에 평가해야 하는 토플 관계당국의 입장을 모르는 바는 아니지만 주문하자마자 바로 튀어나오는 이런 맥도널드식의 평가도구로 세상의 언어교육을 오도(誤導)하는 것은, 그리고 그런 평가도구에 전적으로 의존해 학교의 이름값조차 못하고 있는 미국의 대학교들은(한국의 대학교들도 예외일 수 없겠지요.) 창피한 줄 알아야 합니다. 미국의 대학입시 시험인 SAT라고 예외가 아닙니다. 많은 한국 사람들은 모르지만, 미국의 사립대학 중에는 의도적으로 SAT 점수를 받지 않는 곳들도 있습니다(저의 두 딸은 이런 학교를 졸업했습니다). SAT 점수는 타인의 도움을 받았을 때 절대적으로 유리하다는 사실, 그러다 보니 부유한 집 아이들이 더 좋은 점수를 받는다는 우울한, 기울어진 통계 때문에 미국의 일부 의식 있는 대학교들은 SAT 점수를 입학 사정 시 포함하지 않고 있습니다. 나아가 SAT의 평가 기준 자체에 대해서도 전적인 신뢰를 하지 않고 있습니다. 이들 학교는 단지 학교성적과 아이들 고유의 라이팅 그리고 인터뷰만으로 입학선발을 합니다. 아이들의 능력과 수준과 잠재성을 가늠하는 데 더 필요한 것이 있을까요? 이외에 학생을 더 잘 알기 위해 더 많은 증빙서류나 스펙이나 또 다른 시험점수가 필요하다면 그것은 입학을 사정(司正)하는 해당 교육자들이 수준 미달이거나 아니면 제도 자체가 아예 미쳐 돌아가고 있거나 둘 중의 하나일 것입니다.

너무 길어졌나요? 그렇다면 다시 헉슬리의 표현으로 돌아가 봅시다. 에세이는 자신의 관점을 단편적인 글의 형태를 빌어 시도하는 것입니다. 목적에 따라 형태를 바꿀 수는 있으나, 결국 문장을 구성하는 모든 아이디어와 표현방식은 '개성(personality)'과 '고유성(uniqueness)'에 근간을 두고 있습니다. 고등학교, 대학교의 에세이 대회에서 수상한 그 어떤 에세이도 건조하거나 형식적이거나 뻔하지 않습니다. 이런 글들은 읽는 독자로 하여금 눈을 못 돌리게 하며 자신만의 독특한 관점으로 주장하고 설득합니다. 이렇게 재미있고 다양하고 창의적이고 농축적이어야 할 에세이의 세계를 30분짜리 나열식 에세이와 맞바꿔 아이들의 미래를 저당 잡히는 일이 더는 있어선 안 되겠습니다.

15 단어장을 찢어라

단어들은 물론 인류에 의해 사용된 가장 강력한 마약이다.
- 루디아드 키플링(1865~1936): 「정글북」의 작가

『한국에 있을 때부터 책을 좋아했던 조나단(가명)은 영어권인 캐나다에
이민 와서도 손에서 책을 놓지 않았다. 조나단의 부모는 그에게 정규 학교
교육 외에 별다른 과외수업을 시키지 않았다. 맞벌이를 하는 조나단의 부
모는 방과 후 조나단을 돌볼 수 없어 그의 형이 다니는 인근 보습학원에 같
이 맡겼다. 조나단은 곧잘 따라갔다. 그런데 어느 날 조나단이 학원에 가지
않겠다고 했다. 단어를 외우게 한다는 것이 그 이유였다. 옛날식 영어교육
을 받아온 조나단의 부모는 영어공부를 하는데 단어 공부를 안 한다고 고
집을 피우는 조나단을 이해할 수 없었다. 부모의 강요에 못 이겨 조나단은
몇 번 더 그 학원에 나가면서 단어도 줄곧 외우는 것 같았지만 대신 영어에
관한 관심 자체가 사라졌다. '안 되겠다' 싶은 조나단의 부모는 다시 그와
이야기를 나눴다. 그는 한결같은 주장을 폈다. "저는요, 단어를 안 외워도
사전을 안 찾아도 무슨 뜻인 줄은 알아요." "어떻게?" 조나단의 부모는 그
가 읽던 책을 가져와 질문하기 시작했다. '이 단어가 무슨 뜻이지?' "이건
음, 음, 이런 뜻일 것 같아요." 조나단은 캐나다에 온 지 4년밖에 안 됐지
만, 책 읽기 수준으로 따지자면 어른과 맞먹는다. 책의 두께와 수준에 상관
없이 닥치는 대로 읽는다. 그리곤 사전 한 번 안 찾고 줄거리를 대충 읊어
댄다. 이런 아이에게 단어를 외우게 해야 할까, 말아야 할까?』

영어교육에 혈안이 되어 있는 사람들은 "태초에 말씀이 계시니라(In the beginning was the word: 요한복음 1장 1절)."는 성경 말씀을 확대해석해 모든 영어학습의 근간을 '단어 외우기'에 둡니다. 영어를 잘하는 누구는 사전을 매일 한 장씩 외우고 씹어 먹었다느니, 어느 집 아이는 밥을 먹을 때도 단어장을 손에서 떼지 않았다느니 등의 꼬질꼬질한 이야기를 우리는 어려서부터 귀에 따갑도록 들어왔습니다. 남들이 그렇다니 흉내라도 내야 할 것 같아 문방구에서 손바닥만 한 단어장을 사서 외우고 또 외웠던 학창시절이 그립기도 합니다. 대학교에 들어가면 단어장 크기가 더 커지지요. 이전의 구질구질한 핸드 메이드 단어장에서 들고 다니기에 폼나는 고가의 기성 단어장으로 바뀝니다. 이때는 '단어 파워'가 곧 '영어 파워'라는 단어 지상주의자들의 선전 문구에 사로잡혀 『Vocabulary 22000』을 사서 독파하기 시작합니다. 이 책이 대한민국 땅을 몇 바퀴 훑고 가자 이번에는 한술 더 뜬 『Vocabulary 33000』이 등장합니다.

이쯤 되면 막무가내 단어 외우기도 기력이 쇠할 때가 됐지요. 단어 외우기에 대한 대중의 관심이 사그라질 무렵 『꼬리에 꼬리를 무는 영어』라는 재미있는 단어 학습 책이 나와 단어 공부에 지친 대한민국의 학생들에게 희망을 다시 불어넣어 줍니다. 단어에 대한 흥미도 살아나고 자신감이 조금 생기자 해외유학을 꿈꾸고 급기야 미국 대학원 이상의 교육에서 요구하는 GMAT나 GRE 수준의 영어 단어에 도전장을 냅니다. 지칠 줄 모르는 단어 공부의 힘으로 급기야 미국의 대학원에 입학하고 영광의 졸업까지 합니다. 대학원을 졸업하고 사회에 나오자 이젠 단어에서 해방되는가 싶더니 기업에서 요구하는 각종 기업체용 영어시험 점수를 위해 단어 공부를 하랍니다. 이 정도가 대강의 한국 사람의 영어 단어 학습 편력입니다.

단어는 과연 외워야 하는 건가

이렇게 단어 외우기에 살고 단어 외우기에 죽었던 우리 1세대들이 이전의 영어(단어) 학습에 대해 결정적으로 회의하게 되는 때가 오는데, 그건 영어권에 온 지 불과 수년 밖에 안 된 꼬마 조나단이 쉽게 읽는 아동소설의 첫 장도 제대로 이해하지 못할 때입니다. 첫 장이 뭔가요? 어떤 때는 첫 줄도 못 내려갈 때가 있습니다. 캐나다에 온 지 수년 밖에 안된 조나단이란 아이와 비교하는 것이 너무하다면, 아직 ESL 수준인 영어권에 온 지 1년 반밖에 안된 아이와 비교해 볼까요? 아니면 조나단이란 아이가 원래 영어를 잘하도록 태어났다 치면 가장 평범한 아이와 비교해 볼까요?

그런데 어떻게 하지요? 대개 결과는 비슷하게 나온다는 것입니다. 이 아이들이 해리포터 한 권 636페이지를 다 읽어내려가는 동안 우리 기성세대들은 그 10분의 1인 63페이지도 다 읽지 못하고 끙끙대기 일쑤입니다. 읽기만 하면 대수냐고요? 제대로 이해해야지? O.K.! 그렇다면 이제부터는 읽은 내용을 이야기해 보도록 하지요. 이번 라운드에서도 어른들은 참패당합니다. 문맥을 이해하지 못하는 어른들은 매번 모르는 단어에 막혀 이야기를 풀어가지 못합니다. 반면 각 단어의 뜻을 정확하게 알고 있지도 않은 아이들은 줄거리를 줄줄 읊어댑니다. 단어 실력을 넘어 영어공부의 '말하고 듣고 읽고 쓰고'의 네 가지 부분에서 어른들은 몰패를 당합니다. 코흘리개 초등학교 아이들에게요.

어디서 이런 기분 나쁜 차이가 발생하는 걸까요? 한국의 정상적인 교육을 받은 어른이 평생을 외워온 22,000 아니 그 열 배가 넘는 220,000도 웃도는 단어 암기능력이 짜장면 한 그릇을 먹어도 입 주위를 까맣게 칠하는 꼬마 조나단의 독서능력에도 미치지 못한다니 도대체 무엇이 잘못된 걸까요? 영어 실력은 단어 암기하고는 별개의 문제인가요?

'water=물'이라는 단답형 단어 암기에 치중했던 1세대들은 문장 내 단어의 사용이 조금만 변용돼도 추측하거나 추정하지 못하고 바로 사전에 손을 대던지 아니면 아예 책을 덮고 맙니다. 단어장 중심의 단어 공부를 한 대부분의 1세대는 자신이 공부한 단어의 가장 대표적인 의미 한두 가지 이상의 범주를 넘지 못하기 때문입니다. 'water(n)=물' 외에 'water(v)=군침이 돈다'라는 동사의 활용에는 낯설기 때문이지요. 이들의 기존 단어장에는, 사전에 있는 영어 단어 중 가장 많은 뜻을 내포하고 있는 'set'이라는 단어의 58가지의 명사의 의미와 126개의 동사와 10개의 형용사 활용에 대한 예가 구체적으로 적혀 있지 않습니다. set the table(arrange) 혹은 a set of dishes(group) 혹은 set a clock(correct) 정도의 가장 일반적인 'set'의 의미 몇 개 외에는 없는 것이지요. 이런 대강 적혀진 단어장을 들고 다니며 1세대들은 '단어 수 늘리기 식' 영어공부를 해 왔고 대부분의 시험은 다행히도 우리의 단편적인 암기 범위 내에서 치러졌습니다. '땡큐 쏘 베리 마치(Thank you so very much)!'

시중에서 판매되는 대부분의 영어 단어 책이라고 별반 다르지 않습니다. 단어 수가 많고 예제 한두 개 많을 뿐이지, 포괄적이고 구체적이지 못합니다. 세상에 나와 있는 대개의 단어 책들은 '말하고 듣고 읽고 쓰기'를 위한 기본 학습을 무시하고 단답형 시험 합격용 암기 지침으로 전락해 버렸습니다. 이런 단어 학습은 시험이 끝남과 동시에 우리의 머리를 다시 백지상태로 돌려놓습니다. 머릿속에 아무것도 남지 않는 것입니다. 이런 영어를 '공허 영어'라고 할까요! 허, 참!

단어는 외우고 마는 게 아니라 추론하기 위한 도구이다

물론 미국의 문학가 마크 트웨인(Mark Twain)이 '거의 아는 단어(almost right word)'와 '올바로 아는 단어(right word)'의 차이는 크다고 말한 것처럼 단어의 뜻을 정확하게 아는 것은 중요합니다. 글의 힘은 결국 단어의 적절한 활용에 있음에 이의를 달 수는 없습니다. 하지만 이런 성숙한 성인의 영어 수준에 이르기 전까지 **최소한 초 · 중등학교 시절에는 정확한 단어의 의미를 확인하는 것보다 단어를 통해 문맥 전체를 이해하는 노력이 더 필요합니다.** 사전을 끼고 책의 내용을 일일이 확인하는 것보다 사전 없이 상상하고 추정하며 책을 피부로 느끼는 노력이 더 필요하다는 말씀입니다. 단어를 일일이 외우게 하는 것보다는 문장 전체를 큰 소리로 읽게 하고 모르는 단어에 대해서는 말로 설명해 보라고 권유하는 방법이 좋습니다. 나이에 따라 교과 내용이 달라지듯이 단어 하나 외우게 하는 것도 아이들의 지적 성장 과정과 병행해야 합니다.

이런 관점에서 초등학교 4학년짜리가 SAT 단어인 'aberration(abnormal, highly unusual)'이란 단어를 외운다고 혹은 그의 글에서 이런 단어가 발견된다고 좋아할 일이 아닙니다. 긴 안목으로 볼 때 다른 아이들이 3년 뒤 배울 것을 먼저 배운다고 결코 앞선 것이 아니라는 것을 알아야 합니다. 먼저 배운 것이 반드시 좋은 것은 아니라는 사실! 천진난만한 아이들에게 정작 중요한 것은, 고정될 수 있는 한 단어의 의미를 나름대로 추측하고 예상하고 가정하게 해 근사한 답을 찾게 하는 '**추정 능력**(*Inferability*)'입니다.

이런 추측과 추정의 과정을 거쳐 아이들은 단어마다 숨어있는 한 가지 이상의 의미들과 친숙하게 되고, 단편적인 단어 하나도 자신들의 세계관과 접목하게 됩니다. 아이들 본연의 창의와 상상의 세계가 단어 공부를 통해 확대 · 재생산되는 것이지요. 소년기의 이런 과정을 거쳐 확대된 세계관이 청소년기와 청년기를 지나면서 좀 더 확실하고 분명한 학습체계로 연결되고 하다못해 하나의 단어를 사용하더라도 분명하게 알고 쓰도록 요구됩니다. 이전의 자유롭되 다듬어지지 않은 세계관이 반복되는 확인과 적용의 과정을 통해 정제되고 체계화되는 것이지요.

단어는 외우라고 있는 게 아니라 사용하라고 있는 것이다

우리 창의적인 글쓰기 워크샵에서는 물론 영어학습의 전반을 다루지만 아이들에게 단 한 번도 단어를 외우게 한 적이 없습니다. 외워도 안 되고 외울 필요가 없다고까지 말합니다. 외울 시간에 한 자라도 더 읽으라고 말합니다. 이들이 단어를 외우지 않는다고 할 말 못하지 않았고, 쓸 말 못 쓰지 않았고, 읽을 것 못 읽지 않았고, 들을 것 못 듣지 않았습니다. 이들은 도리어 풍부한 상상력으로 닥치는 대로 읽고 닥치는 대로 썼습니다. 굳이 학교의 담임선생이 고급 단어 한두 개 포함하라고 하면 이들은 인터넷의 dictionary.com에 들어가 동의어부터 반의어까지 필요할 때에만 검색해 찾아 넣는 지혜를 가지고 있습니다. 이들의 암기 실력은 어른과 사뭇 달라서 옛날의 우리처럼 단어장 모퉁이가 닳아서 해질 때까지 외우지 않아도 그저 흘끗 봐도, 필요할 때에만 인터넷의 검색 창을 열어놔도 우리 어른들보다 활용도 면에서 훨씬 더 기능적이고 스마트합니다. 굳이 북미의 자랑인 '스펠링 비(Spelling Bee: 북미의 영어단어 암기대회)'에 출전하지 않더라도 이들의 영어학습 전선에는 전혀 이상이 없습니다. **영어 단어는 외우다 끝나는것이 아니라 활용하기 위해 존재합니다.**

영어 단어를 위한 단어 공부가 통하지 않는 세상이 지금입니다. 제발 구세대의 잘못된 영어암기 학습법을 후손들에게 대물림하지 마십시오. 서점을 휩쓸고 있는 단어 책 저자들에게는 미안한 말이지만, 가장 좋은 단어 공부는 '단어' 책에 있지 않고 '그냥' 책에 있습니다. 책을 통해 단어를 알게 하고 책을 통해 단어를 상상하게 하는 게 아이들의 미래를 위해 가장 필요한 영어학습법이자 참된 단어교육법입니다. 일부 책을 통해 단어를 강제로 외우게 하는 틈새 사업자들이 있다는 것은 압니다. 이런 경우 가장 중요한 것이 아이들의 나이와 지적 수준이므로, 이와 무관하게 코흘리개 초등학교 2학년 아이에게 단어 암기를 강요한다면 이 역시 경계해야 할 상업 행위라는 점, 지각 있는 학부모의 현명한 판단을 요구합니다. 남들이 수백, 수천 권의 책을 통해 자연스럽게 습득한 단어 분량을 불과 150페이지짜리 단어 책을 두 달 만에 외우게 함으로써 맞먹을 수 있다고 생각하지 마십시오. 단어장을 당장 박박 찢어버리십시오! 대신 흥미진진한 책을 쥐여 주십시오! 창조적인 단어의 세계가 펼쳐질 것입니다. 단어가 문장이 되고 문장이 문단이 되고 드디어 하나의 우주를 품은 스토리로 발전될 것입니다. 책에서 '자연스럽게' 발굴해낸 그 단어들로 말이지요.

문장의 수준을 한 단계 업그레이드 할 수 있는 단어들의 조합: 옥시모론(Oxymoron)

영어에서는 꽤 자주 쓰이는 수사법으로 영한사전에는 '모순형용법'이라고 해석돼 있는데, 서로 반대되는 의미의 단어를 상치하여 상황을 강조하거나 독자의 관심을 끄는 비유법입니다. 일전에 더스틴 호프만이 주연했던 〈작은 거인(Little Big Man)〉이라는 영화 제목이 대표적인 옥시모론입니다. 'Little'과 'Big'은 어울릴 수 없는 반대되는 단어들입니다.

모순적인 단어들을 조합해 내는 능력 역시 창의성과 무관하지 않아 몇 가지 예를 들어 봅니다.

accidentally on purpose 우연을 가장하고, 고의적으로

accurate estimate 정확한 예측

adult child 정신적으로 어른이 안 된 사람

alone together 따로 또 함께

awfully good 대단히 좋은

bittersweet 시원섭섭한

clearly confused 확실히 당황한

clever fool 영리한 바보

clearly misunderstood 분명히 오해한

constant change 지속적인 변화

definite maybe 명백한 추측

even odds 반반의 확률

expert amateur 전문가 같은 아마추어

found missing 행방불명

freezer burn 냉동상(冷凍傷: 수분 증발로 생긴 냉동육, 생선 등의 조직변화)

fresh frozen 신선 동결

genuine imitation 진짜 같은 모방

honest crook 정직한 사기꾼

hopelessly optimistic 절망적인 낙천주의의

inside out 뒤집어서

little giant 작은 거인

living dead 산송장

loud whisper (소리가 커서) 다 들리는 속삭임

love-hate relationship 애증 관계

make haste slowly 급할수록 돌아가라

minor disaster 작은 재해

new routine 새로운 일상

old news 해묵은 기사

organized mess 조직된 난리

original copy 원본

passive aggressive 수동적(소극적) 공격적

plastic glasses 플라스틱 안경

global village 지구촌

plastic straw 플라스틱 빨대

poor little rich girl 불쌍한 부잣집 소녀

random order 일정한 차례가 없는

real life tale 실화

resident alien 거주 외국인

serious fun 심각하게 재미나는

sleepwalk 몽유병

steel wool 강철 솜

sweet sorrow 달콤한 슬픔

wordless book 글씨 없는 책

working vacation 일하는 휴가

young old person 젊어 보이는 노인

16 일기(日記)여, 영원하라

세계적인 아동작가인 로알드 달(Roald Dahl)이 썼던 모든 스토리는 그가 일기장으로 간직하는 낡은 학교 연습장에 흘려 놓은 서너 줄의 일기에서 시작했다.
– 사라 엘리스(1952~): 캐나다 아동작가 겸 도서관 사서

일기는 한 개인의 신변잡기인가요? 아닙니다. 때로 지극히 개인적이고 사적인 한 개인의 일기가 인류의 역사적 교훈으로 보존될 수도 있습니다. 『안네의 일기』를 모르는 사람은 없겠지요. 이게 한 소녀의 핑크빛 일기였나요? 이 책은 한 소녀의 눈으로 본, 인류가 지향해야 할 참된 가치를 말해 주지 않았습니까?

하루하루를 기록으로 남기는 일기는 단순히 글쓰기 영역을 넘어 전인적 교육의 언저리에서 빼놓을 수 없는 감초입니다. 자신의 일상을 정리할 수 있으니 정서적인 면에서 좋고, 구애되지 않는 표현으로 인해 글쓰기 실력을 향상할 수 있어 좋고, 규칙적인 습관을 길러줄 수 있어 태도 교육에 좋고, 무엇보다 돈 한 푼 안 들이고 할 수 있는 경제적인 교육이라서 더 좋습니다. 자타가 동의하는, 이렇게 좋은 교육이기에 어른들은 아이들이 말을 틀 무렵이면 벌써 '일기 쓰기'를 요구하게 됩니다. 세 살 버릇 여든 간다고 일기 쓰기도 습관이 되려면 철들기 전에 쓰게 해야 한다는 대세의 결과인 듯합니다.

일기는 단순한 일과의 반복이 아니다

초등학교에 들어가 난생 처음 일기 쓰기를 주문받은 아이들은 대뜸, "일기를 어떻게 써요?"라고 묻습니다. 대부분의 어른들은 "크게 고민할 필요 없어! 그냥 하루에 일어난 일을 마음대로 적는 거야!"라고 말하며 대충 알아서 쓰라고 하지요. "아빠 써? 혹은 엄만 나만 할 때 썼어?"라고 아이가 눈을 똑바로 뜨고 되바라지게 묻기라도 하면 어른들은 얼굴을 붉히며 "글쎄, 까마득한 옛날 일이라서……"라고 얼버무리지 않습니까? 일기를 쓰는 데 나이 제한이 있나요? 사실 1세대라고 제대로 일기를 썼을 리 만무합니다. 학교 담임 혹은 부모가 일기장을 검사하기 때문에 흉내 냈던 게 고작일 터. 옛날에는 학교 선생님이 일기장 검사도 했습니다. 내용을 읽기보다는 '했나', '안 했나'를 검사하는 수준이었지만, 어찌 됐든 부모의 반강제적인 주문 하에 아이들은 너나 할 것 없이 일기 쓰기에 도전합니다.

****년 *월 **일

"둥근 해가 떴습니다. 자리에서 일어나서 제일 먼저 이를 닦자, 윗니 아랫니 닦자. 세수할 때는 깨끗이 이쪽저쪽 목 닦고 머리 빗고 옷을 입고 거울을 봅니다. 꼭꼭 씹어 밥을 먹고 가방 메고 인사하고 씩씩하게 학교에 갑니다." 이상

이들의 일기는 매일 날짜만 다를 뿐 천편일률적인 내용의 반복으로 하루하루의 대단원을 마감합니다. 반면 일기의 '썼나 안 썼나'가 관건인 부모들은 아이들의 일기장이 다음 장으로 넘어간 것을 확인하는 것으로 하루의 일기 쓰기 교육을 종료합니다. 이들의 일기 속에는 위의

동요같이 일어나서 밥 먹고 학교 가서 친구들과 놀고 집에 와서 숙제하다 잤다는 건조한 사실 외에 더 이상의 진지하거나 솔직하거나 감동적인 이야기는 없습니다. 아이들이 날마다 적는 일기가 이런 식으로 시간대별 사실의 배열과 반복에 그친다면 이건 의미 있는 일기가 아니라 '의미 없는 낙서'에 불과합니다. 혹 영악한 아이에게는, 일기를 강제하는 부모에 대한 문학적 반항이자 외도가 되지요. 이런 의미 없는 기록 뭉치는 세종대왕 시절부터 지금까지 지구의 곳곳을 오염하고 있지 않습니까?

일기의 내용도 나이에 맞게 자라야 한다

아이들의 일기가 무의미한 일상의 반복으로 전락하지 않기 위해서는 어른들의 좀 더 세심한 배려가 필요합니다. **먼저 아이들의 나이를 고려한 일기 쓰기를 지도해야 합니다.** 초등학교 1학년짜리 아이에게 매 상황 매 사건에 단순한 사실의 배열을 넘어 정서적인 면까지 포함해 쓰라고 하면 말로 이해시키는 데 시간이 더 들 수 있습니다. 아이의 물리적·지적 수준의 발달과 함께 일기 쓰기의 방식이나 형태도 달라져야 합니다. 나이와 더불어 일기의 내용도 성숙해져야 한다는 말입니다. 처음에는 '온 세상에 둥근 해가 떴다'로 시작한 아이의 개략적인 일기가 해를 거듭하면서 일상의 사건에 대해 특정한 관점으로 깊어져야 합니다. 한두 마디에 불과했던 한 사물에 대한 관찰이 한 장을 써도 모자랄 만큼 소상해져야 하고요. 이런 관찰과 숙고의 과정을 거쳐 사물에 대한 견해가 생기고 자신에 대한 재발견을 하게 됩니다. 어느 힙합 가수의 노랫말처럼, "간절하게 써 내려가는 이 일기장 속엔 내 행복, 믿음, 그리고 영원만이 존재해."라고 진실 어린 고백을 할 수 있게 되는 것입니다.

『작은 아씨들』로 유명한 루이자 메이 알코트(Louisa May Alcott)는 이런 일기 덕을 톡톡히 봤습니다. 아래는 당시 열 살짜리 꿈 많은 소녀 루이자가 쓴 일기의 한쪽입니다.

"Thurs. 14th, 1843 - Mr. Parker Pillsbury came, and we talked about the poor slaves. I had a music lesson with Miss. P. I hate her, she is so fussy. I ran in the wind and played be a horse, and had a lovely time in the woods with Anna and Lizzie. We were fairies, and made gowns and paper wings. I flied the highest of all."

"1843년 14일 목요일. 파커 필즈버리 아저씨가 와서 우리는 가난한 흑인 노예들에 대해 이야기했다. 나는 피(P) 선생님으로부터 음악 수업을 받는데 그녀가 너무 깐깐해 정말 싫었다. 나는 바람 속으로 달려가 말놀이를 했다. 애나와 리지하고 숲에서 정말 행복한 시간을 보냈다. 우리는 전부 요정이 됐다. 종이로 날개 달린 가운도 만들었다. 나는 그중에서 가장 높이 날았다."

미국 보스턴 근처의 실험적인 집단농장에서 살았던 루이자는 어린 시절의 추억을 일기라는 기록으로 소상히 남겼습니다. 어느덧 35살이 되어 전문적인 작가로 활동하면서 가족의 생계를 책임지고 있던 루이자는 어느 날 한 출판사로부터 '여자아이들을 위한 책(a nice book for *girls)*'을 써보겠냐는 뜻밖의 제안을 받습니다. '누가 그런 책을 읽어줄까' 반신반의하면서도 그녀는 쓰기 시작했고 훗날 『작은 아씨들*(Little Women)*』이라는 세계적인 명작을 세상에 내놓았습니다. 그녀는 유명해졌고 결국 가난에서 벗어났습니다. 어릴 적 일기를 바탕으로 섬세하고 생생한 가족 이야기를 재탄생시킨 『작은 아씨들』은 직접 쓰는 데는 불과 여덟 달밖에 걸리지 않았지만, 사실은 루이자가 평생 써온 일기의 반영입니다.

일기도 창작으로 발전할 수 있다

두 번째, 일기의 형태도 다양해야 합니다. 일기 하면 누구나 가지고 있는 선입견이 날짜가 가장 중요하고 그날의 가장 중요한 사건을 기록하는 것 정도입니다. 일기는 시간대의 흐름대로 기술하는 사실적 기록에 불과한 걸까요? 이런 일기는 앞으로 역사연대기를 공부할 친구들이나 할 일입니다. 아이들 대부분이 일기 쓰기를 주저하는 이유는 이런 범주를 벗어나지 못해서입니다. 고작 몇 마디 오늘 한 일을 적고 나면 더는 할 말이 없는 것이지요. 여기서 더 발전하면 이전에 말한 바와 같이 의미 없는 낙서가 되고 맙니다.

일기의 가장 큰 장점은 공개나 검토나 평가되지 않는다는 전제가 있다는 것입니다. 그 무엇으로부터도 자유할 수 있습니다. 낙서할 수도 있고, 노래를 적을 수도 있고, 스크랩을 할 수도 있습니다. 여행 소감을 적을 수도 있고, 학교 담임선생 가십도 할 수 있고, 친구와의 첫사랑을 시로 표현할 수도 있고, 장래의 희망을 적어 놓을 수도 있습니다.

문법이 틀려도 되고 논리가 맞지 않아도 됩니다. 일기는 자기만의 자유공간이요, 자기만의 창작세계이기 때문입니다. 이런 어마어마한 표현의 자유를 손가락 두 개와 한 장의 종이와 몽당연필 하나만으로 누릴 수 있다는 것은 정말 위대하지 않습니까? 최근에는 자신의 비밀 일기를 온라인상에서 쓰고 공유하는 온라인 일기장까지 유행한다니 전통적인 일기에 익숙한 저와 같은 1세대는 격세지감마저 느낍니다.

아래는 우리 창의적 글쓰기 워크샵에 참가했던 8학년 여자아이 캐시 김(Cathy Kim)이 쓴 시이지만, 일기의 형식을 빌려왔습니다. 자신의 지루한 삶과 새로 산 금붕어와의 해프닝을 단지 몇 개의 단어로, 주어도 없이 표현했지만 구성과 스타일 면에서 아주 우수한 작품입니다.

Fish and Me *(물고기와 나)*

Monday(월요일).
Stared at the wall(벽을 쳐다봤다).
Scratched my head(머리를 긁었다).

Tuesday(화요일).
Fell asleep(잠들었다).

Wednesday(수요일).
Walked around(걸어 다녔다).
Met a friend(친구를 만났다).

Thursday(목요일).

Got a pet(애완붕어를 샀다).

Named it a fish('피시'라 이름을 지었다).

Friday(금요일).

Breathed(숨만 쉬었다).

Saturday(토요일).

Brushed my teeth(이빨을 닦았다).

Sunday(일요일).

Ate cake(케이크를 먹었다).

Felt fat(살이 찐 것 같았다).

Monday(월요일).

Ate celery(샐러리를 먹었다).

Choked(목에 걸렸다).

Tuesday(화요일).

Did 5 sit-ups(윗몸 일으키기를 다섯 번 했다).

Can't breathe(숨을 쉴 수 없었다).

Wednesday(수요일).

Checked on Fish(물고기를 점검했다).

Stomach-side up(위가 불거져 나왔다).

Floating around(둥둥 떴다).

Thursday(목요일).
Dug a hole(땅을 팠다).
Sermon for Fish(죽은 물고기를 위해 설교를 했다).
Lost interest(관심이 없어졌다).
Flushed him(기억에서 지워버렸다).

Friday(금요일).
Overslept(늦잠 잤다).
Got a bill(청구서를 받았다).
Trashed the bill(쓰레기통에 버렸다).

Saturday(토요일).
Phone doesn't work(전화가 불통이다).

Sunday(일요일).
Clipped my nails(손톱을 잘랐다).

Monday(월요일).
Dreamt of fish sticks(어묵꼬치 꿈을 꿨다).
Woke up sweating(땀에 젖어 깼다).

Tuesday(화요일).

Dreamt of fish and chips(생선과 감자튀김 꿈을 꿨다).
Woke up screaming(소리를 지르는 바람에 깼다).
Held a funeral for Fish(그 물고기를 위해 장례를 치렀다).

세 번째, 일기 쓰기에는 정해진 시간이 필요 없습니다. 일기 하면 떠오르는 것은 침대(*bed*)와 밤(*night*)입니다. 엄마가 잠자라고 불을 꺼주면 몰래 불을 다시 켜고 혼자 키득키득 웃으면서 적은 일기, 그것만이 일기는 아닙니다. 작곡가가 악상이 떠오르면 바로 오선지에 옮기듯이, 발명가가 아이디어가 떠오르면 바로 메모지를 찾듯이 기록으로서의 일기는 정해진 시간이 없습니다. 동네 다방에서 커피를 마시다가 힐끗 훔쳐본 옆 좌석의 남녀에 대해 적을 수도 있고, 전철을 타고 가다 창밖에 비치는 자신의 모습에 대해 적을 수도 있고, 길거리의 노숙자를 보며 세상의 빈곤에 대해서 적어볼 수도 있습니다. '나'라는 위인의 하루를 잠자기 전 10분의 '개략(槪略)'으로 마감하는 것은 너무 섭섭하지 않나요? 이런 면에서 일기장이 반드시 아름답거나 고급이거나 글쓰기에 편리하도록 매 페이지마다 친절하게 줄까지 쳐져 있을 필요도 없습니다. 손에 들고 다니기 가장 편리한 메모지의 형태일 수도 있고, 빤질빤질한 스노우화이트 종이로 가득한 그림 연습장일 수도 있습니다.

하나 더 소개하고 싶습니다. 아래는 우리 창의적 글쓰기 워크샵에 참가한 8학년 남자아이 지미 김(*Jimmy Kim*)의 일기로 비 오는 날 비를 맞으며 집으로 돌아올 때의 감상(感想)을 적은 것입니다. 비를 오감(五感:*five senses*)으로 맞으며 비와 자신, 자연과 자신을 일체화한 시상(詩想)은 이 아이의 순수성에 호기심과 더불어 막연한 동경을 불러일으킵니다.

Dream Walk *(꿈속을 걷는 것)*

One rainy day. I had to walk home because no one could pick me up from school. The rain was all over my body. The strange thing was that the rain wasn't cold. It was warm, so warm that I almost put me to sleep during the walk. Even though the rain was dripping on my skin, it felt like I was drinking it. I could hear it singing through my ears whispering. Each rain drop had many colours: Yellow, blue, and red. When I finally arrived home, I felt that walk in the rain was some kind of dream.

어느 비 오는 날. 학교가 끝나고 나는 집으로 걸어와야만 했다. 아무도 나를 태우러 오지 않았다. 비는 나의 온몸을 적셨다. 이상한 것은, 비가 차갑게 느껴지지 않았다는 것이다. 도리어 너무 따뜻해 걸으면서 거의 잠들 것 같았다. 비록 빗방울이 내 몸에서 튕겨 나갔지만 나는 마치 빗물을 마시는 것 같았다. 나는 비가 귀에 속삭이고 노래하는 것까지 들을 수 있었다. 하나하나의 빗방울은 각기 다른 색깔을 가졌다: 노랑, 파랑 그리고 빨강. 집에 도착했을 때 나는 마치 꿈속에서 비를 맞으며 걸었던 것 같은 느낌이 들었다.

일기는 단순한 사실의 기록이 아닙니다. 소위 다큐멘터리가 아니라는 것이지요. 일기는 단순한 에세이 훈련도 아닙니다. 일기는 하나의 창작입니다. 창작에서도 한 차원 높은 '창의적 비소설(Creative Non-fiction)'이라 볼 수 있겠습니다. 사실적 기록을 바탕으로 하되 작가의 상상과 창의가 가미되어 새로운 장르의 창작이 되는 것 말입니다. 나이에 따라 성숙해지는 일기의 구성과 내용, 형식에 구애받지 않는 표현의 자유, 세상에 대한 기록을 일정 시간대에 국한하지 않는 포괄적이고도 개방적인 접근. 이런 일기의 말로 다 못할 위대함을 오늘도 부모의 강제에 할 수 없이 '둥근 해가 떴다 지고 마는' 뻔한 하루의 기록으로 대강 적고, 드렁드렁 꿈나라에 빠져드는 많은 어린이에게 어떻게 전해줄 수 있을까요?

다행히 저의 생각과 다름이 없는 북미의 작가들이 네 가지 훌륭한 저널(다이어리) 책을 냈습니다. 이 책들이 아이들에게 일기의 세계가 얼마나 다양하고 재미있는지 길라잡이가 되어주길 희망해 봅니다. 지금은 대학을 거쳐 성인이 되어 있는 저의 두 딸도 아래의 책들을 머리맡에 두고 학창시절을 보냈습니다. 남의 일기를 읽고 따라해 보는 것 역시 훌륭한 문학 수업이거든요.

- 『Cathy's Book(캐시의 판타스틱 비밀노트)』 by Sean Stewart / Jordan Weisman / Cathy Brigg
- 『The Aspiring Writer's Journal(열망하는 작가의 일기)』 by Susie Morgenstern
- 『The Young Writer's Companion(청소년 작가의 동반자)』 by Sarah Ellis
- 『Wreck This Journal(이 책을 파괴하라)』 by Keri Smith

일기 형식의 단편

돈 한 푼 안 들이고 가장 훌륭한 글을 쓰는 방법이 있습니다. 그것은 '일기 쓰기'입니다. 일기는 손으로 써도 되고 컴퓨터 자판을 두들겨도 됩니다. 그림을 그려도 되고 낙서를 해도 되고 사진을 갖다 붙여도 됩니다. 화를 내도 좋고 웃어도 좋고 남을 약 올려도 좋습니다. 자기만의 공간에서 자기가 표현하고 싶은 대로 표현할 수 있는 일기는 첨삭 과정도 필요 없이 글의 수준을 한 단계 업그레이드시키는 힘을 가지고 있습니다. 글은 쓰기만 하면 는다는 것을 일기가 알려 줍니다.

아래의 일기는 창의적 글쓰기 워크숍에 2년째 참여하고 있는 5학년 멜라니의 수상작(2006년 제1회 영어 창의적 글쓰기 대회 초등 부문 2등)의 일부입니다. 이 작품은 같은 나이 수준의 아이가 흔히 쓰기 쉬운, "일어 나서 학교 가고 집에 와 간식 먹고 책 좀 읽다 잤다."는 무료한 일과의 시차적 반복이 아니라 『Dear Dumb Diary(주책바가지 내 바보 일기장을 공개합니다)』 수준의 동시대적 유머와 위트를 포함합니다. 멜라니는 세상의 많은 아이들이 『해리포터』나 『나니아 연대기』의 후속작을 글로 흉내 내고 있을 때 자기는 글쓰기의 고전인 일기로 승부를 걸었습니다. 어렵지 않은 단어로 독자들에게 함빡 웃음을 선사하는 멜라니의 〈춤추는 호박〉은 깨물어주고 싶을 만큼 귀엽고 천진난만한 한 소녀의 학교 생활을 엿보게 합니다. 이 개정판을 쓰고 있는 2021년, 이 어린 소녀는 미국에서 변호사가 되어 있습니다. 이 일기를 쓸 때처럼 가장 창의적이고 유머가 넘치는 법의 수호자가 되어 있기를 기대해 봅니다.

The Dancing Pumpkin *(Subtitle: The diary of Caroline)* by Melanie Kim(Gr. 5)

Oct, 1. Sunday

Dear Diary,

I'm in 6th grade, and already the world seems upside down. My name is Caroline, and your name is diary, as simple as that. My world is upside down, because I already have an enemy Elaine. I can't think of anything for the science fair, and I still don't have a costume, and she's done something for our annual school science fair that's on November the tenth. I have been planning on Saturday to get better grades, one class at a time. I'm usually bad at science, but if I try, I can get first prize, and flatten Elaine's nose. The bad thing is that my fair partner is Jack, and I really wanted Justin, 3rd cutest boy in middle school, who obviously got stuck with Elaine by her evil magic powers. So I've got five weeks and five days to come up with a great science experiment that will save my life. For Halloween, Elaine is going to be a ballerina(Ick!). What should I be? Should I not wear anything at all?

Yours, distressed Caroline.

춤추는 호박(부제: 캐롤라인의 일기)_멜라니 김(초등 5)

10월 1일 일요일

일기에게,

이제 고작 6학년인데 난 세상이 벌써 혼란스럽게 느껴진단다. 내 이름은 캐롤라인이야. 네 이름은 그냥 일기라고 부를 게. 내 세상이 혼란스러운 이유는 말이지, 바로 일레인 때문이란다.

그 애는 내 적이거든. 지금 과학박람회를 준비해야 하는데 아무 생각도 할 수가 없어. 할로윈 파티 때 입을 의상도 아직 준비하지 못했고. 그런데 일레인은 벌써 의상을 마련했대. 학교 연례행사로 11월 10일에 열리는 과학박람회 준비도 마친 모양이야. 난 어떻게 하면 모든 과목에서 좋은 성적을 받을 수 있을지 토요일 내내 궁리했단다. 난 과학을 잘하지 못하거든. 하지만 노력만 하면 바로 1등 해서 일레인의 코를 납작하게 만들 수 있을 거야. 문제는 내 과학박람회 파트너가 잭이라는 사실이야. 저스틴이랑 짝이 되고 싶었는데…. 저스틴은 우리 중학교에서 세 번째로 귀여운 남자애거든. 일레인이 어떻게 꾀어냈는지 둘이 어울려 다니긴 했어도 난 그 애랑 짝이 되고 싶었어. 내 일생을 구원해 줄 과학박람회가 이제 5주하고도 5일 남았네.

일레인은 할로윈 파티 때 발레리나가 된다고 하더라(칫!). 난 어떻게 변장한담? 그냥 아무것도 입지 말아버릴까? 🖊

– 너의 고민 많은 친구 캐롤라인이

17 죽은 문법과 살아있는 문법

문법으로 생긴 병은 문법으로 치유하고, 철자법의 오류는 철자법 연습으로, 책 읽기의 두려움은 책 읽기로, 모자란 이해능력에 대한 두려움은 텍스트의 몰입을 통해 치유하고, 깊이 생각하지 못하는 습관은 몰두하는 대상을 엄격히 제한하는 이성의 차분한 강화를 통해 치유한다. 우리가 여기에 있는 한, 지금 그리고 여기에서, 수업시간 동안, 이 반에서 해야 한다.
- 다니엘 페낙의 『학교의 슬픔』 중에서

중학교에 들어가면서 ABC부터 배우기 시작한 영어는 제가 가장 좋아하는 과목이 됐습니다. 늘 영어를 혼자 주절주절 말하고 왼편 겨드랑이에 타임지를 끼고 다니는 별난 영어 선생님에게 자극받아, 문장 하나도 외우지 못하는 주제에 '기초 영문법'이란 책을 독파해 버렸습니다. 문장의 5형식과 8품사를 외우면서 영어에 대한 자신감은 배가됐습니다. 중학교 2학년 말부터 성문기본영어로 승격해 외우기 시작했고, 고등학교 1학년 때에는 성문핵심영어, 2학년 때에는 종합영어로 이어졌습니다. 3학년 때부터 각종 문법책을 섭렵하며 자칭 문법의 귀재가 되기 시작했습니다. 대학교에 들어가서는 Vocabulary 22,000과 TOEFL 책을 들고 다녔습니다. 회사에 입사하자 새벽 TOEIC반에 들어가 승진에 대비했고요. 저의 지난 20여 년은 한 마디로 영어와의 전쟁이었습니다. 물론 영어공부를 잘했다던 유엔의 반기문 전 사무총장에게는 즐거움 그 자체였을 수도 있겠지만, 그 역시 문법책을 섭렵해 나가는 과정이 전쟁과 같이 치열하지 않을 수는 없었겠지요. 아무튼 영문법과의 투쟁 덕분에 저는 직장생활 하는 데 영어점수 낮다고 놀림

당하지 않았고, 미국에 가서 대학원 공부를 시작할 수 있었습니다. 하지만 시작만 좋았다고 고백할 수밖에……

미국에서 약 2년의 대학원 과정은 저의 과거 영어사(史) 20년을 눈물로 곱씹는 괴로운 시간이었습니다. 줄곧 영어 문법책을 끼고 살아온 인생이었기에 미국의 대학원 정도는 우스울 줄 알았습니다. 저의 기대는 첫 시간부터 처절히 무너졌습니다. 다른 학생들 앞에서 자기소개조차 제대로 하지 못하고 더듬거리는 저의 모습에서 이제부터 시작될 앞날의 불안한 기운을 감지했습니다. 강의 시작 후 몇 주 되지 않아 치른 공개 프레젠테이션 시간에 2분 스피치도 제대로 소화하지 못하고 얼굴을 땀으로 적셔야 했습니다. 시쳇말로 '쪽팔려서' 큐카드(Cue Card: 프레젠테이션을 위해 메모장만 한 크기의 종이에 전달할 내용을 간추린 것)를 보고 할 수도 없었고 생각나는 대로 임기응변하면 무난할 줄 알았던 '스피치'가 두세 문장도 부드럽게 연결하지 못하고 엉망이 되어버렸습니다 (영어 스피치 실력은 임기응변에 있지 않은가요?). 중학교 1학년 때 배웠던 5형식과 8품사가 그때는 생각나지 않았습니다.

학기가 시작되고 1달 반은 대강 때웠는데 드디어 중간고사 리포트 제출 기간이 되었습니다. 한국식 사고와 한국식 영어로 최선을 다해 며칠 밤을 새워 작성해 제출한 리포트가 결과는 '불합격' 딱지를 받고 반려되었습니다. 교내 라이팅 센터의 도움을 받아 제대로 된 영어 리포트를 제출하라는 '친절하지만, 기분 나쁜' 조언이 포함되어 있었습니다. 이때부터 저의 리포트 노이로제는 심각해지기 시작했습니다. 단 한 번도 빨간 줄 없는 리포트를 돌려받아본 적이 없습니다. 한국에서 저의 20년 문법 공부가 미국 본토에서는 완'존'히 도로아미타불이 됐습니다. 처음부터 다시 글쓰기를 시작했고 처음부터 다시 문법 공부를 시작해야만 했습니다.

잘못된 문법 공부를 아이들에게 반복하지 마라

우리 창의적 글쓰기 워크샵에 참가하는 많은 한국 학생들, 특히 초등학교 4, 5학년 이후에 온 아이들을 만나고 그들의 부모와 상담하면서 공통되게 느낀 점은, 이들 역시 저의 잘못된 문법 역사, '무리하고 우울한 암기 역사'를 반복하고 있다는 것입니다. 영어권인 캐나다에 온 지 1년도 채 안 된 초등학교 2학년짜리 아이가 캐나다 최고의 문법책 아자르(Azar)를 공부합니다(물론 영어 문법책으론 이 책이 가장 좋은 책이라는 데 이견을 달지 않겠습니다). 때론 가장 건조하고 재미없는 롱맨(Longman) 및 기타 그럴싸한 세상의 유수 대학에서 나온 문법책을 배우면서 문법책에 갇힌 영어(囹圄)의 생활을 시작합니다. 미국 맥그로우힐에서 학년별 수준에 맞춰 제공하는 랭귀지 아트(language arts) 한두 권을 접해 보지 않은 한국 아이는 아마 없을 것입니다. 이런 책을 3권 이상 스스로 학습할 수 있는 아이가 있다면 이들의 인내심에 박수를 보냅니다. 대부분의 사설 문법 선생들 역시 아이들에게 주어-동사-목적어의 순서를 외우게 하는 것으로 시작해, 드디어 이런 기본적인 문법들을 완성하게(?) 되면 토씨 하나 틀려도 용납되지 않는 에세이 문법책을 가지고 틀에 짜 맞추는 맹훈련에 돌입합니다. 챨리 채플린의 '공장'이 생각납니다. 같은 것을 죽어라 찍어내고 있는 사람들! 그 결과는?

이렇게 하면 영어가 늘고 라이팅이 늘까요? 천만에요! 이들의 라이팅은 여전히 ESL 냄새가 풀풀 나고, 똑같은 문법 실수를 반복하고, 논리에 맞지도 않고 비상식적인 글을 되풀이하고 있게 됩니다. 중고등학교에 가서도 독후감 3페이지 이상 쓰라면 겁부터 먹습니다. 이들이 대학에서 10장, 20장의 리포트를 쓰려면 그땐 어떻게 할까요? 이들이 문법을 배우기 위해 투자했던 돈과 시간과 부모의 노력은 도대체 무엇으로 보상받을 수 있을까요?

문법을 가르치는 데에도 창의력이 필요하다

북미의 학교 교육을 봅시다. 프리스쿨(Pre-school)과 유치원(Kindergarten)에서 집단생활을 시작해 초등학교 1, 2학년을 지나면서 이런 문법 습득 과정을 거쳤습니까? 품사를 배우고 형식을 배웠습니까? 제 아이들은 영어의 ABC도 안 배우고 미국으로 건너와 학교에 다니기 시작했습니다. 학교에서 정해 주는 책 읽고 발표하고 쓰라는 것만 썼습니다. 초등학교 5, 6학년이 되어서는 문장구조 하나 제대로 안 배우고 자신의 글을 책으로 냈습니다. 물론 문법이 완벽하진 않았습니다. 하지만 글의 스타일은 철저히 이쪽 동네 버전이었습니다. "말하듯이 흘러가는 것!" 제 아이들이 초등학교 4학년 때는 월마트에서 파는 학년별 문법책을 한두 권 사서 공부하게 했는데 효과가 없어 집어치웠습니다. 하지만 결과적으로 제 아이들의 영어 실력은 이곳 태생의 아이들과 비교해 뒤떨어지지 않았습니다. 기존의 교육방식으로 죽어라 외우며 문법 공부하는 아이들하고 그저 자연스럽게 학교공부 따라가는 저의 집 애들하고 어떻게 실력 차이가 생기지 않는 걸까요? 제 아이들이 천재라서 그럴까요? 추호도 오해하지 마시길! 저의 중1 IQ는 108이었던 걸로 기억하고, 아내 역시 조금도 부모를 놀라게 해드리지 못했던 평범한 브레인의 소지자였습니다. 또한 저희는 자식들에게 사(私)자 들어가는 교육 한번 시켜본 적 없습니다. 고로 저희 아이들은 지극히 평범하다는 것! 그러면 제 아이들은 아비 닮아서 글 쓰는 재주를 타고났을까요? 천만에요!

세상의 모든 문법책이 물론 다 같은 것은 아닙니다. 내용에 따라 기초 문법도 있고 고급 문법도 있습니다. 목적에 따라 프레젠테이션을 위한 문법책도 있고, 에세이를 위한 문법책도 있고, 논문을 위한 문법책도 있을 수 있습니다. 기능에 따라 회화를 위한 문법책도 있고 라이팅을 위한 문법책도 있을 수 있습니다. 하지만 결국 문법은 다 같은 문법책입니다. 문제는 문법을 '어떻게 가르치느냐'에 달려 있습니다. 가르치는 방법에 따라서 문법이 글로 직접 표현될 수도 있고 머릿속에 갇힌 죽은 지식이 될 수도 있습니다.

문법을 위한 문법을 가르치면 '죽은 문법'이고, 라이팅을 위한 문법을 가르치면 '살아 있는 문법'입니다. 물론 문법은 영어로 의사소통하기 위한 기본원칙을 배우는 것이지만, 말하기보다는 라이팅에 더 비중을 두는 것이 현실입니다. 문법을 외우게 하고 시험 보면 도리어 죽은 문법이 되고, 문법을 글로 표현하게 하고 입으로 의견을 교환하게 하면 살아 있는 문법이 됩니다. 문법책을 가지고 문법을 가르치면 죽은 문법이고, 아이가 쓴 글을 가지고 가르치면 살아 있는 문법이 됩니다. 아이가 쓴 글을 한 번 채점하고 돌려주면 문법이 늘지 않고, 평가 후 다시 쓰게(rewrite) 하면 할수록 문법이 '저절로' 늡니다. 문장 하나하나를 고쳐주면 기계적인 문법이 되고, 더 깊게, 폭 넓게 사고하도록 조언을 해주면 어디서나 응용할 수 있는 다재다능한 문법이 됩니다. 문법을 많이 가르쳐주려고 하면 할수록 문법은 늘지 않고, 많이 쓰게 하면 할수록 문법은 늡니다.

문법을 배우는 이유는 올바른 소통하기 위함이다

문법을 위한 문법이 아니라 라이팅을 위한, 살아 있는 문법이 되기 위해서는 아이들의 생각과 상상력을 그들 스스로 글로 표현하도록 도와주고 그들이 쓴 글이 말이 안 돼도 받아주는 아량이 필요합니다. 자신이 쓴 글을 본인이 이해하도록 다시 설명해주고, 다시 쓰게 하며, 너무 많이 다시 쓰게 하면 아이가 물리니까 적당히 아이의 눈치를 봐서 다시 쓰게 하는 인내심도 필요합니다. 다양한 종류의 글을 창의적이고 다양한 방법으로 가르치며 글쓰기에 대한 흥미를 유도하는 것, 이게 라이팅을 위한 문법을 가르치는 기초입니다. 이런 과정에서 반드시 필요한 것은 문법을 가르치는 선생의 성실한 첨삭 지도/에디팅입니다. 첨삭의 기준은 단순히 고쳐주는 것이 아니라 아이가 생각하게 하고 다시 쓰게 하는 것입니다. 그런 면에서 첨삭자나 에디터는 일일이 아이의 문법이나 스펠링 실수를 고쳐주는 기계적인 수준을 넘어 도전적인 제안으로 아이 스스로 자신이 쓴 글에 대해 고민하고 다시 쓰도록 유도하는 게 좋습니다.

여기서 흔히 문법 선생들의 질적 차이가 납니다. 제대로 된 문법 선생은 학생이 아무리 나이가 어려도 함부로 그 아이의 글을 삭제, 가공하거나 제멋대로 편집하지 않습니다. 조심스럽게 자신의 의견을 밝힐 뿐입니다. 더 좋은 아이디어를 개진하는 것이기도 합니다. 결국 고치고 안 고치고는 학생의 고유 권한에 맡길 수밖에 없습니다. 이런 과정을 오랜 기간 반복하게 됩니다. 반면 아이에 대한 책임감이 부족한 문법 선생 혹은 성질 급한 학교 숙제 도우미는 자신이 다 써주고 학생에게 대필시킵니다. 학생이 생각하게 하지 않고 단박에 좋은 글이 나오도록 결정적인 단서를 제공하는 것이지요. 이것을 북미 용어로는 흔히 '표절(plagiarism)'이라 합니다. 표절에 관한 사건과 사고는 이 세상 어디서든 보편적입니다. 리포트 제출 시간 바로 전에 튜터가 전해주다가 적발되어 세간의 화제가 된 북미의 대학이 어디 한두 곳인가요? 대학 가서도 문법 선생이 필요하다? 당신의 자녀라고 안심할 수는 없습니다. 지금 어떻게 영어를, 영어 문법을 가르치고 있는가가 아이의 5년 뒤, 10년 뒤를 보장합니다.

외우게 하는 문법 공부는 가라

영어의 꽃, 영어의 진수인 라이팅은 문법을 암기한다고 더 늘지 않습니다. 그런데 쓰면 쓰는 만큼 늡니다. 많이 쓰면 더 늡니다. 더 많이 쓰면 더 늡니다. 저는 지금까지 10권 이상의 책을 출간했습니다. 1권은 미국에서 기업체 훈련용으로 영어로 쓰였고, 나머지는 모두 한국에서, 한국어로 나왔습니다. 20여 년 전 미국의 한 대학원에서 엄청나게 '쪽' 팔리지 않았다면 저는 영어로 된 수필 한 편 아직 못 냈을 것입니다. *(이 글을 편집하는 2021년 지금 저는 영어로 캐나다 교회 교인들을 위해 설교*

를 하게 되었습니다!) 글을 잘 쓰는 데에는, 그것이 학교의 에세이건 창작 소설이건 왕도가 없습니다. 많이 쓰고 많이 다듬는 데서 라이팅은 늡니다. 작가가 한 권의 책을 출간하기 위해 보통 여러 번, 많게는 수십 번 교정 절차를 밟습니다. 헤밍웨이는 『무기여 잘 있거라』를 39번 새로 썼고, 『노인과 바다』는 200번이나 고쳐 썼다고 하지요. 『샬롯의 거미줄』로 유명한 E. B. 화이트는 위대한 글쓰기는 존재하지 않고 단지 위대한 고쳐 쓰기만 존재할 뿐이라고 말했습니다.

참고로 한국의 작가들은 상대적으로 아주 쉽게 책을 내는 경우가 많습니다. 경영학의 대부 피터 드러커가 90세의 고령으로 타계하기 전 기자들이 자신의 수십 권의 책 중 어느 책이 가장 맘에 드냐고 물었을 때 그는 늘 "다음 책일 거요."라고 말했듯이 저 역시 다음 책을 위해 지금 책을 씁니다. 저의 책 중 추천해 달라는 독자를 만나면 가장 최근에 나온 책을 권합니다. 그 이전 것은 창피해서 권하기가 두려울 정도입니다.

지금 당장 아이에게 쥐어진 문법책을 내려놓게 하고 대신 펜을 들게 합시다. 아니면 컴퓨터 자판 앞에 앉혀 봅시다. 오늘 있었던 일, 사건과 이미지 등을 두서없이 써 내려가 보라고 권유해 봅시다. 엄마에게 하고 싶었던 말, 학교에 따지고 싶었던 말, 이 세상에 외치고 싶었던 말을 감추지 말고 주위의 사람들과 나눠보라고 권유합시다. 주위 사람들은 누구라도 좋습니다. 서로의 글에 대해 평가하고 격려해 주는 것은 문법 공부 이상의 훌륭한 문법 공부입니다. 그러면 문법에 치여 글을 못 쓰는 일은 없을 거고 글쓰기가 두려워 기죽지도 않을 것입니다.

글을 잘 쓰는 데에는 문법이 필요하지 않고 용기만 필요합니다. 그 용기는 언젠가 아름다운 추억으로 남을 것입니다. 집안 한구석 책장에 소중히 쌓아놓은 문법책이 도대체 몇 권인지 세어보십시오. 이런 문법책에게 공들인 과거—돈과 시간과 정성—를 곱씹으며 후회하십시오. 그리고 과감히 결별하십시오. 이런 익숙한 것들과의 획기적인 결별 없이 변화는 없습니다. 그런 다음 화석화된 영어 문법책에는 절대 눈길조차 주지 마십시오. "새 술은 새 부대에!"

18 이야기의 힘은 아이디어에서 나온다

우리는 우리가 아는 것(*what we know*)을 쓰지 않는다. 우리는 우리가 궁금해 하는 것(*what we wonder about*)에 대해 쓴다.
– 리차드 펙(*1934~2018*): 『시카고에서 온 메리 앨리스(*A Year Down Yonder*)』로 잘 알려진 미국의 뉴베리 메달 수상 작가

　2006년 봄 북미에서 처음으로, 그것도 캐나다 밴쿠버에서 '한인 후손들을 위한 영어 창의적 글쓰기 대회'를 개최했습니다. (그로부터 10년 뒤인 2017년에는 한국에서 처음으로 캐나다 한국 대사관과 서울시 공동으로 '영어 창의적 글쓰기 대회'를 주최하기도 했습니다.) 이 대회의 주최 기관인 캐나다 〈어린이를 위한 창의적 글쓰기 사회〉의 창립자로서 저는 책임을 지고 한 명이라도 더 많은 한국 청소년들이 대회에 참가하도록 동네의 도서관에서부터 신문과 라디오 방송까지 다양한 창구를 통해 홍보에 전력했습니다. 제 주위에는 자원해서 기관 일을 돕는 한국인 봉사자 임원들이 함께 있었습니다. 그 결과 남북으로는 화이트락에서 코퀴틀램, 동서로는 웨스트밴쿠버에서 에보츠포드에 이르기까지 밴쿠버 전역에 있는 Gr.2부터 Gr.12까지의 학생들이 갈고 닦은 문학 작품들을 제출했습니다. 참가자 분포뿐만 아니라 제출된 작품 수로도 과히 성공적인 대회였습니다.

　이제 몇 년 안 된 신생 비영리교육기관이 이런 대회를 주최한다는 것이 쉬운 일만은 아니었습니다. 어린이 작가부터 시인 그리고 출판인

에 이르기까지 폭넓은 심사위원을 구성하는 것과 한인 단체에 후원을 요청하는 것, 그리고 금전적으로 상금 마련부터 책을 만드는 과정에 이르기까지 녹록지 않은 비용을 충당하는 것 또한 넘어야 할 산이었습니다.

이런 대회이니만큼 공식적으로는 이 대회 주관자로서, 사적으로는 여느 학부모로 소위 '창의적 글쓰기'를 배우고 있는 저의 두 딸 역시 이 대회에 참가하도록 격려했습니다. 특히 지난 2년간 제 딸들이 글쓰기 워크샵을 통해 배운 것들을 공식적으로 평가받는 좋은 기회라 생각했습니다.

미래의 꿈나무 청소년 작가들이 비교적 충분한 여유를 갖고 5주 동안 작품을 준비하도록 제출기한을 3월 말 봄방학 이후 4월 중순까지로 정했습니다. 제 아이들에게도 봄방학을 이용해 쓰도록 당부했습니다. 당시 Gr.7(중1)인 큰딸 아이는 일주일을 고민, 고민하다가 결국 아이디어가 떠오르지 않는다며 포기 의사를 밝혔고(엄마가 매일 '상기시켜줬음'에도 불구하고), Gr.5(초5)인 둘째 딸 아이는 엄마의 반강제적인 권유에 못 이겨 두 시간 반 만에 2,000자의 스토리를 다 써갈겨버렸습니다. 아버지가 소위 저자요, 이 기관의 창립자이니 한 번쯤은 '검토'나 '조언'을 위해 자신의 스토리를 보여줬어야 했건만, 둘째 딸은 대회 원칙을 어기는 것이라며 바로 자신의 작품을 제출 박스에 넣어버렸습니다.

이번 대회의 원칙 1조는, **"제출되는 작품은 반드시 본인의 고유한 작품이어야 합니다. 어떤 아이디어나 단어 하나도 표절할 수 없습니**

다."였습니다. 과연 북미에서 교육받은 아이답게 막내는 원칙에 충실했습니다. 아버지에게도 보여주지 않았으니까요. 물론 이런 배경에는 자기 아버지를 잘 파악하고 있다는 '영리함'을 전제로 합니다. '아버지는 작가다. 글을 쓰고 가르치는 게 그의 직업이다. 그래서 어린이들을 위한 창의적 글쓰기 사회를 만들었다. 고로 나의 글을 읽으면 그는 반드시 자기 맘대로 고칠 것이다!'

막내는 드디어 작품 제출 박스에 자신의 스토리를 '휙' 하고 던져 넣음으로써 아버지와의 관계는 깨끗하게 정리됐으나 결과는 형편없었습니다. 1차 예선도 통과하지 못했습니다. 내용은 안 봐도 알 것 같습니다. 자기의 일상 이야기를 그저 '주저리주저리' 풀었을 것입니다. '반전(twist)'이나 '전조(foreshadow)'나 '갈등(conflict)'이 과연 있었을까요? 제 딸에 대한 심한 격하일까요?

여기까지가 이곳에서 태어나서 자라되 '창작지도'가 없는 아이들의 공통점입니다. 이들의 일상에 대한 묘사는 기가 막힙니다. 어려운 단어 하나 쓰지 않아도 내용 전달에 전혀 문제가 없습니다. 주니 비 존스(Junie B.J ones)나 베이비 시터스 클럽(The Baby-Sitters Club) 시리즈를 통해 영어로 수다 떠는 것에는 통달한 아이들입니다. 최소한 영어권에서 일정 기간 이상 살았다면 말입니다.

한 달 뒤 신문을 통해 다른 아이들이 수상한 결과에 온 몸을 부르르 떨며, 특히 자기가 포함된 2년 차 창의적 글쓰기 그룹의 친구들이 상을 휩쓸었다는 사실에 경악을 금치 못하며, 다신 창의적 글쓰기 워크샵에 참여하지 않겠다는 막내를 달래고 달래 수상자들과의 종이 한 장 차이에 대해 설명해 주었던 기억이 납니다.

글쓰기 수준은 그 글이 얼마나 '오리지날'인가에 있다

"너와 그 아이들의 차이는 아주 간단하다. **최초의 아이디어!** 너는 누구나 알고 있는 일상적인 해프닝을 반복했고, 다른 수상자들은 기존의 이야기들에 상상력의 옷을 입히고 일관성으로 치장했단다. 코끼리가 발톱을 깎고, 아이스크림 나무가 등장하고, 라마가 눈물을 흘리고, 서커스의 광대가 집에 나타나는 등 기발한 아이디어로 이야기를 전개했지!"

제 큰 아이는 하늘만 쳐다보면 기가 막힌 아이디어가 '짠' 하고 하늘에서 떨어지는 줄 착각하다가 한 문장도 못 쓰고 끝난 경우이고, 둘째는 큰 고민 없이 컴퓨터 자판만 쳐 대다 형편없는 점수를 받고 끝난 경우입니다. 즉, 둘 다 라이팅을 너무 쉽게 생각했다는 것입니다.

글을 쓰려면 우선 아이디어를 발굴하고, 그 아이디어를 어떻게 구성할 건가를 계획하고, 이어 인물들의 갈등과 해결 부분을 삽입하고, 도입과 마무리를 다듬고 맨 마지막에 제목을 고민해서 붙임으로 초고를 완성하게 됩니다. 이후 초고를 반복해 읽으면서 부족한 부분들은 리서치와 수정 작업을 통해 보완해 나가지요. 작가라면 초고 이후 질릴 정도의 수정 보완 절차를 밟습니다.

창작의 과정은 보통 '아이디어의 발굴'에서부터 시작됩니다. 창작의 결과나 평가도 결국 '어떤 아이디어를 발전시켰는가'에 달려 있습니다. 창작은 아이디어 싸움인 셈입니다. 잘 쓰고 못 쓰고는 한참 나중 이야기입니다. 즉 창의성이 문제라는 이야기이지요. 당시에 출품된 작품들을 기본적으로 100점 만점에 일곱 가지 척도로 다면평가를 했지만, 뭐니 뭐니 해도 '원래의 아이디어'만큼 강력한 평가 기준은 없었습니다.

수상되지 않은 아이들의 작품 중에는 문법적으로 완벽한 글도 많았고 수상작들보다 더 세련된 글도 많았습니다. 단 한 가지 이런 글에서의 섭섭함은 창의적 글쓰기의 근간인 '아이디어가 신선하지 못했다'라는 것입니다. 이야기의 힘은 **본연의 아이디어**(*originality*)에서 나옵니다. 아이디어는 상상과 창의의 결과입니다. 누가 가르친다고 되는 것이 아닙니다. '창의적인 사고'의 노하우를 전수 받는다고 자신의 아이디어가 발전되지는 않습니다. 대회 결과 발표 후 심사위원들이 일일이 적어 보낸 개인별 피드백 편지를 받아보고 자신의 습작 실력에 실망한 아이들이 반드시 있었을 것입니다. 별것도 아닌 것처럼 보이는 다른 아이들이 수상한 작품에 대해 마음 상한 아이들도 있었을 것입니다. 그런 과정을 아이와 같이 나눴던 부모 역시 마음이 편치 않았을 것입니다.

이런 아이와 부모들에게 제 막내에게 들려줬던 마지막 이야기를 다시 들려주고 싶습니다. "1등과 너의 차이는 아주 가까운 곳에 있었거든. 그건 바로, 좋은 글은 참신한 아이디어에서 시작해. 참신한 아이디어는 강제되고 억압되지 않은 자유로운 분위기에서 나와. 너무 정답에 얽매이지 마! 너무 논리적일 필요도 없어! 규칙이 전부는 아니야! 늘 '왜'라고 자문해 봐! 잘 놀아(가끔은 신발도 벗고 걸어)! 자주 웃고. 그것은 나와 상관이 없거나 관심이 없다고 내팽개치지 마! 어떤 문제에 대해 한 가지 이상으로 해석해 봐! 바보 같은 짓도 해! 실수는 나쁜 것이라고 생각하지 마! 마지막으로 '나는 아이디어가 없다'라고 함부로 단정 짓지 마!"

이듬해 제 막내는 다시 그 대회에 작품을 출품해 당당히 수상하는 영예를 얻었습니다. 누구나 아이디어를 가지고 태어났습니다. 문제는 이 아이디어를 끄집어내서 사용할 줄 아는가 모르는가에 달려 있습니다. 이런 작업은 어릴 때 시작할수록 유리하고, 하면 할수록 더욱 발전하게 됩니다. 아이디어는 '바깥 저기(out there)'에 있는 게 아니라 바로 아이의 '내면에(within),' 우리 마음 저편에 숨어있기 때문입니다.

라이팅을 위한 아이디어 찾기

라이팅을 위한 아이디어는 어디에나 있습니다. 단, 주위 사물과 사람에 대한 관심과 호기심이 부족할 뿐입니다. 20세기 미국의 최고 작가로 손꼽히는 수전 손택은 '작가란 모든 것에 관심을 갖는 사람'이라고 말했습니다. 아래의 지침들이 좋은 아이디어를 찾는 데 도움이 되기를 바랍니다.

개인적인 경험: 당신이 경험하는 모든 것들이 라이팅의 대상이 될 수 있습니다. 매일매일 크고 작은 사건들이 일어납니다. 일상을 간과하지 말고 세심하게 관찰해보면 아주 사소한 생각이라도 엄청난 사건으로 발전시킬 수 있습니다.

특별한 관심: 당신이 특별히 관심 두는 것이라면 무엇이든 파고들 필요가 있습니다. 개미나 박쥐를 관찰해 훌륭한 책으로 낸 작가들도 있지 않습니까? 다만 한 번에 여러 가지에 관심을 두면 자칫 산만해지기 쉬우니 한 번에 하나씩, 특별한 대상이나 사물이나 동물이나 스포츠를 정해 집중해 보는 것도 좋습니다. 그리고 특정 분야에 대한 책을 보고 직접 참가하는 등 다양하고 직접적인 활동을 통해 관심의 정도가 깊어지게 합니다. 이제 당신에게 남은 것은 단 하나! 쓰기만 하면 되는 것입니다.

관찰: 주위에서 들리는 사건들에 대해 늘 주의 깊게 관찰하는 습관을

들이십시오. 그리고 질문하십시오. 관찰 없이 아이디어는 생기지 않습니다. 작가들이 아이디어 하나를 얻자고 투자하는 시간과 노력을 보십시오. 여행하고 사람을 만나고 활동에 참여하는 모든 것들이 하나의 아이디어를 발굴해내기 위함입니다.

관계: 어떤 현상이 어떻게 연속되는지, 한 사건이나 한 현상만 보는 게 아니라 전체의 관계를 살펴보는 게 필요합니다. 일례로 '지구온난화(Global Warming)' 현상이 환경에 어떤 영향을 미치는지 전체적인 시각에서 볼 필요가 있습니다. 즉 시야를 넓히는 작업이 필요하다는 말입니다. 침팬지 연구의 대가인 제인 구달이 이제는 지구 온난화 문제의 주창자가 된 것 같이 말입니다.

안목이나 관점: 늘 새로운 안목을 갖도록 노력해야 합니다. 고정되고 편향된 시각은 아이디어를 죽입니다. 다양한 독서와 폭넓은 학습을 통해 자신만의 안목을 갖는 것, 특유의 아이디어를 발굴하는 것은 작가의 필수 역량입니다.

질문하기: 늘 'What if(만약)'라고 질문해 보십시오. '이렇게 된다면 어떻게 될까?' 상상력이 아이디어의 원천입니다. 상상하는 데 돈 들지 않습니다. 무한 지경으로 상상하십시오. 그리고 어느 때가 되면 그 상상을 하나씩 현실로 둔갑시키십시오. 잊지 마십시오. 우리는 모두 상상하는 인간 '호모 이마기난스(Homo Imaginans)'입니다. ✎

19 폭력과의 전쟁

인간의 사회는 폭력과 위선과 이기주의를 기초로 하고 있다.
- 블레즈 파스칼(1623~1662): 프랑스의 심리학자, 수학자, 과학자(물리학자), 발명가, 작가, 철학자

간만에 인터넷 영화 사이트에서 한국영화 한 편을 다운로드 받아 봤습니다: '싸움의 기술.' 치고받고 싸우는 것이 재미있어 한 편을 더 받았습니다. 이번엔 '두사부일체 2.' 이런 영화를 본 날 밤은 길었습니다. 저는 영화 속의 주인공이 되어 소위 '정의'를 구현한답시고 주먹계의 넘버원이 되는 꿈을 꾼 것입니다. 평생 싸움 한번 못해본 제가 꿈에서는 최고의 격투사가 되어 하늘을 쌩쌩 날았습니다. 싸움의 명수가 되기 위해 양다리를 찢으면서까지 연습하고, 실전에서 이기기 위해 닥치는 대로 찍고 차고 베고 물었습니다. 꿈의 마지막 장면에는 살려달라고 애원하는 조폭 두목을 땅에 묻기까지 했습니다. 이 장면에서 꿈이 끝났으면 '정의의 승리'라는 명목으로 해피엔딩이었겠지만, '피는 피로 갚아지는 법,' 결국 저는 상대방의 복수를 피해 도망 다니다 영화 '친구'의 한 장면과 같이 길가에서 한 조폭의 칼에 맞아 비명횡사하는 비극적인 결말로 꿈을 설치게 됐습니다. 온몸에는 땀이 흥건했습니다.

아침에 아내가, "아니, 영화 한 편 봤다고 꿈까지 꿔요? 악몽을? 그러려면 아예 보지 말아요!"라고 쓴소리를 합니다. '내가 너무 소심한

탓일까?'

　아이들의 때 묻지 않은 이야기들은 아이들과 화성만큼 먼 거리에 있
는 우리 어른들에게 이들만의 세계로 들어가는 통로 역할을 합니다.
　이 아이가 현재 가장 좋아하는 것은? 이 아이의 현재 가정 분위기
는? 이 아이가 보는 학교에 대한 인상은? 아이를 둘러싼 모든 환경적
인 요소들이 아이의 이야기나 글에서 고스란히 드러납니다. 이게 스토
리텔링의 위력입니다.

　예를 들어, 과학에 심취해 있는 어떤 아이는 공룡의 이야기를 학명
까지 사용해서 자세하게 묘사하고, 어떤 아이는 같은 반 아이와 싸웠
던 걸 주제로 쓰면서 화를 삭이고, 어떤 아이는 옆집에 이사 온 한국
남자아이와의 풋풋한 사랑에 대해 제삼자의 입장을 가장해서 쓰고, 어
떤 아이는 언젠가 우연히 얻어먹었던 미국 벤 앤 제리(Ben and Jerry's)
회사의 오리지널 아이스크림 '체리 가르시아'에 감동해 온 세상을 아
이스크림 나무로 바꿔버리는 이야기를 만들어내기도 합니다. 초등학
생보다 나이가 좀 더 든 한 조숙한 고등학생은 직접 경험한 문화적인
충격을 '소수자(minority)'의 입장에서 쓰고, 다른 아이는 읽기에도 섬뜩
한 공포(horror)소설을 윌리엄 골딩의 『파리대왕』에서 감명받아 재창조
해내기도 합니다.

아이들의 글쓰기에도 폭력이 난무한다

이곳 북미 그것도 환경이 좋아 최고로 살기 좋다는 밴쿠버에서 자라

는 아이들이 모두 순수하고 감수성이 풍부하고 창의적인 이야기만 쓴다면 얼마나 좋을까만은 불행히도 그렇지 않습니다. 꽤 많은 아이들, 특히 남자아이들이 초등학생이든 중고등학생이든 나이를 불문하고 '폭력(violence)'을 주제로 글을 씁니다. 이들이 이야기에서 묘사하는 폭력의 수준이란, 제가 꿈에서 경험한 '치고받고 죽고 죽이고'의 일색입니다. 물에 빠져 죽고, 목메서 죽고, 불에 타서 죽고, 급기야 저승에 가서 혀를 뽑히는 형벌을 받기도 합니다. 이런 폭력적인 장면들은 정작 작가인 아이들 자신이 말하고자 하는 스토리의 구성과는 전혀 무관합니다. 없어도 될 폭력적인 이야기들을 자기들 딴에는 재미있으라고 가미/가공하고 있는 것입니다.

혹 글쓰기에 좀 더 노련한 아이라면 단순한 물리적 폭력의 묘사 수준을 넘어 북미 특유의 소재인 마약과 알코올을 등장시켜 갈등을 심화시킵니다. 물론 여기에는 정의의 사도 경찰과 갱단의 한 판이 기대되기도 합니다. 많이 봤던 미국 블록버스터 영화 장면들이 글로 모방되는 것입니다. 대충 이런 범주를 넘지 못하는 폭력을 주제로 삼은 글들을 우리 아이들이 '많이', '자주' 씁니다. 한 마디로 결과가 '뻔한' 이런 글들을, 미래의 주역인 우리 자녀들이 본연의 고유한 상상력과 창의력을 누군가에게, 어딘가에 저당 잡히고, 시간과 정성과 노력을 들여 최고의 폭력물(?)이랍시고 쓰고 있는 것입니다. 특히 손바닥만 한 컴퓨터 게임기, 집 거실에 있는 초대형 HDTV에 연결된 플레이 스테이션 그리고 인터넷으로 오가는 숱한 웹툰과 전쟁 게임에 푹 빠져 있는 아이들이라면 더더욱 소재는 위의 것 중 어느 하나로 국한될 확률이 아주 높습니다. 이런 문제들은 이제 이 세상 어디에 가나 보편적인 현상이 되었습니다. 우리는 폭력이 편만한 세상에서 살고 있는 것 아닌가요? 하물며 우리 아이들은? 이것도 문화의 한 단면으로 보고 자연스럽게 받아들여야 할까요?

눈에 두드러지게 컴퓨터나 게임에 빠지는 아이들 외에도, 학교에서 착실하고 부모님 말씀 잘 듣고 아무런 문제없는 아이들 역시 생뚱맞게 이런 종류의 글들을 쓰는 경우가 있습니다. 이들의 문제는 '문제가 없는 게' 문제입니다. 한참 응석을 부리고 말썽을 피울, 낯선 문화와 제도에 충격을 받고 방황할 나이의 아이들에게, 겉으로 드러나는 문제가 없다고 단순히 '착하다'라는 꼬리표를 붙이고 안심하기는 이릅니다. 표현이 안된다고 문제가 없는 것은 아닙니다. 이때가 오히려 문제가 자라나는 잠복기일 수도 있으니 아이들과 좀 더 긴밀한 관계를 통해 그들의 '진짜' 문제를 파악하고 그들이 스스로 극복할 수 있는 안전한 교육환경을 제공해주는데 최선을 다해야 합니다.

창작의 세계라고 모든 폭력이 다 용인되는 것은 아니다

특히 엄부시하의 내성적인 아이나 지독히 종교적인 가정의 아이라면 이런 경향을 보이기 쉬우니 자유로운 환경조성에 더욱 신경을 써야 합니다. 그래도 감사하고 다행인 것은 이런 아이들이 글쓰기를 통해 내면의 폭력성을 '표출'한다는 것입니다. 일부 한국의 학부모들은 자녀들의 글이 '폭력적이다'라는 피드백을 학교나 우리 기관을 통해서 받고는 염려하기보다 도리어 불쾌하게 여기는 경우가 있는데, 이는 단순히 감정적으로 처리할 사항이 아니고 아이들의 글과 정서가 좀 더 바람직한 방향으로 가닥을 잡도록 돕는 긍정적인 기회로 삼아야 합니다. 표현되고 평가되고 있다는 자체가 희망적인 것 아닌가요?

그렇다면 이젠 '폭력물은 나쁜가', '어린 시절에 폭력을 주제로 쓰면 안 되는가'라는 질문으로 발전해 봅시다. 단적으로 잘라 말하기가 쉽지는 않습니다. 아침에 집으로 배달되는 캐나다 밴쿠버 선(The Vancouver Sun) 신문의 1면 머리기사부터 시작해서 시중의 소설과 영화와 TV 드라마 심지어 우리의 인생살이에 이르기까지 폭력 없는 일상은 있을 수 없습니다. 실질적인 폭력을 구사하지는 않더라도 폭력적인 환경에서 자유로운 사람은 없다는 말씀입니다. 언어폭력도 폭력이고 하다못해 지위를 남용하는 것도 폭력이니 말입니다. **문제는 폭력의 허용 정도이지요.**

캐나다 작가들과 아이들의 글을 검토하면서 가장 심도 있게 고민하는 부분이 '선을, 바운더리를 넘었는가'입니다. 자칫 부정적인 피드백을 하면 아이의 글쓰기 의욕을 상실시킬 수 있고, '글의 상태와는 무관하게' 긍정적인 피드백만 하면 아이의 현 정서 상태를 방관하는 무책임한 교육자로 전락하기 때문입니다. 사실 허용해야 할 폭력성의 기준은 글 속에 등장하는 싸움의 여부나 횟수 그리고 잔혹함의 정도와는 '어느 정도' 무관할 수 있습니다. 이런 내용이 잘 발전하면 호러물도 되니 말입니다. 심지어 유머/코믹물도 폭력을 주제로 할 수 있습니다. **문제는 아이들이 쓰지 않아도 될 폭력을 마구 남용한다는 것입니다.** 이러는 이유는 앞서 말씀드린 것과 같이 폭력이 진부해진 현실의 반영일 수도 있고 이래야만 독자의 관심을 끌 수 있다고 착각하는 것이며

(유행), 이런 결과는 독자의 상상력과 창의력을 자극하는 것이 아니라 독자의 감정을 '우울하고 메스껍고 심지어 지저분하게' 만든다는 것입니다. 이럴 때 우리 작가들은 "당신 자녀의 글이 폭력적입니다/폭력적인 내용을 포함하고 있습니다."라고 마지못해 해당 부모님에게 피드백하게 됩니다. **글을 쓰는 행위는 개인적 행위니까 남들과 상관없지 않으냐**(남들이 어떻게 생각하든 안 하든)**고 반문할 수 있지만, 다른 한편으로는 '사회적 책임'을 배우는 것이기도 합니다.** 내 글을 읽는 독자가 있다는 자체가 글 쓰는 행위는 사회적인 행위임을 말해 줍니다. 이런 경우 사회에 대한 책임감/건전성이 따른다는 것을 잊어선 안 됩니다. 글을 열심히 썼는데 결국 반사회적인 인간이 되었다면 이는 글쓰기를 통해 정신이 정화된 것이 아니라 도리어 부패한 것입니다. '창의'라고 해서 모든 것이 허용되는 것은 아닙니다. 아니 그래선 안 됩니다, 특히 어린 시절에는.

창작하는 아이도 건전한 시민의식이 필요하다

글을 가르치기에 앞서 우리 작가들은 아이들을 직접 만납니다. 글쓰기 워크샵을 통해서, 캠프를 통해서, 창의적 글쓰기 대회를 통해서, 혹은 페이스북을 통해서 개인적으로 아이들을 만납니다. 아이들은 어른과 같지 않아서 '선입관'도 없고 '편견'이나 '가정'도 덜합니다. 그야말로 순수하고 자유로운 영혼들이지요. 이들은 감수성이 풍부해 사물과 환경과 사람에 대한 흡수력이 좋습니다. 이런 시기에 아이의 기를 살린다는 미명으로 '경계 없는 글'을 쓰도록 허용해선 안 됩니다. 최소한의 원칙과 구속 안에서 최대한의 자유와 창조를 해 나갈 때 사회적 균형이 잡히듯 어린 시절에 글을 쓰는 것도 사회적인 수용력과 윤리의 건전성 범위 안에서 지도해야 합니다. 천재성도 발을 땅에 붙이고 있을 때 세상에 쓸모 있게 발전할 수 있습니다. 사건 해결을 폭력 수단에 의지하고, 주제와는 상관없는 폭력 묘사를 지나치게 가미하고, 읽고 나면 독자의 감정을 우울하게 만드는 이런 글들을 창의적인 글쓰기라는 미명으로 마음 놓고 허용하면 안 됩니다. 폭력이 폭력을 낳듯이, 한 번 폭력적인 글의 맛을 보면 폭력적 분출의 통쾌함에 젖게 되고, 그보다 더욱 재미있고 진지하고 즐거운 상상력의 세계로, 비폭력적인 세상으로 들어가길 주저하게 됩니다.

아이들의 학교성적보다 그들의 세계와 미래에 관심이 더 많은 학부모는 아이들이 잠잘 때 아이들의 자작 노트를 조용히 펼쳐봅니다. 컴퓨터에 저장된 글도 조심스레 읽어 봅니다. 페이스북의 메시지도 훑어봅니다. 침대 밑에 숨겨놓은 아이의 다이어리도 가끔 훔쳐보면 안 되나요? 가끔은 아이가 싫어하는, 아이들의 것을 훔쳐보는 비윤리적인(?) 하지만 지혜로운 부모가 됩시다. 아이팟과 플레이스테이션과 스타크래프트를 손쉽게 구할 수 있는 이 세상 어딘가에 여러분이 사신다면, 그 어느 순진한 아이도 '폭력적인 글'과 '폭력적인 세계관'으로부터 자유롭지 않다는 사실을 명심하십시오. 제가 어제 본 폭력영화에서 벗어날 수 없었던 것처럼 말입니다. 여러분은 지금 "당신의 자녀가 폭력적으로 되어가고 있습니다!"라는 미래의 경고를 아무 대책 없이 기다리고만 계신 것은 아니겠지요?

20 모든 이야기는 재창조(Recreation)다

책들은 쓰이지 않았다. 그것들은 다시 쓰인(rewritten) 것이다. 지금 당신이 가지고 있는 그 어느 책이든 그렇다. 작가로서 일곱 번을 다시 썼는데도 다시 써야 한다는 주문을 받는 것은 가장 힘든 일 중의 하나다.
– 마이클 크라이튼(1942~2008): 『쥐라기 공원』의 저자이자 영화제작자

『어느 마을에 코끼리들이 살고 있었다. 이 코끼리들은 한 달에 한 번 발톱 검사를 받게 되어 있다. 발톱 검사에서 불합격하면 벌을 받게 되는데, 아주 고통스럽다. 검사 날, 모든 코끼리가 무서워 벌벌 떨고 있다. 검사관이 발톱 손질을 잘못한 코끼리들을 불러 세운 뒤 발톱 손질을 시작한다. 잘려나간 코끼리 발톱들이 통통 튄다. 그중 한두 발톱이 코끼리 코를 통해 뱃속으로 들어가 온 내장을 다 두드린다. 코끼리는 간지러워 하늘로 붕붕 뜬다......』

『전쟁이 끝나갈 무렵 폐허가 된 동네에 어느 패잔병이 터벅터벅 걸어 들어온다. 눈동자는 중심을 잃고 어깨는 축 처져 있다. 철모에서부터 군화에 이르기까지 그 어디에도 지치지 않은 구석이 없다. 어깨에 걸린 장총은 방향을 잃었다. 온 동네는 화염으로 인해 회색빛이다. 아무도 살아 있을 것 같지 않다. 군인은 무작정 걷고 또 걷는다. 휴식만이 필요하다. 갑자기 어린아이 하나가 나타난다. 칙칙한 얼굴에 머리에는 양철 모자, 손에는 녹슨 군인용 칼 하나. 둘은 서로 간단한 대화를 주고받는다. 아무도 없는 전쟁 폐허에 서로 의지할 두 사람이 되어가는 것 같다. 밤이 되고

둘은 폐건물에 들어가 잠을 청한다. 군인은 갑자기 자신의 목에 칼이 들어오는 것을 감지한다. 하지만 이미 늦었다. 칼은 두서너 번 군인의 목을 더 쑤신다. 소년은 그 군인의 시체를 질질 끌고 가 태운 뒤 소지품과 먹을 것을 챙긴다. 그 뒤 아무렇지도 않다는 듯 양철 모자를 다시 쓰고는 다음에 올 군인을 기다린다......」

위 두 이야기는 2006년 밴쿠버에서 처음 실행한 '한인 후손을 위한 영어 창의적 글쓰기 대회'에서 1등을 한 수상작들로 첫 번째는 초등학교 그룹 데니스 홍(Gr.5, 서리 지역), 두 번째는 중고등학교 그룹의 제인 유(Gr.11, 노스밴쿠버 지역)가 쓴 작품 중 일부를 번역한 것입니다. 세월이 흘러 이 글을 쓰고 있는 2021년 현재 이 대회에서 1등 한 어린 소년 데니스는 캐나다 최고의 공대인 워털루 대학을 졸업한 후 사회인이 되었습니다. 데니스는 창의적 글쓰기가 어떻게 자신에게 자신감을 주었는지 이제는 남들 앞에서 프레젠테이션을 할 수 있을 정도로 자신감 있는 청년으로 성장했습니다. 이 청년의 미래가 궁금해집니다. 공대생은 창작/작가의 삶 하고는 상관이 없다는 사회적인 편견을 이 청년이 깨 주기를 희망해 봅니다. (나를 봐, 데니스! 나는 대학에서 화공과를 나왔고, 다 커서 인문학을 공부했고, 가장 최근에는 신학까지 했고, 결국에는 작가가 되지 않았는가?)

위의 두 이야기가 당시 뽑힌 이유는 기본에 충실해서였습니다. 우선 기술적으로 두 이야기 모두 아주 구체적으로 묘사(description)되어 있습니다. '코끼리 이야기' 묘사의 진수는 발톱이 코끼리의 몸 안에 들어가서 괴롭히는 장면입니다. 이 이야기를 읽노라면 제가 마치 간지러워

못살 지경이 됩니다. 두 번째 '군인과 전쟁터 소년' 이야기는 전쟁으로 폐허가 된 마을과 비인격화된 아이에 대한 음울한 묘사를 통해 인간성의 상실을 표현했습니다. 글의 스타일은 다르나 이 두 이야기 모두 독자들을 생생한 현장으로 함입(陷入)시켰습니다. 글쓰기의 진수인 '반전(twist)'과 '절정(climax)'과 '클리프행어(cliff-hanger: 글의 결론을 내지 않고 끊내며 긴장을 고조시키는 문학적 기제)'의 묘미가 살아 있습니다. 독자들의 논리적 전개와 상상을 뒤집지 않는 뻔한 이야기는 이야기가 아닙니다. 여러모로 균형이 잘 잡힌 작품들이었습니다.

모든 창작은 모방과 재창작의 과정을 거친다

하지만 아이디어 면에서 이들의 이야기는 그다지 새롭지 않을 수도 있습니다. 어디선가 한 번쯤은 봤던 영화나 만화 같은 이야기지만 그렇다고 신선함을 포기할 수는 없습니다. 데니스의 이야기와 관련해서는, 동물 탐구에 취미가 있는 학생이라면 이미 한두 권의 잡지를 통해 코끼리 발톱 손질하는 광경을 접했을 것이고, 두 번째 제인의 이야기는 귄터 그라스가 쓴 『양철북』의 칙칙한 이미지를 연상케 합니다.

세상의 어느 이야기도 완전히 새롭지는 않습니다. 오늘날 인간의 생각과 지식과 경험이 과거의 역사에서 유리될 수 없다는 것이 문화를 연구하고 가르치는 교육자로서의 저의 소신입니다. 한국에서 최근 소개되어 각광 받은 베르베르의 『빠삐용』역시 이전의 수많은 공상우주 과학 영화와 동떨어져 있지 않으며, 성경의 내용을 차용하여 작가의 상상력으로 재가공한 것입니다. 저 역시 저자의 관점에서 늘 새로운 관점과 새로운 용어의 창출에 민감하나 그 어느 것도 과거의 '역사'에서 100% 자유롭지 못하다는 사실을 겸손하게 받아들이고 있습니다. 성경에서도 "하늘 아래 새것은 없다."고 하지 않았습니까? 이렇게 역사가 반복되듯이 저는 단지 관점을 '재'창조하고 있을 뿐입니다. 이전 세상의 역사 중 일부를 수용하거나 차용해서 재가공하고 있고, 저의 삶과 저의 미래를 시대에 맞게 재해석/재창조하고 있습니다. 예전 이어령 씨가 『생각의 탄생』을 통해 주장한 원융회통(圓融會通)이니 문화적 퓨전이니 하는 것도 '상호연관'이나 '융합'을 통한 '재창조'의 맥락과 무관하지 않습니다.

인간의 위대함은 완전한 무에서 유를 창조하는 데에만 있지 않습니다. 이건 조물주의 몫입니다. 인간의 몫은 기존에 있는 것을 더 좋게 하는 재창조에 있습니다. 나무가 목재가 되고 종이가 되고 마침내 책이 되는 그런 재창조의 덕택에 우리는 훌륭한 사람들의 삶과 사상을 전철 속에서 30분 만에 섭렵하는 간편함을 맛보는 것 아닙니까? 랄프 왈도 에머슨이 "죽기 전에 이 세상을 조금이라도 더 좋은 세상으로 만들다 가라."고 조언한 것과 재창조하는 우리들의 지혜는 분리되어 있지 않습니다.

글을 쓰는 것도 마찬가지입니다. 그 어느 글도 과거에서 새롭지 않습니다. 한국의 박경리의 『토지』, 최인훈의 『광장』부터 영국의 C.S. 루이스의 『나니아 연대기』와 댄 브라운의 『다빈치코드』 그리고 미국의 티모시 잰의 『스타워스』와 스티븐 킹의 『미저리』에 이르기까지, 장르로는 공상과학 소설부터 공포물과 판타지에서 역사소설에 이르기까지 그 어느 작품도 순전한 창조는 아닙니다. 이들의 작품은 과거 그 누군가의 아이디어로부터, 과거 그 누군가의 표현양식으로부터 정신적 영감을 얻어 재창조한 것들입니다.

미국 작가 조나단 레섬(Jonathan Lethem)은 "사람들이 흔히 오리지널이라고 부르는 것들의 십 중 팔구는 그 출처를 모르는 것들이다."라고 말했습니다. 『좁은 문』으로 알려진 프랑스 작가 앙드레 지드(Andre Gide)는, "말해질 필요가 있는 모든 것은 이미 말해진 것들이다."라고 말했구요. 그러면서, "그러나 누구도 듣지 않았기 때문에 모든 것은 다시 말해져야 한다."고 했습니다. 20세기 미국의 극작가인 윌리엄 잉게(William Ralph Inge)는, "무엇이 오리지널이냐"는 물음에 "단지 감지되지 않은 표절(undetected plagiarism)"이라고 말했습니다. 이 책의 첫 장 '그대, 창의를 아는가'에서 언급된 미국의 젊은 작가이자 아티스트인 오스틴 클레온은 자신의 책 『아티스트처럼 훔쳐라(Steal Like An Artist)』에서 모든 아티스트들은 "어디서 그런 아이디어를 얻느냐"는 질문을 종종 받는다고 말합니다. 가장 정직한 아티스트들은 "죄다 훔칩니다."라고 말한다는 것입니다. 그러면 아티스트에게 세상을 어떻게 보느냐고 묻는다면 그들은 한결같이 "첫 번째, 무엇이 훔칠 가치가 있는가를 고민하고, 다음으로 넘어간다."고 말한다는 것입니다.

모두(冒頭)의 두 청소년 작가 역시 어딘가에서 아이디어를 얻었을 것이고(훔쳤을 것이고), 가족과 그 아이디어에 대해 수군거렸을 것이고(혹 내성적인 아이라면 마음속에서만 상상의 나래를 펼쳤을 테지만), 가장 친한 친구 한두 명에게쯤은 자신이 재창조할 인물과 배경에 대해 낄낄거리며 털어놓았을 것입니다. 나름대로 그 어떤 과정을 거쳐 '아무것도 아닐' 그 아이디어를 자신만의 스타일로 재창조하는 데 이들은 성공한 것이지요. 그리고 다른 사람들에게 재창조의 독특함과 가공된 신선함을 제공했습니다.

글 쓰는 걸 두려워하는 어린이들의 한결같은 공통점이 "나는 태어날 때부터 글 쓰는 데 소질이 없었다."는 등 조상 탓을 하거나, "글을 쓰려고 해도 아이디어가 떠오르지 않는다."는 등 자신의 환경 탓을 하거나 "잘못 쓰면 친구들한테 왕따 당할지도 모른다."는 등 주변 친구들 탓을 하며 아예 글쓰기를 시도조차 하지 않는 것입니다. 이들은 글을 쓰기 위해서는 꼭 번뜩이는 아이디어가 필요하든지 아니면 기가 막힌 문장들을 풀어낼 수 있는 영어 실력이 뒷받침되어야 한다는 거짓 신화를 신봉합니다. 가장 훌륭한 이야기 소재가 어젯밤에 읽은 30페이지짜리 동화책 속에 있다는 것을 이들은 모릅니다. 가장 훌륭한 유머가 앞집 아홉 살짜리 꼬마가 옆집 다섯 살짜리 꼬마에게 자신의 인생 한탄을 하는 데 있다는 것을 이들은 모릅니다. 가장 훌륭한 판타지가 어린 시절 할머니가 들려주셨던 그 으스스하고 칙칙한 '도깨비 이야기'에 있다는 것을 이들은 아직 모릅니다.

창의적인 글을 쓰는 데에는 '본연의 아이디어'만 필요하지는 않습니다. 설령 어디서 아이디어를 가져왔다 해도 크게 문제가 되지 않을 수도 있습니다(문제는 어떻게 재가공했느냐, 아닙니까?). 물론 자신의 글에서 종교적인 문제를 건드려 이슬람의 공분(公憤)을 산 영국의 살만 루슈디도 있습니다. 하지만 우리는 지금 아이들의 이야기를 하고 있습니다.

이 세상의 그 어떤 아이디어도 스스로 창조적이고 독립적인 것은 없습니다. 창의적인 글은 세상 사람들이 간과하는 아무렇지도 않은 일상에서 나옵니다. 아무렇지도 않은 일상에서 차이를 발견해 내는 능력을 '세렌디피티(serendipity)'라고 합니다. 이 역시 이어령 씨는 우연이나 실수를 통한 창조성이라고 했습니다. 에디슨, 아인슈타인, 퀴리, 셰익스피어, 피카소의 창조물들이 처음부터 위대한 생각과 훌륭한 환경에서 시작되지는 않았습니다. 이들은 일상적인 데에서 비일상적인 재창조를 이뤄냈습니다.

창조적인 사람과 비창조적인 사람의 차이는 전자는 스스로 창조적이라고 생각하고 후자는 스스로 창조적이라고 생각하지 않는 것뿐입니다. 글을 창의적으로 잘 쓰고 못 쓰고도 본인이 어떻게, 어디서부터 생각하느냐에 달려 있습니다.

"이 세상이 온통 나의 글 소재다. 어느 것도 못 쓸 게 없다. 나만의 생각으로 나만의 스타일로 쓴다, 누가 뭐라든 간에!"라고 외칠 수 있는 '뻔뻔함(audacity)'만 있으면 됩니다. 이 뻔뻔함을 세상 사람들은 '객기'라 치부할지 몰라도 저는 '용기(courage)'로 미화할 것입니다. 당장 옆에 있는 종이와 펜을 집어 들고 멋대로 써 내려가는 '무모함(reckless-ness)'만 있으면 재창조의 세계는 열립니다. 그러는 사이 본인도 모르게 새로운 인간으로 변화되는 기적을 체험하게 될 것입니다.

재창조적 글쓰기의 예: 소설 형식의 단편

앞서 소개한 캐나다 초등학교 5학년 데니스 홍의 단편 〈골칫거리 발톱(Menacing Toenails)〉의 전문을 소개합니다. 이 이야기는 2006년 밴쿠버에서 실시한 제1회 영어 창의적 글쓰기 대회 13살 이하 그룹에서 1등한 작품입니다. '어린이를 위한 창의적 글쓰기 워크샵' 중에 제시된 코끼리 사진을 보자마자 아이디어가 떠올라 거침없이 바로 써 내려갔다는 데니스 홍의 수상소감에서 보듯, 그의 경계 없는 상상력과 제한받지 않는 자유로움 그리고 재창조의 힘이 여전히 '읽고 쓰기'에서 자유롭지 못한 또래 친구들에게 자극이 되길 희망해 봅니다.

Menacing Toenails by Denis Sangwoo Hong(Gr.5)

One sunny, cloudless and beautiful day, Judy, an Asian elephant who was gray and quite big, was trembling with terror. The cause of this unusual fear on such a gorgeous day was because it was the day of her toenail inspection. She locked herself up in a dark corner inside her fence, shivering. She'd heard from many victims that the inspections could go very horrible.

Checkies, the cheetah, couldn't eat super-yummy jellyfish cream for two weeks because his toenail decided to dive straight into his mouth! Just thinking about no jellyfish cream and hideous toenails *sent shivers down her spine.*

THUMP! THUMP! THUMP! As Judy looked up, she saw that it was Piany, the rhinoceros who had a major sore throat after her own disastrous inspection.

"Beware, Judy! Don´t and I mean DON´T let the toenails get out of control. They will sting you until you feel like laughing and crying at the same time! They will go into your body and make your systems go all crazy. There will be no bacon flavoured crispy cornflakes! No sunny warm days! You´ll be locked up in a brightly lit up room full of ROTTEN DAISIES! She finished fearfully."

ROTTEN DAISIES! They were the most horrid creatures in the whole universe! Their stinking smell and aghhhh! She didn´t even want to think about it. Well, she did like daisies only when they weren´t ROTTEN.

STOMP! STOMP! STOMP! Faraway, Judy could see the inspector happily walking down the dirt road with the tools needed for inspection and a look of excitement on his face.

"Keep the toenails in control!" Piany yelled in a bewildering voice as she stomped away to her own home behind her fence.

"Hey, Judy! Get ready for your toenail inspection because it´s the time for it!" shouted the inspector gaily. The weird thing about the inspector was, although he had to use all his efforts to catch and

calm the crazy toenails down, he always seemed excited about the job. This inspecting job was considered the hardest in the world. No one ever could stop him from the job.

"Put your toes up!" he ordered. Judy knew she just had to get over it, so she reluctantly stood up and walked toward the edge of her fence. From there, she slowly raised her leg and put them on the fence. The inspector scrutinized each and every toenail cautiously and at last spoke, "These toenails are too long. It's time for some cutting!" The inspector immediately took out his giant clipper and clipped away.

As soon as he was done, the toenails started going wild! They leaped around and started to poke Judy. The inspector got a small net and ran for the toenails. They ran around, saying "Catch me! Catch me!" Suddenly, the biggest of the toenails stopped and zipped past the inspector, followed by the other toenails, heading straight for Judy.

They jumped all at once in front of Judy, and dove straight into Judy's open mouth. The toenails enjoyed sliding down Judy's watery throat and down the windpipe towards the stomach. The inspector quickly got out his cell phone and called the toenail agency for a special mission. The agent came in less than five minutes.

When he arrived, he took out a weird rectangular, complicated looking device and zapped himself. After he got zapped, he was tiny. The agent climbed onto Judy and he too, dove into Judy's mouth after the toenails.

"Stop you menacing creatures!" shouted the agent. He could see the toenails sliding directly towards the funny bone.

The toenails stuck out their tongue and said, "Nahhhhhh!" The toenails drummed on the bone and Judy laughed like a maniac. The agent almost caught them, but the toenails just zoomed ahead. Now, they were going to the heart. The agent had to be careful in the heart not to destroy anything vital.

While the agent was being hesitant, the toenails just zoomed carelessly out of the heart. When at last the agent got out of the heart and looked down, there were the toenails having a party and drumming on different kinds of bones. Outside, Judy was jumping around and yelling and going insane due to the toenails inside her body. The agent jumped down and shouted "you're all under arrest!"

"No, you can't do, guy. You see, we're having too much fun." said the biggest toenail.

"Hmmm... How about this? You and I have a belly battle. If I lose you guys get to do whatever you want. But if you lose, you have to get out," suggested the agent.

"Fine, get ready to lose and cry, boy," said the big toenail. Both of them stepped back and one of the toenails shouted, "GO!"

They charged towards each other, leaped up in the air, and pushed their bellies out. On the first round, the agent won. On the second round, the agent lost. Now it was all up to the third round.

"Go!" They ran, leaped up, did a back flip, and pushed.

BAM! They both faltered back, but as they were falling, the agent flew forwards and hit the toenail once again on the stomach, then jumped back to the ground. The toenail couldn´t get a grip on the control, so he fell down.

"AHHHH! I LOST!" the big toenail groaned.

Now, they had to get out of Judy´s body. The toenails glumly followed the agent to the nose. When they reached the nose, Judy couldn´t help but blowing her nose and the group was flung out into daylight.

"THANK YOU! THANK YOU!" Judy thanked the agent greatly.

"No prob. Because this is my job!" the agent replied. "Well, I´d better take these guys to toenail jail. Bye!" With that, the agent went to his car, took out a mini cage, and locked the toenails inside. He took it to the trunk of his car and locked it tightly.

"SEE YA!" the agent yelled out as he drove away to Central Toenail Headquarters.

"Hew!" Judy let out a sigh.

"Um... Judy? There's still one problem," the inspector said slowly. Judy turned around fearfully to face the inspector.

"You see, as the toenails were carelessly zipping past your heart, they damaged some things on the way, weakening your heart. I'm sad to say, you'll have to eat... SUPER-YUMMY JELLYFISH CREAM FOR A WHOLE MONTH!" the inspector shouted happily.

"YES!" Judy hurrayed.

"Have fun eating!" the inspector raised his voice as he walked away. Of course, then, Judy didn't know how sick she would get of Jellyfish Cream.

골칫거리 발톱 - 데니스 상우 홍(초등5)

주디는 덩치가 꽤 커다란 회색 동양 코끼리다. 햇살 좋고 구름 한 점 없는 어느 날, 주디는 공포에 떨었다. 이처럼 화창한 날 왜 두려움에 떨고 있을까? 오늘은 바로 발톱 검사를 받는 날이다. 주디는 울타리 안 구석진 곳에 틀어박힌 채 벌벌 떨었다. 발톱 검사가 얼마나 끔찍한지 경험자들에게 익히 들어왔기 때문이다.

치타인 체키즈는 2주 동안이나 그 맛난 젤로(*젤로는 북미 어린아이들이 좋아하는 간식의 한 종류)를 먹지 못했다고 한다. 자기 발톱이 입 속으로 들어가 숨바꼭질을 했기 때문이라고…. 주디는 젤로를 먹지 못

할 뿐만 아니라 날카로운 발톱이 입속에 돌아다닌다고 생각할 때마다 소름이 끼쳤다.

쿵! 쿵! 쿵! 주디가 올려다보니 코뿔소 피아니였다. 피아니는 지독한 발톱 검사를 마친 뒤에 목병을 심하게 앓았다.

"조심해, 주디! 발톱들이 날뛰지 않게 조심해야 한단다. 그렇지 않으면 널 미치게 할 거야. 네 속으로 들어가 몸 전체를 엉망으로 만들어놓을 거라고! 그럼 맛있는 음식도 못 먹고 따스한 햇볕도 즐기지 못하게 된단다. 결국 불빛이 환하게 밝혀진 방 안에 갇혀 지내게 되는 거야. 썩은 데이지 꽃 냄새가 진동하는 방에서 말이야."라며 피아니가 잔뜩 겁을 주었다.

썩은 데이지라니! 그 고약한 냄새를 생각하니 정말 끔찍했다. 주디는 역시 싱싱한 데이지가 좋았다.

터벅! 터벅! 터벅! 멀리 검사관의 모습이 보였다. 검사에 필요한 도구들을 가뿐하게 들고 환한 얼굴로 주디를 향해 걸어오고 있었다. "부디 발톱들을 잘 단속해!" 피아니가 불안한 목소리로 크게 소리치고는 쿵쾅거리며 부리나케 자기 집안으로 모습을 감췄다.

"이봐, 주디! 발톱 검사할 때가 되었으니 준비해야지!" 검사관이 쾌활한 소리로 외쳤다. 그는 항상 자기 일을 아주 즐겁게 생각하는 듯했다. 미친 듯이 날뛰는 발톱들을 잡고 진정시키느라 진땀을 빼야 하는데도 말이다. 이 일이야말로 세상에서 가장 힘든 일이었다. 그런데도 그는 일을 그만둘 생각을 하지 않았다.

"발가락을 올려봐라!" 검사관이 지시했다. 주디는 끝내 이 일을 치러야만 한다는 것을 깨달았다. 어쩔 수 없이 내키지 않는 마음을 다잡고 몸을 일으켜 울타리 가장자리로 걸어갔다. 그리고 천천히 다리를 들어 울타리 위에 올려놓았다. 검사관은 주디의 발톱을 하나하나 찬찬히 살펴보고는 마침내 입을 열었다.

"발톱이 너무 길어. 이제 자를 때가 된 것 같구나."

그는 말이 끝나기가 무섭게 거대한 손톱깎이를 꺼내더니 주저 없이 발톱을 깎았다. 그런데 검사관이 일을 끝내자마자 발톱들이 사납게 날뛰기 시작했다. 어떤 것은 주디에게 덤벼들어 쿡쿡 찔러댔다. 검사관은 발톱들을 잡으려고 작은 그물을 꺼내 들었다. 하지만 발톱들은 "어디 한번 잡아보시지!" 하며 더 정신없이 날뛰었다. 그러다가 가장 큰 놈이 재빠르게 검사관을 피해 주디에게 돌진했고 다른 놈들도 그 뒤를 따랐다. 그렇게 발톱들이 한꺼번에 달려들더니 주디의 입속으로 뛰어 들어갔다. 발톱들은 신나게 주디의 목구멍으로 미끄러져 내려가 기도를 지나 위를 향해 내달렸다. 검사관은 재빨리 휴대전화를 꺼내 발톱 특별관리 기관에 도움을 요청했다. 채 5분도 지나지 않아 특수요원이 도착했다. 그는 곧바로 복잡해 보이는 이상한 직사각형 기구를 꺼내서 자신에게 쐈다. 그러자 신기하게도 특수요원의 몸이 작아졌다! 주디의 몸으로 기어 올라온 요원은 발톱들을 쫓아 주디의 입속으로 뛰어들었다.

"골칫덩어리 발톱들! 거기 서!" 특수요원이 외쳤다. 발톱들이 뼛속을 향해 질주하는 것이 특수요원의 눈에 띄었다. 그러자 발톱들은 혀를 쏙 내밀고는 "싫어!"라고 말했다. 그들이 몸속에서 주디의 뼈를 쿵쿵 치자 주디는 미친 듯이 웃어댔다. 특수요원은 발톱들을 거의 잡을 뻔했지만 그놈들은 금세 달아나버리고 말았다. 그들은 이제 심장을 향해 도망쳤다. 특수요원은 주디의 심장을 손상하지 않도록 무척이나 조심해야 했다.

특수요원이 주저하는 동안 발톱들은 조심성 없이 심장에서 나왔다. 특수요원도 마침내 심장을 빠져 나와 아래를 내려다보자 발톱들이 주디의 뼈를 여기저기 신나게 두들기고 있었다. 몸속에 있는 발톱들 때문에 주디가 이리저리 뛰며 마구 소리를 질러댔다. 이때 특수요원이 외쳤다.

"너희를 모두 체포한다!"

"체포하려고? 한번 해보시지. 이것 봐, 우린 너무나도 재미있다고!" 하고 가장 큰 발톱이 말했다.

"흠, 그럼 이러는 건 어때? 너하고 내가 배치기 싸움을 하는 거야. 내가 지면 뭐든 너희 마음대로 해. 대신 네가 지면 거기서 나오는 거야." 특수요원이 제안했다.

"좋아! 대결에서 지고 울 준비나 하셔." 큰 발톱이 말했다. 둘이 한 발 뒤로 물러나자 발톱 하나가 외쳤다.

"시작!" 그들은 상대방을 향해 돌진하며 뛰어오르더니 힘껏 배를 떠밀었다. 첫 번째 판에서는 특수요원이, 두 번째 판에서는 발톱이 이겼다. 이제 마지막 대결에 모든 것이 달렸다.

"시작!" 소리와 함께 요원과 큰 발톱은 힘껏 달려 돌진하고는 공중제비를 해서 상대방을 공격했다. "퍽!" 소리가 나고, 둘 다 뒤로 넘어질 듯 비틀거렸다. 그때, 특수요원이 쏜살같이 날아올라 발톱의 배를 다시 한번 치고 되돌아왔다. 발톱은 결국 중심을 잡지 못하고 그대로 쓰러졌다.

"이런, 내가 졌군." 발톱이 신음 소리를 냈다.

이제 그들은 주디의 몸에서 나와야 했다. 발톱들은 풀이 죽은 채 특수요원을 따라 주디의 코로 향했다. 발톱들이 마침내 코에 이르렀을 때 주디가 코를 풀어 그들을 밖으로 빼냈다.

"고맙습니다! 정말 고맙습니다!" 주디가 기쁘게 인사했다.

"고맙긴, 내 일인 걸!" 하고 특수요원이 대답했다.

"이제 이 녀석들을 감옥에 보내야겠군, 그럼 잘 있어요!" 특수요원은 이 말을 남긴 후 자신의 차로 돌아갔다. 그리고 작은 우리 안에 발톱들을 가둔 다음 자동차 트렁크에 넣고 단단히 잠갔다.

"그럼 나중에 또 봐요!" 중앙 발톱 본부로 향하며 특수요원이 외쳤다.

"휴!" 주디는 한숨을 내쉬었다.

"음, 주디! 그런데 문제가 하나 또 있어." 하고 검사관이 말했다. 주디는 두려운 얼굴로 검사관을 쳐다보았다.

"발톱들이 네 심장을 부주의하게 돌아다니면서 분명히 심장에 해를 입혔을 거야. 이런 말 해서 안 됐지만, 앞으로 한 달 내내…… 최고로 맛있다는 젤로를 먹어야 할 거야!" 검사관이 기쁘게 말했다.

"넵!" 주디가 환호했다.

"맛있게 먹으렴." 검사관이 떠나면서 소리 높여 말했다. 그때만 해도 주디는 상상조차 하지 못했다. 젤로를 먹다가 결국 질려버릴 거라는 사실을…. ✎

21 자녀의 글~발 자가식별(自家識別)법

짧은 단어를 쓸 수 있을 때에는 절대 긴 단어를 쓰지 않는다. 빼도 지장이 없는 단어가 있을 경우에
는 반드시 뺀다. 능동태를 쓸 수 있는데도 수동태를 쓰는 경우는 절대 없도록 한다.
  - 조지 오웰(1903~1950): 『동물농장』과 『1984』의 저자로 참여적인 언론인이자 현실에 대해 날카로운 풍자를 구사한
    문인

　대부분의 부모들은 자녀가 어느 정도 라이팅을 하는지 모릅니다.
'스피킹'이야 겉으로 쉽게 드러나니 '잘한다', '못한다'를 판별할 수 있
으나 라이팅의 수준은 쓴다고 다 글이 아니기에 쉽게 판단을 못 내립
니다. 특히 아이들이 영어권에 산 지 6개월 이상만 돼도 부모의 콩글
리쉬를 능가하기 때문에 아이들의 영어 세계, 그중에서도 난공불락인
라이팅은 부모가 간섭할 수 있는 한도를 초월합니다. 부모 대부분은
자녀가 학교에서 받아오는 영어(Language Arts) 점수의 A, B, C에 의존
하기 일쑤이며, 혹 욕심이 많은 부모는 일부 지역의 도서관에서 주최
하는 라이팅 대회에 참가시키거나 현지 사설 교육기관의 자칭 객관적
인(?) 평가도구에 의뢰해 아이들의 라이팅 실력을 가늠합니다.

　하지만 아이들의 라이팅 수준을 측정하는 기준들이 문법의 옳고 그
름 정도를 가늠할 뿐 아이의 라이팅 수준을 포괄적으로 측정하지는 못
합니다. 라이팅 문법 수준의 겉핥기식 측정 도구로 가장 널리 알려진
게 토플 에세이지요. 토플 에세이는 주어진 시간에 주어진 주제에 대
해 기술하는 것으로 글의 질보다 양 중심의 시간 관리 측정 도구로서

의 의미가 더 큽니다. 이외에 한국의 부모들이 많은 돈을 들여가며 아이의 진짜 라이팅 실력을 측정했다고 자위하는 국내외의 측정 도구들 역시 대부분 토플의 짝퉁 수준에 불과합니다. 그렇다면 문법 수준을 넘은 아이들의 진짜 글~발은 무엇으로 판단할 수 있을까요?

부모들의 귀한 돈이 헛된 측정/시험의 현장에서 의미 없이 증발되지 않기를 바라는 마음에서, 창의적인 글쓰기 워크샵을 통해 많은 아이의 라이팅을 검토해 온 평가자이자 작가의 관점에서, 가장 경제적이고도 교육적인 '자녀 글~발 평가 노하우' 몇 가지를 나눠보겠습니다. 단, "나는 영어를 한마디도 못해요."라고 자신의 영어 실력을 지나치게 평가절하하는 부모들이나 "아이의 라이팅을 20~30분 들여다볼 시간조차 없어요."라고 말하며 돈 벌기에 바쁜 부모들은 지금 나누고자 하는 자가 평가 지침이 크게 도움이 안 될 것이라는 점을 미리 밝힙니다.

아이들의 글 평가도 나이에 맞추는 게 좋다

제가 제시하는 방법들은 학교 에세이를 비롯해 특정한 장르의 라이팅이 아닌 전반적인 라이팅 측정 기준이며, 가장 **'기본적인 판별 기준'**이라고 간주해 주시길 바랍니다. 측정 대상은 '리딩'에서 최소 그림책(*picture book*) 수준을 넘긴 초등학교 3학년 이상의 아이이면 됩니다. 3학년 이전 아이들의 라이팅을 평가하고 평가받고자 한다면, 그것은 평가자가 제정신이 아니든지 평가를 의뢰하는 부모들이 그렇던지 둘 중의 하나입니다. 이때는 제발 그냥 놔두라는 말입니다. 평가도 아이의 지적 성숙도에 맞춰야 하거든요.

거두절미하고 본론으로 들어가지요. **우선 아이들이 쓴 글의 양을 보십시오.** 글쓰기는 표현하면서부터 시작됩니다. 3학년 아이가 한 문단(paragraph)을 못 넘기고 6학년 아이가 1장 이상을 못 넘기면 그 이유를 찾아봐야 합니다. 혹 아이의 성격이 바뀌고 있는 것은 아닌가요? '많이 썼나 안 썼나'의 판단 기준에는 스펠링이 틀렸다느니, 문장의 구성이 엉성하다느니, 논리적이지 않다느니 등의 문법적 요소는 배제됩니다. 틀리건 말건 '주저리주저리' 글로 푸는 게 더 중요합니다. **이 수준에서 '문법'을 가르치면 아이들의 생각이 틀에 갇히고 표현의 자유가 침해될 수 있으니 부모의 인내가 필요합니다.** 초등학교 시절에는 어리면 어릴수록 '말'과 '글'의 수준이 같이 가기 쉬우니 우선 말로 이야기를 잘 표현하도록 돕는 게 필요합니다. 저녁 잠자리에서 아이의 침대에 같이 누워 '옛날이야기 하나만 해 달라'고 조르는 방법이 제게는 주효했습니다. 부모가 아이 앞에서 '책만 읽어주고 끝낼 게(Bedtime Reading)' 아니라 아이 자신의 이야기를 들려달라고 졸라보십시오. 처음에 마지못해 한두 마디 하던 아이가 나중에는 그만하라고 사정할 때까지 나불거리게 될 것입니다. 이 세상의 어떤 라이팅 시험도 길이를 무시할 수는 없습니다. 수단과 방법을 가리지 않고 충분히 표현하도록 도와주십시오!

이어서 아이들의 글의 '양'이 웬만큼 충족됐으면 이젠 내용으로 들어가 보시지요. 주저리주저리 표현하는 아이들의 글에서 'and, but, or, for, so' 등과 같은 등위접속사들의 사용이 빈번하다는 것을 눈치챌 수 있을 것입니다. 대개 'Once upon a time'부터 시작되는 이들의 라이팅은 자신들이 구두로 하는 '말'과 같이 표현됩니다. '그래서, 또, 그 다음은,

왜냐하면, 등등'을 사용해 이야기를 풀어가기는 하지만 실제 내용은 허접하고 반복적입니다.

예를 들면, 어느 날 미스 플레밍이 아침에 일어나 보니 가발이 없어졌다(*Miss Fleming's wig had gone missing*). 그래서(*Then*) 사람들이 놀랐다. 불라불라불라(*blah-blah-blah*)/중략. 그래서(*Then*) 결국 가발 가게에 갔다. 무지하게 비싼 가발을 샀다. 그래서(*So*) 기분이 좋았다. 끝(*The end*).

평가: 만족할 만한 수준이 안됨(솔직히 글이라고 보기 힘든 수준).

이런 글은 기승전결을 겨우 짜 맞추긴 했지만 글에 맛이 빠졌습니다. 너무 개략적인 상황 묘사만 한 것이지요. 자신의 감정이나 목소리가 없습니다. 남의 이야기만 쓴 것이지요. 특별히 글쓰기 훈련을 받지 않았거나 스스로 충분히 즐기며 글을 쓰지 않았던 아이들은 초등학교 7학년이라도 이 수준을 벗어나지 못하는 경우가 허다합니다.

글쓰기는 결국 묘사의 문제이다

이런 '주저리주저리'파 아이들에게 "좀 더 구체적으로 묘사하라.", "너의 생각을 가미하라."고 주문하면 아이들의 글이 차츰 달라지기 시작합니다. 즉, 구성이 아주 디테일(*detail*)해집니다. "As I sat writing, the sun has finally broken through the clouds(내가 앉아서 글을 쓸 때 태양이 구름을 통해 들어왔습니다)." 예전에는 "I sit writing(나는 앉아서 글을 씁니다)."만 쓰던 아이가 이젠 "As I sat writing, the sun has finally broken

through the clouds(내가 앉아서 글을 쓸 때 햇살이 구름을 통해 들어왔습니다)."
라고 한 단계 발전된 형태로 상황을 묘사하게 됩니다. 이런 아이들의
글에는 묘사나 비교를 위한 시밀리(Simile)나 메타포(metaphor)가 많이
등장하기 시작합니다. 직유법인 시밀리는, 예를 들어 "As good as it
gets(이보다 더 좋을 수 없습니다)"와 같은 표현이고, 은유법인 메타포는,
"The sky is like a child's cotton candy(하늘은 어린아이의 솜사탕과 같습니
다)."와 같이 어떤 대상이나 행동을 비유적으로 사용하는 것입니다.

"세부 묘사는 여러분이 만든 세상에 빛을 던져 줍니다. 물 한 잔을
마시려고 부엌에 간다고 상상해 보세요. 그리고 당장, 지금 그 장면을
눈앞에 그려 보세요. 컵은 어디에 두나요? 그 대답이 바로 세부 묘사
입니다. 물 잔을 잡으려면 어딘가에 올라서야만 하나요? 그럼 어디에
올라서나요? 그 대답이 세부 묘사입니다. 컵은 어떻게 생겼나요? 무
슨 색인가요? 유리잔인가요, 종이컵인가요, 플라스틱 컵인가요? 유리
잔이라면 무거운가요? 그 대답들이 바로 세부 묘사입니다."

『마법에 걸린 엘라(Ella Enchanted)』로 유명한, 세계적인 아동 작가 게
일 카슨 레빈(Gail Carson Levine)이 그의 책 『행복한 글쓰기』에서 한 말
입니다. 그녀는 묘사가 글쓰기에 있어서 뼈에 살을 붙이는 것과 같다
고 했습니다.

하지만 이 묘사의 단계에 다다른 아이들은 지나치게 묘사하는 데 중
점을 둠과 동시에 큰 줄거리는 잊기 쉽습니다. 구체적인 묘사를 위해
형용사나 부사의 활용에 골몰하는 대신, 전체의 구성이나 흐름에는

신경 쓰지 못하게 되는 단계입니다. 즉 소소한 것에 빠져 큰 그림을 못 보는 우를 범하게 되지요. 이 단계의 아이들은 글을 다 못 끝내고 중도에 포기하기도 합니다. 처음부터 큰 그림, 전체 윤곽을 생각하지 않고 쓰다가 지레 포기하는 셈이지요. 이 단계에서 역시 부모의 인내가 필요합니다. 이런 실패의 경험을 아이들이 자연스럽게 받아들이고 자발적으로 습작할 수 있는 환경을 조성해 주는 게 부모의 역할이지, "시간 내에 끝내라", "처음부터 구성을 생각하고 쓰라"는 등 구구절절 간섭하면 아이들은 부모가 미워서라도 글쓰기와 결별하게 됩니다.

글쓰기의 완성은 줄이는 데 있다

이 정도가 되면 아이들은 사춘기로 접어들고, 중고등학교에 입학할 때쯤 됩니다. 이 이상의 평가는 부모의 영역이 아닙니다. 이젠 문장 하나, 단어 하나를 따져야 하고, 전체 맥락과 구성과 일관성과 창의성과 같은 다각적인/다중의 평가가 필요하기 때문입니다. 참고로 몇 자 덧붙이면, 이 시기의 라이팅이 이전 단계들과 극명하게 다른 점은 '글이 간결/간명해진다'라는 것입니다. 유창성(fluency) 면에서 '주저리주저리'가 없어지고 간결해지며(brevity), 표현 면에서 진부함(cliche)이 사라지고 단순하고 명료한(clarity) 문장들로 대체되는 것이지요. 예를 들면 "I was born in Korea. And I was raised in Korean. Then I came to Canada in 2007."의 세 문장이 다음과 같이 하나의 문장으로 통합되는 것입니다. "Born and raised in Korea, I came to Canada in 2007." 좀 더 발전하면 많게는 일곱 단문을 한 문장으로 줄여 쓸 수도 있는 능력을 갖추게 됩니다. 이제는 독자들이 글을 읽다가 따분해져서 책을 덮어버리는 일은 발생하지 않을 정도로 간결하고 단단한 글을 쓸 수 있게 되는 것입니다. '거두절미하고(Make a long story short)' 말입니다!

동시대 최고의 미국 작가 스티븐 킹은 라이팅에 관한 자신의 책 『유혹하는 글쓰기(On Writing)』에서 "대부분 라이팅에 관한 책들은 쓸데없는 말로 채워져 있다(Most books about writing are filled with bullshit)."고 비판하며 "쓸데없는 말을 줄이라(Omit needless words)."고 조언합니다. 『톰 소여의 모험』으로 유명한 미국의 마크 트웨인은 글에서 매우, 무척 등의 부사만 빼면 좋은 글이 된다고도 했습니다. 라이팅의 기본을 말해주는 원칙에 'KISS(원래는 디자인 용어)'가 있습니다. 'Keep It Simple, Stupid(단순하게 써라, 멍청아)!' 주저리주저리 글을 쓰던 초급 딱지를 떼고 다양한 라이팅 훈련을 통해 수준을 업그레이드하게 되면 이젠 '쓰는 것보다 줄이는 게' 얼마나 힘든지 알게 됩니다. 줄여 쓰는 과정을 흔히 '편집(editing)'이라고 합니다. 스티븐 킹이 "글쓰기는 인간의 일이고 편집은 신의 일이다(To write is human, to edit is divine)."라고 말할 정도로 편집은 라이팅의 백미입니다. 아이들 역시 편집의 필요성을 알 때쯤 되어서야, 그리고 자신의 글을 편집하기 위해 기꺼이 최고로 좋아하던 컴퓨터 게임과 페이스북의 채팅 시간을 포기할 때쯤 되어서야 본격적인 '라이팅'의 세계로 들어가게 되는 것입니다. 가장 간결한 글이 가장 훌륭한 글이라는 것을 이제야 알게 됩니다. 이젠 더 이상 멍청이가 아닙니다!

『화씨 451』의 작가 레이 브래드버리(Ray Bradbury:1920~20 12)가 예비 작가들에게 주는 조언

동시대의 작가 중 가장 폭 넓은 독자층을 가지고 있는 미국의 스티븐 킹에 못지 않게 다양한 독자층을 가지고 있는 미국의 또 다른 작가를 들라면 그가 바로, 스티븐 킹이 "그가 없다면 나도 없었을 것이다."라고 말한 20세기 SF 문학의 거장인 레이 브래드버리입니다. 그는 변방에 머물러 있던 SF 문학을 주류 문학의 자리로 끌어올렸다는 칭송을 받습니다. 그것만이 아니라 그는 글을 쓰려는 모든 이에게 아낌없이 조언을 해 주는 것으로도 유명합니다. "뭐든 가능하기만 하면 써라."는 그의 말은 유명합니다. 2001년 그는 미국의 포인트 로마 나자린 대학교가 개최한 '작가들을 위한 심포지엄'의 축사에서, 어떻게 하면 좋은 글을 쓸 수 있는지, 그의 작가로서의 삶을 통해 배운 지혜들을 나누었습니다. 이것들의 대부분은 마치 집을 나갔다 다시 들어오면 손을 먼저 씻어 위생을 지키는 것처럼, 매일매일 그의 '실용적인 글쓰기 습관(writing hygiene)'을 통해 터득한 것입니다. 그의 조언은 잘못 들으면 주제를 벗어나는 것 같지만, 아주 흥미로운 관찰 임을 알게 될 것입니다. 자, 그가 최고의 작가가 된 비결에 귀를 기울여봅시다.

1. 소설부터 시작하지 마라. 그건 시간이 너무 오래 걸린다. 작가로서의 삶을, 최소한 일주일에 한 편씩 가장 쓰기 쉬운 단편을 쓰는 것으로부터 시작해라. 최소한 일년을 그렇게만 해라. 일년의 52주를 그렇게 내리쓴다면 모든 단편이

다 형편없지는 않을 것이다. 나 역시 내 소설 『화씨 451』을 쓸 때는 나이가 이미 삼십이 다 되었다. 기다릴 가치가 있지 않나?

2. 의식적이든 무의식적이든 네가 좋아하는 작가들—H.G. 웰스(『타임머신』의 저자), 쥘 베른(『해저 2만리』의 저자), 아서 코난 도일(『셜록 홈즈의 모험』의 저자), 프랭크 바움(『오즈의 마법사』의 저자)—을 모방하려고 노력하게 될 텐데 잊지 마라, 그들을 좋아할 수 있다. 하지만 그들과 같이 될 수는 없다.

3. 좋은 수준의 단편들을 찾아 읽어라. 로알드 달, 모파상, 그리고 조금은 덜 알려진 나이젤 닐(영국 극작가)와 존 콜리어(영국 화가이자 작가)를 추천한다. 소위 뉴욕타임즈 베스트셀러라 불리는 책들을 추천하고 싶지는 않다. 왜냐하면 이런 스토리들에는 좋은 메타포를 찾기가 힘들기 때문이다(흥행에 성공한 책이 반드시 좋고 배울 책은 아니라는 것!).

4. 머리를 채워라. 다양한 메타포로 지적인 창고를 채우기 위해서는 '자기 전 읽는 습관'을 추천한다. 단편 하나, 시 한편(예로 너무 현대시가 아닌 셰익스피어나 프로스트의 시들) 그리고 에세이 하나. 여기서 에세이는 다양한 분야의 것이라야 한다. 고고학, 동물원학, 생물학, 철학, 정치학 그리고 문학. 이렇게 천일을 지낸 후에는 소리를 지르게 될 것이다. "맙소사, 내 머리가 꽉 찼네!"

5. 너를 믿지 않는 친구는 만나지 마라. 친구들이 너의 작가적 야망을 비웃는가? 망설이지 말고 그들을 해고시켜 버려라.

6. 도서관에서 살아라. 빌어먹을 컴퓨터하고는 살지 마라. 그렇게 하면 대학을 못 갈지 모른다. 하지만 28살쯤 되면 도서관을 졸업할 수 있는 어마어마한 독서습관을 갖게 될 것이다.

7. 영화와 사랑에 빠져라. 특히 옛날 영화들.

8. 기쁨을 가지고 글을 써라. 마음에, 글쓰기는 심각한 비즈니스가 아니야, 라고 새겨라. 만약 글을 쓰는게 노역으로 여겨진다면 글쓰기를 멈춰라. 독자들이 부러워할 정도로 글을 쓰는게 즐거워야 한다.

9. 돈을 벌려고 글을 쓰지 마라. 나는 나의 아내와 결혼할 때 '청빈서약'을 했고 결혼 37년이 되기까지 차를 구입한다는 것은 생각도 못했다.

10. 네가 좋아하는 것 10가지, 싫어하는 것 10가지를 적어봐라. 그 다음에 먼저 좋아하는 것에 대해 글을 써 봐라. 후자는 나중에 그것에 대해 씀으로 "죽여 버려라." 너의 공포와 두려움에 대해서도 역시 도리어 글을 씀으로 그것들로 부터 해방되라.

11. 머리에 어떤 옛 단어가 생각나면 바로 기록해 둬라. 창의적 사고를 방해하는 것으로부터 해방되기 위해서는 단어 이어가기 혹은 단어의 조합을 늘 해 보 도록 권유한다. 단어는 시험해 보기 전까지는 알 수 없다.

12. 글을 쓸 때 네가 바랄 것은, 단지 어느 한 사람이 다가와, "나는 당신이 하고 있는 것을 좋아한답니다."라는 말을 듣는 것이다. 만약 이 정도가 아니라도, 어느 한 사람이 다가와, "당신은 다른 사람들처럼 멍청이는 아니네요"라는 말을 들을 정도면 충분하다(즉 작가로서 겸손하라는 것). ✎

22 창의적 영어 글쓰기 왕도는 뭘까

글쓰기가 어렵게 느껴진다면 이는 실제로 어렵기 때문이다. 인간의 행위 중 가장 어려운 일 중 하나가 글쓰기다.
 – 윌리엄 진서*(1922~2015)*: 미국의 기자, 편집자, 문학 비평가 및 교사로 평생 글쓰기를 연구해 왔으며 한국어로 번역된 『글쓰기 생각쓰기*(On Writing Well)*』가 있다.

영어 글을 잘 쓰려면

영어 공부의 중요성을 아는 사람이라면 이 질문의 심오함(?)을 알 것입니다. 영어가 결국 글쓰기로 승부가 갈린다는 것은 자명한 진리입니다. 말과 글의 무게가 얼마나 다른가요? 점수는 결국 글로 받는 게 영어권의 현실입니다. 오죽하면 대학교수에서 학원 선생, 최근에는 영어에 도가 튼 엄마에 이르기까지 수많은 자칭 영어 전문가들이 이 질문에 대한 나름의 해법을 마구 쏟아내고 있을까요? 서점에는 책이 넘쳐나고 인터넷에는 심지어 끼리끼리만 정보를 주고받는 폐쇄형 유료 블로그까지 등장했습니다. 이들의 겉모습은 달라도 처방전은 대부분 유사합니다.

"영어 글을 잘 쓰기 위해서는 쓸 소재가 많아야 한다. 고로 책을 1,000권 정도는 읽거나 달달 외워야 한다. 그것도 안 되면 2,000권으로 넘어간다. 단어를 겁나게 외워야 한다. 고로 북미에서 제법 잘 팔리는 단어 책 'Wordly Wise'를 단기간에 마스터한다. 시간 싸움이다*(그래서 헬리콥터가 필요한 거고 헬리콥터 부모란 말이 탄생했다)*. 완벽한 문장을 구사할 줄 알아야 한다. 고로 미국의 내로라하는 학습물 출판사 맥그로우 힐의 랭귀지 아트(Language Arts) 책을 되도록 선행학습 한다. 한국식 영어로는 안 되기 때문이다. 문법이 완벽해야 한다. 고로 캐나다에서 뜨는 대학용 아자르(Azar) 문법책을 가능한 한 어릴 때부터 공부시킨다. 영국식 롱맨은 옛 책이다. 게다가 말도 잘해야 한다. 고로 영어방송 청취를 늘 해야 한다. 그건 시간제한이 있으니 소위 디즈니 DVD를 틀어 24시간 듣게 하라!" 휴우!

　문제는 이렇게 할 수도 없거니와 순진하게 이렇게 따라 했는데도 글을 여전히 잘 쓰지 못한다는 것입니다. 오죽하면 미국대학 제출용 에세이만을 위해 화성(?)에서 초빙된 과외선생들이 활개를 칠까요? 대부분 평범한 학생과 부모는 시중에서 소위 뜬다 하는 영어교육의 기회들을 붙잡으려고 헤매다가 지쳐서 포기하고 맙니다. 그리고 이런 슬픈 전철을 자식 세대에게 고스란히 물려주고 있습니다. 단, 기대는 투자한 시간만큼 더 커지는 게 사실입니다. 당연합니다. 온갖 시험에서 요구하는 영어점수는 더욱더 까다로워졌으니 말입니다. 아무튼 아이들만 안타깝게 됐습니다. 하긴 그 아이들도 자신들의 자식 세대에게 그대로 하지 않으란 법은 없지만……

　역사는 하루아침에 바뀌는 것이 아니지요. 아인슈타인이 다시 살아난다면 이런 한국의 기형적인 영어교육 현실을 비웃을 것입니다. 모두 미쳤다고. '미쳤다'는 정의를 그가 내렸지 않았습니까? "같은 방식을 반복하면서 다른 결과를 원하는 것!"

글쓰기와 창의력이 만나려면

영어 글을 쓰기가 이렇게 어려운데 이제 그런 글에 '창의력'까지 가미하라고 하면 어떻게 생각하십니까? 영어 문장에다 상상력의 날개를 입히라면? 남과는 다른 관점에서 쓰라고 말하면? 거침없이 쓰라면? 누구 울화통 도지게 하는 게 제 취미는 아니라는 점 미리 밝혀둡니다. 세 줄 써 내려가기도 어려운 판에 눈에 보이지도 않는, 전혀 논리적이지도 않은 창의와 상상과 안목을 첨가하라면? 그렇다면 저는 정말 몰상식한 인간입니다.

그렇지 않습니다. 저는 한국의 평범한 가정에서 태어나, 사랑도 넘치도록 받았고, 재수 한번 경험하지 않고 대학 문턱을 넘어섰고, 졸업 후 회사 잘 다녔고, 비록 늦긴 했어도 해외 유학 물도 먹어봤고(오십이 넘은 현재도 교육 중이고), 착한 아내 만나 결혼해 두 딸 잘 키워 대학 보낸 극히 정상적인 가장이고 소위 남들로부터 욕먹을 짓 안 하는 것을 아침에 일어나 물로 세수하는 것보다 더 중요하게 생각하는 사람입니다. 제가 작가이고 영어권에서 살고 '창의적 글쓰기'를 위한 기관을 설립했고, 수많은 아이의 글을 검토하고 가르친다고 해서, 도를 지나쳐 한국 영어교육의 현실에 대한 비판만 일삼는 게 아닙니다.

한 명의 교육자이자 두 딸의 아버지로, 글쓰기의 중요성을 삶을 통해 깨달은 한 명의 작가로, 가장 '근본적인(radical)' 영어 글쓰기가 가장 훌륭한 영어 글쓰기라는 것을 나누고 싶을 뿐입니다. 한국 영어와 미국 영어가 달라서는 안 되고, 학원에서의 영어 공부와 학교에서의 영어 공부가 달라서도 안 되고, 읽기와 쓰기와 말하기가 분리돼서도 안 되고, 100년 전의 영어학습과 오늘의 영어학습법이 달라서도 안 된다는 것입니다. 영어는 결국 영어이니 말입니다. 그리고 가장 근본적인 영어 글쓰기가 결국 창의적인 영어 글쓰기의 원천입니다. '창의'라는 말에 너무 집착하지 마시길 바랍니다. '창의'는 대단한 것일 수도 있고 그렇지 않을 수도 있습니다. 아이들의 글은 본질적으로 다 창의적인 글입니다. 하지만 아무리 창의적이라 할지라도 표현하지 못하면 의미가 없습니다. 그래서 쓰는 게 중요합니다. 검도 꺼내야 무기가 되지 않습니까?

그러면 다시 첫 질문으로 돌아가 보겠습니다. 영어 글을 잘 쓰려면? 가장 근본적인 해답을 누군가의 말을 빌려 나눠보겠습니다. 이 해답은 앞으로 100년 뒤에도, 우리의 문명이 하루아침에 망하지 않는 한 동일할 것이라는 믿음으로 나눕니다.

1. The best way to write better is to write more(글을 잘 쓰기 위한 최고의 방법은 더 많이 쓰는 것입니다).

2. The best way to write better is to write more(글을 잘 쓰기 위한 최고의 방법은 더 많이 쓰는 것입니다)

3. The best way to write better is to write more(글을 잘 쓰기 위한 최고의 방법은 더 많이 쓰는 것입니다).

4. The best way to write more is to write whenever you have five minutes and wherever you find a chair and a pen and paper or your computer(글을 더 많이 쓰기 위한 최고의 방법은 5분만 시간이 남아도, 어디서든 의자와 펜과 종이와 컴퓨터만 있으면 쓰는 것입니다).

5. Read! Most likely you don't need this rule. If you enjoy writing, you probably enjoy reading. The payoff for this pleasure is that reading books shows you how to write them(읽으세요! 아마 이 원칙이 필요 없을 것입니다만, 만약 쓰기를 좋아한다면 당신은 읽기도 좋아할 것입니다. 이런 즐거움에 대한 보상은, 책을 읽으면 그것이 여러분에게 어떻게 글을 쓰는지를 알려준다는 것입니다).

6. Reread! There's nothing wrong with reading a book you love over and over. When you do, the words get inside you, become part of you, in a way that words in a book you've read only once can't(재독 하십시오! 책을 여러 번 읽는 것은 해롭지 않습니다. 반복해서 책을 읽을 때 단어들이 여러분 내면으로 들어와 여러분의 일부가 됩니다. 한 번만 읽으면 이런 일이 일어날 수 없습니다).

7. Save everything you write, even if you don't like it, even if you hate it. Save it for a minimum of fifteen years. I'm serious. At that time, if you want to, you can throw it out, but even then don't discard your writing lightly(여러분이 쓰는 모든 것을, 비록 그것을 좋아하지 않더라도, 싫어하더라도, 잘 보관해 놓으십시오. 최소한 15년은 보관해 놓으세요. 진지하게 말씀드리는 것입니다. 정 싫으면 버릴 수도 있을 것입니다만 결코 쉽게 생각해 함부로 내버리지는 마십시오).

*위 1, 2, 3은 같은 말의 반복입니다. 왜? 그만큼 많이 쓰는 게 중요하다는 의도적인 강조입니다.

글쓰기의 왕도는 없다

앞에서 말이 길어졌지만, 글을 잘 쓰려면 많이 쓰고, 자주, 반복해서 읽어야 한다는 것입니다. 특히 청소년들이 가장 잊기 쉬운 것은 글쓰기를 또 하나의 숙제로 생각해 쓰고 나면 잊어버리고 마는 것입니다. 아이들은 자신들이 쓴 글이 훗날 재차 사용될 수 있다는 것을 알지 못합니다. 아닙니다. 사람의 삶에도 수명이 있듯이 글에도 수명과 때가 있습니다. 그렇다는 것은 언젠가 다시 사용할 기회가 온다는 뜻이기도 합니다. 부자들이 곳간에 금은보화를 모으는 것과 같이 글을 사랑하고 글쓰기를 좋아하는 사람은 글을 모읍니다. 어느 것도 함부로 버리지 않지요. 각각의 글에 그때그때의 역사가 기록되어 있지 않습니까? 저를 만나는 아이들에게 늘 하는 말이 있습니다. "어떤 글도 버릴 글은 없다! 한번 쓴 글은 반드시 또 사용하게 된다! 똑같이 쓸 수도 있고 일부만 바꿔서 쓸 수도 있다. 책이 책을 낳듯이……" 저도 위와 같은 과정을 거쳐 책을 쓰게 됐고, 그 책이 또 다른 책을 쓰게 했습니다. 지금 여러분이 읽는 이 책도 매주 쓴 제 단편들이 모여 재활용된 것입니다.

위에서 제시한 일곱 가지를 실행하는 데 대단한 노하우가 필요한가요? 거기에 '시스템'이라는 기죽이는 괴물이 등장하는가요? 대단한 누구의 도움이 필요한가요? 돈이 많이 드나요? 전혀 그렇지 않습니다. 영어 글쓰기를 잘하는 데에는 왕도가 없습니다. 단지 많이 쓰는 것뿐. 검사받고 외우고 고치고 다시 고치는 것이 아니라 '그저 쓰는 것, 막 쓰는 것.'

아이들에게 어떻게 하면 더 '잘' 쓰게 할까를 고민하기보다는 어떻게 하면 더 '많이' 쓰게 할까를 고민하는 게 부모와 교육자의 숙제여야 합니다. 단 한 번도 남의 도움 받지 않고 글 잘 쓰는 아이들의 특징은 혼자 끊임없이 많이 써 온 것입니다. 그 대표적인 예를 이전에 나눈 어느 아이의 '일기'로 들겠습니다. 문법이 맞건 틀리건 혼자 줄곧 써 온 일기의 힘 하나로 제가 아는 많은 아이들이 최고의 글쟁이가 되었습니다. 아직도 일기의 영향력에 대해서 의심하는 분이 계시면 이 책의 앞부분으로 돌아가 '일기여 영원하라'는 글을 읽으시기 바랍니다.

간섭을 최소화하는 글쓰기의 힘

아이가 글을 많이 쓰려면 간섭이 적어야 합니다. 빌어먹을 '확인 작업'이 없어야 한다는 것입니다. 그리고 암기가 없어져야 합니다. 이때 결과에 대한 칭찬이나 비난도 잠시 유보되어야 합니다. 아이가 혼자 생각하고 혼자 고민하고 혼자 상상할 수 있는 절대적으로 자율적인 환경조성이 관건입니다. 도대체 한국의 아이들은 언제 이런 시간을 갖게 될는지요? 정처 없이 떠나는 여행도 좋고, 방에서 마냥 뒹구는 것도 좋고, 친구들과 주책없이 떠드는 것도 좋고, 저녁 시간에 부모와 세상 한탄을 같이 하는 것도 좋습니다. 5분 뒤 할 일에서 잠시나마 자유를 맛보는 것! 절대적인 해방과 자유!

결국 아이가 영어 글을 잘 쓰거나 못 쓰는 책임은 바로 부모와 교육자들에게 있습니다. 우리가 어떤 환경을 조성하느냐에 따라 순진한 아이들은 그 환경에 노출되고 학습되고 강화됩니다. 저는 여전히 아이들을 사랑합니다. 비록 아이들의 태도가 당장 엇나갔다 하더라도(사춘기라 치고), 눈동자가 제대로 박혀 있지 않을지라도(컴퓨터에 중독되어 있다고 치고) 아이들은 아이들입니다. 여러분 세대의 영어교육이 잘못됐다고 단 한번이라도 후회한 적 있다면 이제부터라도 기본으로 돌아가십시오. 잘못된 교육의 전철을 자녀들이 밟지 않도록 합시다. 그냥 아이들을 내버려두고 스스로 많이 쓰게 하십시오. 양이 결국 질을 변화시킨다는 믿음을 가지십시오. 글을 쓰다 보면 결국 무슨 일이 일어나고 난다고 믿으십시오.

아참, 제가 잊을 뻔했습니다. 앞서 제시한 '최고의 글을 쓰기 위한' 원칙들은 미국 뉴베리상 수상작가인 게일 카슨 레빈(Gail Carson Levine)의 말입니다. 게일은 서른일곱, 서른여덟 살에 부모를 다 잃었습니다. 그의 아버지는 어릴 때 고아원에서 자랐습니다. 아버지의 불행했던 어린 시기에서 영감을 받아 쓴 글이 최고의 소설 『Dave at Night』가 되었습니다. 어릴 적 배우가 되고 싶었지만 키가 작아서 포기하고, 화가가 되려 했지만 자학 때문에 포기했던 그녀가 붓과 펜을 잡고 세계적인 스타의 반열에 올랐습니다. 자신을 이겨야 영웅이 된다고 확신하는 그녀의 다짐이 영어로 고민하는 한국의 많은 청소년에게도 힘이 되길 희망합니다. 쓰면 됩니다. 일단 쓰십시오! 제발 쓰십시오! 얼마나 더 사정해야 아이들의 손에 펜이, 그 누구의 간섭도 받지 않고, 자유롭게 쥐여질 수 있을까요?

『뼛속까지 내려가서 써라』로 잘 알려진 미국 나탈리 골드버그 작가의 말로 마무리하면 좋을 것 같습니다.
"글쓰기는 글쓰기를 통해서만 배울 수 있다. 바깥에서는 그 어떤 배움의 길도 없다."

글쓰기의 종류

글을 많이 써야 한다고 해서 한 가지 장르에만 국한할 필요는 없습니다. 세상에는 아주 다양한 종류의 글이 있습니다. 또한 창의적인 글쓰기라고 해서 픽션 즉 소설에만 국한하는 것으로 생각할 필요도 없습니다. 엄밀히 말해서 글의 형태로 쓸 수 있는 것 대부분은 다 창의를 기반으로 하지 않습니까? 물론 신문 기사나 연구논문은 다른 이야기이지요. 사실과 업적을 '정확히' 기술하는 데 창의력이 발휘되면 방향이 엉뚱한 곳으로 튈 수도 있으니까요. 저자로서 저의 제안은 가능한 범위 내에서, 아래와 같은 다양한 종류의 글쓰기 훈련을 해보라는 것입니다. 그러면 창의나 상상이 글쓰기에서 얼마나 중요한 역할을 하는지 직접 체험하게 되실 것입니다. 단, 아이의 나이와 능력과 취향을 고려해 다양한 종류의 글을 접할 수 있도록 방안을 강구해 보십시오.

advertisements(광고), advice(충고), allegories(비유), anecdotes(사례), autobiographies(자서전), awards(수상문), ballads(발라드), biographies(전기), book reviews(서평), cartoons(만화), comic strips(연재만화), diaries(일기), editorials(사설), essays(에세이), fables(우화), fairy tales(동화), fiction(소설), adventure(탐험류), contemporary(동시대 물), fantasy(판타지), historical(역사), mystery(미스터리), romance(로맨스), science fiction(공상과학), folktales(민담), greeting cards(엽서), how-to articles(방법을 알려주는 기사), informational articles(정보에 관한 기사), instructions(지시문), interviews(인터뷰), jokes(농담), journals(일기), letters (편지), apology(사과문), business(비즈니스), complaint(불평), congratulation(축하), friendly(친근함을 표현하기), job application(취업신청서), to the editor(편집자에게), movie reviews(영화평), myths(신화), newsletters(소식지), newspaper articles(신문기사), plays(연극), poetry(시), non-rhyme(산문), rhyme(운문), concrete(구체적인 라이팅), Cinquain(싱케인: 적은 수의 단어를 배열해서 쓰는 시), haiku(하이쿠 시), limerick(오행희시), lyrical(서정시), puzzles(수수께끼), quizzes(퀴즈) radio scripts(라디오 극본), research papers(연구 논문), resumes(이력서), screenplays for movies(영화 극본), speeches(연설문), tall tales(흰소리), TV scripts(TV 극본).

23 창의적인 영어 글쓰기를 위한 십계명

소설을 쓰는 데에는 세 가지 원칙이 있다. 하지만 불행하게도 그게 뭔지는 그 누구도 모른다
– 서머셋 모옴(1874~1965): 『인간의 굴레』 및 『달과 6펜스』로 유명한 영국 작가

창의적인 글을 쓰는 것을 어떻게 몇 가지 원칙으로 한정할 수 있을 까요? 우리가 알고 있는 그 훌륭한 작가들이 '창의적 글쓰기 훈련'을 통해서 성장했을까요? 지금까지 세상이 가고 있는 방향과 달리 인간 본연의 독창성에 근간을 두고 영어교육을 시도해 보려는, 물론 이제 17년 밖에는 안된 실험이지만, 제 교육 철학을 순수한 마음으로 사랑 해 주시고 후원해 주신 모든 학부모와 어린이에게 감사하다는 말씀을 전합니다. 아래의 열 가지 원칙은 지금까지 다룬 저의 생각들을 간추 려 전달하는 것이니 즐겁게 읽으면서 마무리하시면 좋겠습니다. (교육 을 말할 때 '마무리'나 '회고'가 없으면 뭔가 섭섭하듯이 저도 이제는 마무리할 때인 것 같습니다.) 아울러 우리의 생각이 어제 다르고 오늘 다르니 아래의 원칙들을 염두에 두고 독자 나름의 창의적이고 감수성 풍부한 영어교 육을 재창조해 보시기 바랍니다. 제가 판에 박힌 기존의 영어에서 탈 피해 교육의 기본으로 돌아가려고 노력했듯이, 이 글을 접하는 모든 독자 역시 세상을 좀 더 좋게 만들겠다는 책임감을 가지고 저보다 더 오래가고 더 근본적인 영어교육을 찾아 실천하시기 바랍니다. 자, 아 래의 원칙들을 잘 따라오세요!

첫 번째, 어려서부터 에세이를 가르치지 마라

초등학교 시절부터 에세이를 가르쳐선 안 됩니다. 어느 누가 대한민국 땅에 '논술'이라는 괴물을 탄생시켜 초등학교 시절부터 책을 마치 암호 해독하듯 분석하게 만들었는지는 모르겠지만, 논술—논리적인 서술—이라는 말이 설명해주듯이 논술은 이성적 판단이 가능한 나이부터 시작하는 게 맞습니다. 어려서부터 형식과 논리에 지나치게 노출되면 상상력과 창의력이 위축됩니다. 에세이나 논술은 대학교 이상의 학습을 위한 준비 과정입니다. 불가피하게 에세이를 가르쳐야 한다면 최소한의 룰 안에서 창작할 수 있도록 권장해야 합니다. 같은 형태의 반복과 정답형 내용의 주입은 '절대' 금물입니다. 반복하게 해서 좋은 점수를 받는 것은 상대적인 우월감을 줄 뿐 절대적인 실력의 향상과는 무관하다는 것을 명심하십시오! **가장 상식적인 주제에 대해 가장 비상식적으로 표현하는 에세이가 최고의 에세이입니다.**

두 번째, 닥치는 대로 읽혀라

책은 무조건 많이 읽어야 합니다. 책을 소중하게 여기는 박물관주의자들과 책 한 권을 주야장천(晝夜長川) 읽는 정독주의자들을 경계하십시오! 정보의 홍수화 시대에 고사(枯死)되지 않으려면 많은 책을 빨리 읽는 기술이 필요합니다. 많이 읽히려면 확인하지 말고 간섭하지 말아야 한다는 전제가 붙습니다. 아이가 책장을 넘기고 있다면 이해하고 있다고 믿으십시오. 한 단어 한 문장의 이해가 중요한 게 아니라 책 전체의 내용을 파악하는 게 더 중요합니다. 추리하고 상상하게 하되 확인하지는 마라, 이게 저의 간곡한 권유입니다. 그러면 아이의 책 읽는 속도가 빨라지고 흥미가 붙게 될 것입니다. 아이가 보통 책 한 권에 두 시간 이상 빼앗기고 있다면 아직 갈 길이 한참 멀었으니 좀 더 구체적인 독서 지도와 계획이 필요할 수 있습니다. 한번 책을 붙들면 끝장을 보게 하십시오. 그럴 수 있는 환경조성이 필수라는 말입니다.

세 번째, 단어를 외우게 하지 마라

시험에 통과하기 위해 외워야만 한다면 말리진 않겠습니다. 하지만 좋은 글을 쓰기 위해서나 말을 잘하기 위해서 단어를 외운다면 이건 낭비입니다. 외운다고 그 단어가 표현되지 않습니다(절대로!). 고급 단어가 필요하면 글을 쓰는 중간중간 인터넷 사전으로 찾게 하는 것만으로도 충분합니다. 한 페이지에 최소한 2~4개 정도의 고급 단어가 필요하다는 최소한의 힌트만으로도 아이들은 단어에 신경을 쓰게 됩니다. 사전을 찾는 과정만으로도 아이들은 충분히 좋은 단어를 습득해 나갑니다.

참고로 북미 교육에는 엄청난 단어들을 외우게 하거나 현장 중심의 사지선다형 시험이 거의 없기 때문에(있어도 안 됩니다), 외워서 영어를 더 잘하게 해주는 교육방법은 없습니다. 한국이 현실적으로 다르다는 것은 인정합니다. 이런 교육 커리큘럼이 유연하게 바뀌지 않는 한 한국 영어교육의 미래는 없습니다. 대학교 영문과 학생조차 문학을 하지 않고 취업을 위해 회화만 하고 있다는 것은 영어교육의 미래를 위해 수치 아닙니까? 북미의 모든 라이팅은 집에서 충분한 시간을 갖고 작성되기 때문에 아이의 절대적인 표현력이 중요하며, 이런 형태의 교육

에서는 굳이 단어를 외우지 않고 찾아 적는 방법만 안다면 전혀 문제
될 것이 없습니다. 단어에 집착하면 읽기도 진도가 안 나가고 쓰기의
유창성도 떨어지니 제발 단어를 많이 알아야 영어를 잘한다는 거짓 신
화에서 뛰쳐나오시기 바랍니다. **단어는 사용하라고 있는 것이지 외우
다가 끝나는 것이 아니라는 점 명심하세요!**

네 번째, 글을 쓸 때는 간섭하지 말고 내버려 두라

아이들이 쓰는 글에 대해 이렇다 저렇다 간섭하지 마십시오. 다 쓴
다음에 읽어 보라고 하기 전까지는 채근하지 마십시오. 글쓰기의 시작
은 주눅 들지 않고 제멋대로 표현하는 것입니다. 자신감은 맨 처음 글
을 쓰면서부터 만들어집니다. 좋은 글은 어찌 됐든 많이 쓰는 과정을
통한 결과입니다. 이런 과정을 거쳐 아이들은 스스로 비평할 수 있는
능력과 작가적 관점을 배워 나갑니다.

한 가지 안심되는 것은, 대부분의 한국 부모가 아이보다 영어를 못
한다는 것입니다. 못하니 간섭할 수 없지요. 영어권에서 1년만 살아도
아이의 영어를 부모는 당하지 못합니다. 아이가 부모의 어설픈 발음을
트집 잡아 무시하기도 합니다. 선무당이 사람 잡는다고 안되는 영어로
아이를 가르치려고도 하지 말고 함부로 독선생을 들이지도 마십시오.
사람 부리는 것도 알아야 부립니다. 어쭙잖게 간섭하기보다 도리어 놔
두는 게 낫습니다. 혹 아이가 중간중간 확인을 요구하더라도 무시하십
시오! 네 글이니 네가 알아서 하라고. 글쓰기를 혼자 모두 마친 후에
아이가 만세를 부르며 부모를 불렀을 때 흔쾌히 달려가 읽고 칭찬해

주십시오. "대단하네, 우리 자식!"

다섯 번째, 일기를 쓰게 하라

가장 훌륭하고 경제적인 학습은 역시 일기 쓰기입니다. 아무도 간섭하지 않는 자기만의 일기가 가장 좋은 작가를 만듭니다. 일기 자체가 좋은 글쓰기 선생이라는 것이 놀랍지 않습니까? 『안네의 일기』를 읽고 감동해 눈물만 흘릴 게 아니라 안네처럼 쓰게 하면 됩니다. 수정하고 다시 쓸 필요 없는 일기만으로도 아이의 글은 발전합니다. 일기만 잘 써 최고의 영어를 구사하게 된 아이들의 예를 들어보라고 하면 언제든지 말씀드릴 수 있습니다. 허구한 날 똑같은 형태의 일기만 주야장천 쓰고 있다면 다양한 형태의 일기가 있음을 조심스럽게 알려주고 다른 각도로 써 보라고 권장하십시오. 나이가 들면서 일기의 형태도 성숙해져야 하니까요.

여섯 번째, 문법책으로 문법을 가르치지 마라

초등학교 3학년부터 대학교용 문법을 가르치는 부모가 있습니다. 어느 부모는 5학년까지 문법책을 세 번 뗐다고 자랑합니다. 그런데 그 아이의 글은 왜 맨날 그 모양인가요? 문법에 맞추려다 보니 한 단락도 못 쓰는 아이가 있습니다. 왜 문법을 배우는지부터 정의해 볼 필요가 있습니다. 문법은 글로 소통하기 위한 최소한의 규제이자 원칙입니다. 문법에 살고 문법에 죽는다면 배가 산으로 올라가는 것입니다. 문법을 위한 문법은 시간 낭비입니다. 실용적인 문법은 오직 '글을 통해 표현

될 때에만' 유효합니다. 아이의 글을 보면서 부분부분 필요한 문법을 지도해 주는 요령이 필요합니다. **아이의 글이 문법책이 되어야 합니다.** 그러려면 많이 써야 하고 많이 고쳐야 합니다. 아이가 한 번 쓴 글을 최소 3번 이상 고치게 하는 학원 있으면 나와보라고 하십시오! 이런 반복 과정에서 아이들이 질리지 않게 하려면, 일차원적으로 '써라, 또 써라' 식의 군대식 명령은 역기능적이고 비교육적입니다. 아이가 좋아서 혹은 스스로 열 받아서 쓰도록 인격적으로 동기부여를 해야 합니다. 누가 이걸 해주겠습니까? 이런 인격적이고 아이 위주의 교육 과정에 익숙해지면 이제는 쓸데없이 5품사부터 나열식으로 가르치는 문법 공부, 못 외우면 머리 쥐어박는 문법 시험은 필요가 없을 것입니다. 그간 수고해온 이 세상의 문법 선생들이여, 안녕!

일곱 번째, 뻔한 독후감을 거부하라

등장인물부터 요약에 이르기까지 정형화된 형식의 독후감을 반복하는 것은 아이들의 타성만 강화하는 길입니다. 타성에 밴 건조한 아이들을 원하십니까? 그러면 계속 반복하십시오! 아이의 글이 중요하고, 아이의 생각이 중요하다고 믿는다면 책에 따라, 장르에 따라 독후감의 형식을 달리하는 창의적인 접근이 필요합니다. 책 한 권으로 가르칠 수 있는 영어 공부의 종류는 무궁무진합니다. 어찌 보면 책을 읽히는 것보다도 읽힌 후에 무엇을 하느냐가 더 중요할 수도 있습니다. 훌륭한 영어 선생은 책을 읽고 나서 무엇을 하고 어떤 문제를 발굴하느냐에 달려 있습니다. 책을 읽었는가를 확인하기 위한 독후감은 안 쓰게 하니만 못합니다. 독후감을 꼭 글로 써야 한다는 것은 누가 만든 허상입니까? 미국의 오프라 윈프리가 그랬습니까? 독후감은 말로도 가능하고 토의나 토론으로도 가능하고 대중 스피치로도 가능하지 않을까요? 그림 그리는 것은 또 어떻고요?

여덟 번째, 읽든 쓰든 아이들이 스스로 선택하게 하라

인간은 누구나 선택하길 원합니다. 매일 같은 반찬을 먹으라고 하면 질리는 것처럼 아이들에게 책을 읽히건 쓰게 하건 선택의 여지를 남겨 놓는 게 좋습니다. 아이가 읽고 싶은 것, 쓰고 싶은 것을 선택하게 하십시오. 적절한 범위는 주되 그 속에서 자유롭게 하십시오. 그렇다고 완전히 풀어놓을 수는 없습니다. 기 살리는 것과 제멋대로 하게 하는 것의 차이를 분명히 알아야 합니다. 자신이 선택한 것과 하라고 해서 하는 것과의 차이를 말로 할 필요가 있을까요? 단지 읽고 쓰는 것뿐 아니라 학교 시험도 마찬가지입니다.

'정답형'의 한계를 아는 교육자라면, 학생이 선택하게 하고 답하게 하는 게 맞지 않을까요? 자신이 선택할 권리가 있을 때 학습은 유희가 됩니다. 선택의 자유가 없을 때에는 그 어느 것도 즐기며 할 수 없습니다. 숙제가 고역이 되는 것입니다. 한국의 석학 최재천 교수의 말을 인용해 봅니다. "한국에는 숙제를 잘 푸는 애들은 많지만, 숙제를 출제할 줄 아는 애는 없다." 어른의 세계라고 다르지 않습니다. 어려서부터 선택을 해본 아이만이 문제를 출제할 수 있는 창의력이 갖춰집니다. 창의적인 독서, 창의적인 글쓰기의 시작은 아이가 선택하게 하는 데에 있습니다. 자유!

아홉 번째, 다양한 종류의 책을 읽고 쓰도록 권장하라

아이들의 독서 취향은 제한적입니다. 아이들은 자기가 좋아하는 장르만 계속해서 읽습니다. 한번 판타지에 빠지면 다른 책은 안 읽으려 들지요. 남자아이들은 스포츠나 어드벤처물을 좋아하고, 여자아이들은 멜로물을 좋아하기도 합니다. 글쓰기도 마찬가지입니다. 한번 시(詩) 쓰기를 싫어하게 된 아이는 죽어도 시를 안 쓰려고 합니다. 폭력물에 빠진 아이는 치고받고 싸우고 죽이는 이야기만 줄곧 씁니다. 어린 시절의 편협한 독서와 편중된 글쓰기는 아이들의 잠재력을 제한합니다. 아이들에게 주는 선택의 권한도 교육적 구속력 안에서 가능합니다. 어드벤처부터 공상 과학 소설에 이르기까지 다양한 종류의 책을 그룹별로 읽게 하고, 시부터 단편, 장편에 이르기까지 다양한 종류의 글을 쓰도록 권장해야 합니다. 그런데 과연 이럴 수 있을까요? 자유와 규율, 경쟁과 배려, 집중과 다양성, 취미와 의무, 서두름과 게으름, 이런 이중성을 극복하는 게 진짜 교육자의 몫입니다. 이 중 그 어느 것도 한쪽으로 치우치면 균형감각이 없어지면서 반사회적인 인간으로 성장할 확률이 높습니다. 부모가 힘이 부치면 아이가 믿고 따를 만한 인격적인 작가나 독서 지도 선생을 만나는 극성을 부릴 필요도 있습니다. 다양한 동기부여의 기회를 찾는 것, 아이들에게 훌륭한 멘토를 만나게 하는 것, 때론 부모가 한발 물러서야 교육이 제대로 설 수 있습니다. 이 말은 외부의 교육을 일절 사양하는 이 세상의 옹고집 가장에 대한 경고이기도 합니다. 부모의 적절한 교육열은 극성이 아니라 선견(先見)일 수도 있습니다. 교육에 극단이란 없습니다! 단지 조화만 필요할 뿐이지요.

열 번째, 많은 것을 보게 하라

글쓰기에는 영재가 없습니다. 경험이 쌓이고 시야가 넓어져야 좋은 글이 나옵니다. 되도록 많은 곳/환경에 아이들을 노출시키십시오. 동네 양로원 자원봉사부터 미술관 옆 동물원과 인체 해부 박물관 견학에 이르기까지 시간만 나면 아이들을 데리고 다니십시오. 아이의 시야를 넓히는 데 아이용 어른용을 가리지 마십시오. 술과 담배와 여자의 화장 냄새가 심하지 않은 곳이라면 어디든지 교육 장소가 될 수 있습니다. 단지 시각적 자극만 할 것이 아니라 대화를 통해 생각을 끄집어내고 때론 심어주십시오. 대화는 쌍방 간에 나누는 것이지 부모의 결론을 일방적으로 주입하는 것이 아닙니다. **부모의 역할은 진행자(*facilitator*)이지 판단자(*judge*)가 아님을 명심하시라**는 것입니다.

한 가지 더! 가장 빨리 가장 많은 것을 보게 한다고 온 세상사가 도깨비 상자에서 튀어나올 듯한 초대형 HDTV 앞에 앉게 하는, 인류역사상 가장 어리석은 적용을 하는 부모가 안 되시길 바랍니다. 지금 여러분의 집에서 '방금 산' TV를 내다 버릴 수 있는 용기만 있다면, 여러분 자녀의 장래를 제가 염려할 필요는 없을 것입니다. 혹 위와 같이 조치했음에도 여전히 여러분 자녀의 영어가 제자리걸음이고 창의적인 글이 안 나온다면 저에게 데리고 오십시오. 무료로 여러분의 아이를 위해 읽기와 글쓰기를 가르쳐 주겠습니다. 노 키딩(*No kidding*)! 농담 아닙니다!

한국이 낳은 세계적인 영어권 작가 '린다 수 박(Linda Sue Park)'

2002년 『사금파리 한 조각(Single Shard)』으로 미국의 아동문학상인 뉴베리상을 수상하면서 미국 및 영어권의 아동문학계에 이름을 알린 린다 수 박은 현재 영어권에서 활동하는 현역 작가 중 가장 지명도가 높은 한인 작가 중 한 명입니다. 앞으로 제2, 제3의 린다 수 박이 나오길, 문학을 통해 한국과 영어권을 하나로 묶는 한인 작가들이 여럿 배출되길 바라는 마음에서 그녀를 소개합니다.

1960년 일리노이주 어바나에서 이민 1세대 한국인 부모에게서 태어난 린다 수 박은 한국 전쟁 직후 미국 땅을 밟은 한국 이민자들 대부분이 그러했듯이 한국의 언어와 문화를 모르고 자라났습니다. 그런 영향으로 어릴 적 린다는 한국에 대해 거의 아는 바가 없었습니다. 그녀가 한국을 접하게 된 것은 책을 통해서였습니다. 어린 시절 부모의 손에 이끌려 2주에 한 번씩 정기적으로 도서관 나들이를 했던 린다는 일찍부터 책 읽기에 익숙해졌고 평생의 벗인 책을 통해 한국이라는 이국 아닌 이국을 만나게 됩니다. 어린 린다가 처음 한국적인 것, 한국의 이야기를 접한 것이 바로 프랜시스 카펜터(Frances Carpenter)의 『Tales of a Korean Grandmother(어느 한국 할머니의 이야기들)』였습니다. 독서광이었던 어린 시절의 린다는 책 읽기만 좋아하지는 않았습니다. 그녀는 다양한 인생의 경험을 쌓아가며 천천히 작가의 길로 들어섰습니다. 스탠

포드 대학에서 영어를 전공하고 PR 관련 일을 하며 오일 회사에 몸담기도 했고, 푸드 저널리스트로 활동하기도 했으며, 아일랜드계 남편과 결혼한 후에는 영국에서 영어를 가르치기도 했습니다. 그녀의 직업이 어떤 식으로든 글 쓰는 일과 연관되어 있었지만, '전문적인 작가'가 되겠다고 한 번도 '작정'해 본 적은 없었다고 합니다. 그저 평생 자신의 삶과 같이해 온 책 읽기와 글쓰기가 그녀를 작가의 길로 자연스레 이끌어낸 것은 아닌가 하는 생각이 듭니다. 이런 삶의 전환에는 그녀의 가족 환경이 한몫했습니다. 외국인 남편과 결혼하고 그 사이에서 태어난 자녀들과 자신의 한국성을 잇는 가교로 그녀는 한국 문화와 역사에 대해 공부했고 글을 쓰게 됩니다. 그렇게 해서 탄생한 그녀의 첫 작품이 바로 1999년 발표된 『Seesaw Girl(널뛰는 아가씨)』입니다.

린다 수 박 외에도 현재 북미에서 활발히 활동하고 있는 자랑스러운 한국계 아동 작가들을 소개합니다.

- Tae Keller 『When You Trap a Tiger』 2020, 미국 뉴베리 수상작

- Julie Lee 『Brother's Keeper』, 2020

- Ellen Oh 『The Dragon Egg Princess』, 2021

- Angela Ahn 『Peter Lee's Notes from the Field』, 2021, 캐나다 총독상 후보작

- Sarah Suk 『Made in Korea』, 2021 🖊

부모들이여! 조급증과 이별하라!

'창의적인 글쓰기' 워크샵을 시작한 지 올해로 17년 차가 되어가면서 우리 기관의 1세대 아이들은 벌써 대학을 졸업해 사회의 건실한 일원이 되었습니다. 1세대 아이들이 우리 기관에 남겨놓은 많은 유산 때문에 우리 기관의 장래는 밝다고 생각합니다. 더욱 감사한 것은, 성인이 된 그 아이들이 아직도 우리 기관을 잊지 않고 작가들과 소통하며 여러 면에서 우리 기관의 일을 자원해서 돕고 있다는 사실입니다. 우리는 모두 연결되어 있습니다.

2004~5년 당시 초등학교 2학년부터 5학년까지의 이 아이들과 부모들은 대부분 대학에 들어가기 전까지 우리와 함께했습니다. 이들은 미국과 영국과 캐나다 등지의 영어권 대학과 한국의 대학에서 의학, 미술, 영문학, 법학 등 다양한 전공을 선택했습니다. 무슨 전공을 택했건 이 아이들은 자신이 원하는 바를 선택하고 조정하고 미래를 준비하는 자발성이 갖춰진 아이들로, 청년들로 자라났습니다. 그들은 우리 기관을 떠나 대학에 갔고, 사회에 진출했고, 저는 여전히 북미와 한국의 이곳저곳에서 우리 기관의 창의적 글쓰기 워크샵에 참가하는 아이들과

그 부모들을 만나고 있습니다. 시간이 흘러도 아이들은 늘 그 아이들이고, 부모들은 늘 그 부모들일까요?

세월이 흘러 상황이 바뀌고 세태가 바뀌었으니 사람도 바뀌나 봅니다. 십수 년 전에 만난 부모들과 요즘의 부모들의 다른 점 한 가지를 들라고 하면, 요즘 부모들의 마음은 대단히 '조급'해졌다는 것입니다. 조급해진 부모들이 과거보다 많아진 걸 느낍니다. 조급해졌다는 것은, 아이들의 교육에 관한 평가와 판단과 결정에 매우 민감하게 반응한다는 것입니다. 이러한 조급함이 부모들의 마음을 지배하게 된 것과 마찬가지 속도로 그들의 교육관 역시 민감하게 발전하고 성숙해졌을까요?

이 글을 읽는 현재 시점의 독자이자 창의적 글쓰기에 애착이 있어 어떤 환경에서건 자녀가 글쓰기를 지속하길 바라는 부모라면 다음 사항을 깊게 고민해 보시기 바랍니다. 그러려면 먼저 아이와 함께해 온 양육과 교육의 과거를 돌아보고, 그 결과를 객관적으로 판단해, 이 책이 한결같이 이야기하고 있는 창의적이고 실험적이고 자발적인 영어 교육 과정에 동참할 건지를 진지하게 결정하셔야 합니다. 창의적 글쓰기에는 우연이 없습니다! 결정과 각오만 필요할 뿐이지요.

글쓰기는 아이들의 현실의 거울

저는 아이들의 교육에서 가장 큰 해악이 부모들의 '조급함'이라고 생각합니다. 교육 전문가의 관점에서 보자면, 아이들은 '거의 모든 문제에서(100%라고 장담하지는 못하겠습니다만)' 무죄입니다. 지난 17년간 우리 기관의 창의적 글쓰기 워크샵을 통해 부모가 인식하지 못하는 아이들의 문제를 많이 알게 됐습니다. 아이들의 글은 늘 정직합니다. 특히 영어 글쓰기의 경우 한국 부모가 쉽게 간섭할 수 없다는 장점이 있기에, 아이들은 글을 통해 대담할 정도로 정직해집니다. 부모 간의 불화, 자신의 심리적 불안, 사회에 대한 증오, 폭력성 노출 등 다양한 형태로 '거침없이' 아이들은 자신의 현주소를 밝힙니다. 물론 쉽지 않은 아이들도 있기는 합니다. 작가가 물으면 늘 "왜 그렇게 해야 하는데요?"라고 따지듯 묻는 아이, 누구에게도 자신의 속내를 털어놓지 않는 아이, 주의결핍의 아이, 행동 장애의 아이, 수개월의 워크샵 내내 발표를 거부하는 아이, 너무 책임감이 투철해 본론으로 들어가기도 전에 지레 지쳐버리는 아이, 다른 아이들과 도대체 어울릴 수 없는 아이 등등.

우리 기관은 이렇게 다양한 형태의 아이들을 가리지 않고 받았습니다. 문학적으로 우수한 아이들을 만나는 것은 물론 큰 기쁨이지만, 그렇다고 이런 아이들만 가려서 뽑지도 않았습니다. 우리 교육이 누구에게 더 필요할까를 고민하며 아이들을 뽑고 지난 17년간 같이 생활해 왔습니다. 그 어느 아이도 밉지 않았습니다. 제 가슴에 선명한 기억으로 남아 있는 아이들이 아직도 많습니다. 우리는 왜 이런 아이들을 품고 불편함을 감수하면서까지—비록 우수한 몇몇 아이들이 '저 아이 때문에 같이 공부 못하겠다'는 이유로 워크샵을 떠나버려도—오늘날까지 이런 워크샵을 개최하는 걸까요?

한 아이만의 잘못으로 돌리기에는 너무 많은 가정 문제 혹은 주위 환경의 문제가 있었습니다. 문제 많은 환경과 상황에서, 문제 많은 부부와 가정에 의해 아이들은 길러졌고 아이들은 그 문제를 세상에 있는 그대로 투영했습니다. 그러니 아이들은 문제의 원천이 아니라 문제의 통로입니다. 아이들의 태도와 글을 통해 그 가정의 모습을 연상하는 게 저의 원치 않는 '전공'이 되어버렸습니다. 그리고 이런 저의 전공은 지난 세월 다듬고 다듬어져 이제는 서울 미아리에 굳이 점집을 차리지 않더라도 아이들의 글을 통해 그 집의 가정사를 용히 맞추는 자가 되었습니다. 다시 말씀드리지만, 아이들은 죄가 없었고 여전히 없습니다. 그들의 죄라면 자신들의 가정 문제를 속속들이 글이라는 도구를 통해 여과 없이 배설한다는 것입니다. 때로는 주책없을 정도로.

아이들의 성장과 부모의 조급함의 문제

결국 부모가 문제입니다. 자신의 학력이 낮다는 열등감으로 혹은 자신의 학력이 높다는 우월감으로, 자기 아버지가 회사 창업주라는 지배의식의 이유로, 뭔가를 물려받아야 한다는 유전적인 이유로, 수 대째 외동아들밖에 없는 씨가 귀한 가문이라는 이유로, 아버지가 몸 바쳐 학비를 보낸다는 희생적인 이유로, 옆집 아이가 공부를 잘한다는 근거 없는 질투로, 하여간 무슨 이유를 갖다가 붙이더라도 '우리 아이는 우수해야 하고 혹 그렇지 못하다면 단기간 내 최대한 우수하도록 길러야 한다.'라는 강박관념이 오늘날 부모의 머릿속을 꽉 채우고 있습니다. 이러한 강박관념이 부모의 '조급함'으로 표출되고 있는 것이지요.

역사가 증명해 주듯이 그 누구도 조급한 부모덕에 우수하게 되지는 않습니다. 잊지 말아야 할 것은 우수하게 되었다는 것을 어떻게 증명하는가입니다. 제가 사용하는 우수성이란 절대성을 전제로 합니다. 절대성이란 지역과 상황과 시대에 불문하고 우수한 것을 말합니다. 즉 절대적인 우수함입니다. 부모의 조급함으로 아이들이 어떤 특정한 상황에서 어떤 특정한 형태로 우수할 수는 있지만, 이런 상대적인 우수성은 늘 또 다른 어떤 상황에서, 또 다른 누군가에 의해 '덜 우수한' 것으로 판명되지요. 한국에서는 우수한 아이가 캐나다나 미국에서 덜 우수하다면 한국에서의 우수성을 의심해 봐야 합니다. 우수한 아이는 결국 어디서나 우수해야 합니다. 그러니 진짜 우수하다는 것은 어디서건 '전환 가능한(transferable)' 것입니다. 여러분의 자녀는 지금 어느 정도 우수한가요? 한국의 어느 동네에서 우수한가요? 그러면 어디에서든 우수할까요? 아이의 절대적인 우수성을 어떻게 측정할까요? 이 세상 어디서나 통하는 그런 '보편적인' 우수성 말입니다.

우리 기관의 워크샵을 통해 아이들을 평가할 수 있는 기간은 깁니다. 최소 2~3년 걸립니다. 최소 3~4명 또는 그 이상의 다양한 작가들을 경험하면서, 다양한 형태의 글에 노출되면서 그리고 작가들의 조심스러운 평가 그리고 관찰자의 관찰을 종합해서 아이의 우수성과 잠재력과 창의력을 측정합니다. 물론 이 정도의 기간도 장담하기에는 이릅니다. 아이마다 능력과 적응력이 다르고 우수성이 표출되는 시기가 다르니까요.

글쓰기 실력은 오직 시간만이 말해 준다

저의 두 딸 이야기를 잠시 해보겠습니다. 사람들은 제 아이들이 작가의 딸들이니 으레 책을 잘 읽고 글을 잘 쓰는 줄 압니다. 제 아이들에게 유전적인 작가 성향을 기대해 보지만 그것은 오산입니다. 제 아이들은 미국과 캐나다와 미국을 다시 거쳐 초등학교에서 고등학교 졸업할 때까지 아버지가 '창의적 글쓰기 기관'을 시작했다는 이유만으로 창의적 글쓰기 워크숍에 자의반타의반으로 참가했습니다. 이유가 어찌 됐든 그러면 잘하기라도 해야 하는데 실상은 그렇지 않았습니다. 제 아이들이 읽기와 쓰기에 자신감이 생기는 데에는 3년 이상이 걸렸습니다. 아이들의 아빠가 창의적 글쓰기 워크숍을 자신의 딸과 같은 아이들, 이민자 후손들을 위해 시작했다는 것을 아는 아내는 처음에 실망했습니다. 다른 아이들은 6개월 만에 일취월장하는데 우리 아이들의 실력은 왜 이렇게 안 느는가 하면서…… 하지만 이런 아이들이 나중에는 자신들의 실력으로 장학금을 받아 대학을 가고 우등생으로 졸업했으며 이제는 우리 기관의 워크숍을 위해 봉사합니다. 이게 다 저는 창의적 글쓰기 교육의 덕택이라 생각합니다. 처음에는 느린 것 같지만 나중에 그 진가가 나타나는 교육.

자, 여러분의 자녀는 창작 활동을 한 지 얼마나 되었는지요? 1년, 2년, 아니면 3년? 아니면 그 이상? 지금은 무엇 때문에 아이들의 창의적 글쓰기를 그만두게 하려고 고민 중이신지요? 밴쿠버에서 우리를 알게 되어 한국에 돌아온 후에도 온라인으로 창의적 글쓰기 워크숍을 지속해 온 아이들은 보통 초등학교 3학년에서 고등학교 3학년까지 있고, 그중 가장 오래 했던 아이는 9년 연속 창작 활동을 한 J입니다(이 아이는 얼마 전 미국 브라운 대학을 마치고, 현재는 영국의 옥스포드 대학의 대학원 과정에 있습니다). 평균 5년 정도 창작 활동을 우리와 같이 한 아이들이 많습니다. 밴쿠버에서도 통상 3년은 되어야 창작을 이해한다고들 말하지요.

이들의 부모는 조급할 줄 몰라서 아이들의 창작 활동을 진작에 그만두게 하지 않았을까요? 더 좋은 사교육 현장을 못 찾아서 당분간 창작을 하게 한 게 7년 이상 되었을까요? 이 아이들 이야기가 주관적이라면, 다른 우수한 아이들 이야기를 해볼까요? 우리 워크샵을 통해 함께 성장한 아이들의 우수성 사례는 이 지면을 채우기에는 너무나 많고 다양합니다. 이들의 공통점은 꾸준히 했다는 것, 매 학기 워크샵이 끝날 때마다 다음에 하니 안하니 고민하지 않았다는 것, 늘 다른 작가 만나는 것을 기대했다는 것, 우리들의 워크샵을 '학교'라 생각하고 멀리 봤다는 것, 다른 아이와 비교하지 않았다는 것, 그리고 부모가 성급하지 않고 느긋했다는 것, 그래서 결국에는 아이들이 어느 분야에서건 자신 있는 아이들로 성장했다는 것입니다.

이 세상에 창의적이지 않은 아이는 없다

여러분의 자녀가 이런 아이들처럼 자라길 바라지 않으세요? 우리 기관의 원 취지와 같이 '자신 있고(confident)' '창의적이고(creative)' '능력 있는(capable)' 아이들로 자라길 바라지 않으세요? 그렇다면 부모로서 여러분의 조급함과 하루빨리 헤어지시길 바랍니다. 여전히 조급하다면, 왜 조급한지 성찰하고, 그 원인을 깊게 고민해 보시길 바랍니다(혹 본인의 미흡했던 삶을 아이에게 투사하고 계신 것은 아닙니까?). 그리고 아이의 잠재력을 믿고 반드시 스스로 성장한다는 믿음을 가지고 옆에서 지켜봐 주시길 바랍니다. 간섭하고 잔소리하는 부모보다 격려와 응원자의 모습으로 남아 계시길 바랍니다. 기술적인 면으로 조급하게 아이를 평가하지 말고 대신 아이의 감정 상태/감수성에 민감하시길 바랍니다. 아이도 사람입니다!

제가 지금까지 봐 온 그 어느 아이도 잠재력이 없지는 않았습니다. 아이는 스스로 성장할 능력을 갖추고 태어납니다. 이것은 저의 변함없는 믿음입니다. 단, 성급하게 간섭하고 조종하고 명령하고 조작하는 부모의 마음만 없어진다면 이런 제 믿음은 여러분 자녀에게 하나의 현실로 나타날 것입니다. 부모로서 여러분의 '귀한' 몸에서 나온 그 아이를 신뢰하시길 바랍니다. 그런 아이를 못 믿는다는 것은 곧 여러분 자신을 못 믿는 것 아닙니까? 성급함의 덫에서 하루빨리 빠져나오시길 바랍니다. 그러면 교육이 보일 것입니다. 아이들이 다시 보일 것입니다. 세상이 밝아질 것입니다. 더는 묻지 않으셔도 됩니다. 다가올 역사가 증명해 줄 것이니까요.

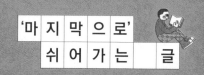

'마지막으로' 쉬어가는 글

〈어린이를 위한 창의적 글쓰기 사회:CWC〉가 오늘에 있기까지!

2004년 봄 밴쿠버 브리티시 컬럼비아 대학교(*UBC*) 근처의 한 동네 카페에서 리 에드워드 포디(*Lee Edward Fodi*)라는 30대 초반의 젊은 판타지 작가를 만났습니다. 생면부지의 그에게 저는 한국 작가로서 제가 꿈꿔온 창의적인 글쓰기 워크샵을 개최하기 위한 포부를 털어놓았습니다. 리는 BC 주 아동작가협회 사이트를 통해 겨우 연락이 닿은 유일한 작가였습니다. 리 외에도 명망 있는 밴쿠버 현지 작가들을 여러 방편으로 섭외했지만 저의 제안은 대부분 무시됐습니다. 비영어권의 한국 작가라서 무시됐을까요? 특히 한국 아이들을 가르친다는 것에 대해 그저 어느 학원 수준이겠거니 하고 대수롭지 않게 생각하는 캐나다 작가들이 많았습니다. 하지만 리는 달랐습니다. 한국 출신의 작가가 자신의 출신국 이민자 자녀들을 위해 캐나다 작가를 초청해 워크샵을 열겠다는 것, 단순히 글쓰기 능력 향상이 아니라 어린 시절 작가와의 경험을 통해 안목을 넓혀주고 자신감을 갖게 한다는 것, 창의력과 상상력을 자극한다는 것, 워크샵의 목적이 영리가 아닌 비영리라는 것 등에 리 작가는 선뜻 마음의 문을 열어 주었습니다. 그리곤 저의 요청에 따라 커리큘럼 개발에 들어갔습니다. 10~15회의 워크샵을 통해, 참가 어린이들 각자가 자신의 책을 갖게 하는 세밀한 교육 계획!

처음 보는 작자가 아무리 뜻이 좋기로 같이 일을 하자며 캐나다 작가들에게 '커리큘럼'을 개발을 요청하면 십중팔구는 "얼마 줄 건데?"라고 묻습니다. 준비에 많은 시간과 노력이 필요하니 당연한 요구이기도 합니다. 하지만 리 작가는 그렇지 않았습니다. 이전에 그 누군가도 시도하지 않았던 독창적인 영어교육을 같이하자고 자신을 찾아온 한국 출신의 어느 작가가 "프로그램을 홍보하기 위해서는 무엇을 가르칠지 구체적인 교육 계획이 없어서는 안 된다."라고 말하자 그는 단번에 이해하고 동의했습니다. 그리고는 약 한 달간 각종 자료를 찾아가며 개발한 5~10분 단위로 쪼개진 커리큘럼을 가지고 이전의 그 카페에 다시 나타났습니다. 한두 번의 수정 끝에 좀 더 완벽한 커리큘럼이 나왔습니다. 그 커리큘럼이 지난 17년 채 사용되고 수정되고 보완되고 발전되고 있습니다.

캐나다의 자랑 리 포디 판타지 작가

캐나다 BC 주 오카나간 호숫가에서 태어난 리는 시골에서 자라면서 9살 때부터 글을 써온 영재입니다. 아동 작가가 되기 위해 대학에서 영문학과 미술을 전공했고 창의하기와 상상하기를 가장 좋아해 판타지를 쓰게 됐다는 리 작가는 그렇게 우리 기관과 처음부터 지금까지 같이했습니다. 그런 그의 순수한 의도와 열정에 하나님도 탄복하셨는지 우리가 만났을 때만 해도 신예 작가였던 그를 이제는 북미의 책 좀 읽는다는 아이는 다 알 만한 작가로 유명해지게 하셨습니다. 특히 그의 『Kendra Kandlestar(켄드라 캔들스타)』 시리즈는 그 유명한 해리포터 시리즈보다 더 재미있다는 평을 들었고, 지역 도서관 추천도서로 신정되었으며, 북미의 어린이들이 중독적으로 읽고 있는 레모니 스니켓의 『A Series of Unfortunate Events(위험한 대결)』 시리즈와 어깨를 나란히 겨루고 있습니다. 최근에는 미국 최대의 출판그룹 하퍼콜린스의 전속 작가가 되어 세계적인 작가의 반열에 올랐습니다.

이렇게 한국과 캐나다의 작가 둘이 한마음으로 시작한 창의적 글쓰기 워크샵이 횟수로 17년이 되었고, 이제 20주년을 향해 나아가고 있습니다. 2004년 가을 노스밴쿠버 지역의 한인 이민자 어린이들을 모아 한 그룹으로 시작했던 꿈의 워크샵이 이제는 밴쿠버 전역에서 동시다발적으로 행해지며, 인종적으로도 한인에서 백인으로 최근에는 중국 본토에서 온 아이들까지 합세하는 바람에 다양해졌습니다. 참가 작가도 아동 작가부터 시인, 드라마 작가, 대학교수에 이르기까지 다양해졌고, 교육의 형태도 집합 교육에서 온라인 교육 그리고 정기 워크샵에서 계절별 특별 캠프에 이르기까지 영역이 확대되고 업그레이드됐습니다. 단순히 교육만 하는 것이 아니라 한국과 캐나다의 청소년들을 위해 '영어 창의적 글쓰기 대회'를 개최하기도 했으며 한국의 캐나다 대사관과 협력해 한국의 청소년들이 캐나다 작가들과 만날 수 있는 특별한 이벤트를 열기도 했습니다. 이것뿐만이 아닙니다. 아이들에게만 책을 읽혀서는 안 된다고 생각하는 기관의 참가 부모들이 북클럽을 만들어 부모로서 서로의 삶과 교육 철학을 나누고 있습니다.

청소년 작가들의 성장과 발전

현재 각 지역에서 진행되고 있는 워크샵 그룹 중 최소 중학교 이상의 학생들로 편성된 라이터스 그룹(지금은 '포트폴리오 그룹(Portfolio for Teens)'으로 불림)은 이 기관의 자랑이 되었습니다. 수년간 창작 활동을 통해 작가들로부터 추천받아 이 그룹에 편성된 학생들은 이미 준 작가 수준의 글쓰기 실력을 갖추고 있습니다. 이들은 '시', '에세이', '장편소설' 등 글의 종류에 상관없이 거침없이 써 내려 갑니다. 길이가 2장이든 20장이든 타자 치는 손에 쥐가 나지 않는 한 이들의 손가락은 쉬지 않습니다. 워크샵 시간에는 너무 시끄러워 옆방에 방해가 될 정도로 학습 참여도나 발표력 면에서 타의 추종을 불허합니다. 이들은 지난 수년간 매년 다른 작가들을 만나 그들로부터 작가적 영감을 배우고 그들의 다양한 라이팅 및 발표 활동을 통해 동기가 부여되었습니다. 이들의 책 중 일부는 이미 아마존닷컴을 통해 e북으로 출판되어 전 세계의 독자들에게 공개되어 있습니다. 더욱 기특한 것은, 이 아이들은 자신들의 책 판매수익을 CWC가 후원하는 과테말라 아이들의 교육과 복지를 위한 후원 프로그램에 전액 기부한다는 것입니다. 이들은 이제 자신들의 재능을 기꺼이 세상과 나누게 되었습니다.

앞으로 우리 기관은 유능한 청소년들의 작품을 미국의 아마존닷컴뿐 아니라 한국과 북미의 출판사를 통해 계속 출판하고 홍보할 생각입니다. 2013년에는 〈서울국제도서전〉에서 이 아이들의 책이 전시됐고, 이 아이들의 공식적인 책 발표회가 개최되기도 했습니다.

청소년 작가들의 특징

이 아이들이 '글쓰기'에서 두각을 나타낸 이유는 대강 세 가지로 요약됩니다. 이들은 책을 무지하게 좋아하고 상상하기를 즐기고 순수한 마음을 가졌다는 것입니다. 처음 창의적 글쓰기 워크숍에 참가한 이후 이 아이들은 매월 최소 10권 이상의 책을 읽었습니다. 거의 책을 손에서 놓지 않고 살았습니다. 이 아이들은 TV 시청과 컴퓨터 게임 대신 책으로 상상력을 키워나갔고, 숨 막히는 일정보다는 풀어놓은 공간 속에서 마음껏 자유롭게 호흡했습니다. 이 정도로 방목한 아이들이었기에 작가가 조금만 자극하면 자기 본연의 상상력과 창의력이 '글'이라는 도구를 통해 한없는 나래를 펼 수 있었고, 어떤 작가를 만나도 순수한 마음으로 작가와 일심동체가 될 수 있었습니다. 하지만 이 아이들은 태어날 때부터 글을 잘 쓰지 않았고, '강화' 혹은 '집중'이란 단어가 들어가는 다른 라이팅 캠프에 참가한 적도 없는, 그저 평범하게 자란 이웃집 어린이들이었다는 점에 주목할 필요가 있습니다. 저는 지금 미국이나 캐나다의 아이들만 이야기하는 것이 아닙니다. 한국에도 이런 잠재력이 있는 아이들이 아주 많다는 것입니다.

이런 아이들이 수 년여의 창의적인 글쓰기 워크숍을 거쳐 이제는 다양한 종류의 글을 더욱 차원 높게 표현하는 훈련을 무리 없이 수용해 내고 있습니다. 이들 중에서 구미에서 찾아보기 힘든 한국 출신 영어권 작가가 탄생할 것입니다. 세계적으로 영어로 표현하는 한국계 아동 작가는 손에 꼽습니다. 그나마 몇 안 되는 이들도 한국적인 정서를 주된

테마로 삼아 프리미엄을 얻기가 고작이고, 영어권 작가들과 겨루어 '작품성 자체'로 인정받는 작가는 드문 편입니다.

우리는 왜 창의적인 영어교육을 고집하는가

이 아이들을 통해 교육 본연의 목적에 대해 다시 한번 생각하게 됩니다. '머리에 주입하지 않고 아이의 마음에서 *끄집어내는*' 교육. 어린이들 각자가 가지고 있는 고유한 재능을 인정해 주고 확장해 주는 교육. 강제하고, 외우게 하고, 똑같은 형태의 교육을 반복하는 게 아니라 아이들에 맞춰 늘 새롭게 변화하고 개선해 나가는 교육. 가시적인 효과를 내기 위한 기계적인 교육이 아니라 아이들의 정서와 지성의 발전을 중요하게 생각하는 교육. 그래서 아이들이 자신과 가족의 한계를 넘어 더 넓은 세상에서 건전하고 창의적인 일원으로 공헌하도록 돕는 교육.

아이들의 개성과 능력과 잠재력을 가늠하는 데는 긴 시간이 필요합니다. 이 라이터스 그룹에 참가했던 제 아이들조차 수년이 지난 후에야 '방구석'에서는 못 봤던 숨은 재능들을 발견할 수 있었습니다. 이제는 아이들 자체를 알게 됐으니 '무엇을 도와 줄 건가'는 그리 어렵지 않습니다.

이런 라이터스 그룹에 이어 CWC가 추구하는 교육적 목적과 가치에 동참하는 많은 아이들이 캐나다와 미국과 아시아에서 워크샵 참가를 희망하고 있습니다. 이 중에는 ESL 수준의 학생도 있고, 말을 잘하지 못하는 아이도 있고, 소심한 아이도 있고, 산만한 아이도 있고, 읽기 노이로제에 걸린 아이도 있고, 작가와 엄마의 차이를 구분하지 못하는 아이도 있고, 스스로 알아서 하는 착한 아이들도 있습니다. 각양각색의 아이들이 모여 그룹을 만들고 작가를 만나고 책을 읽고 책을 출간합니다. 이런 다양한 수준과 능력의 아이들로 만들어진 천방지축의 그룹들에 대해 처음 한두 달은 미심쩍어하는 부모도 있고, 첫 회의 섣부른 오판으로 그만두는 부모도 있습니다. 공부는 같은 수준의 균질한 아이들과 함께해야 한다는 고정관념을 가진 부모님들에게 다양한 연령과 다양한 수준의 아이들이 한 그룹으로 만나 창조해 나가는 다이내믹한 창작의 세계는 여전히 먼 나라의 이야기일 수밖에 없습니다. 못하는 아이는 잘하는 아이를 본받고 잘하는 아이는 작가에게서 도전받는 이런 상생의 사슬을 그들은 도저히 이해하지 못합니다.

CWC가 쌓아온 지난 17년의 세월을 통해 다양한 아이들이 만들어낸 책들과 그 속에 깃들어 있는 그들만의 상상과 창의의 세계는 '인내함으로 얻어지는 교육의 열매'가 얼마나 단지 피부로 느끼게 합니다. 그리고 이런 우리의 취지에 공감하는 부모들이 매년 꾸준히 늘어나고 이들의 관심과 성원이 식지 않는 것을 볼 때, 한국의 교육 현실을 한탄했던 저와 같은 1세대 교육자들에게도 '아직은 희망이 있다.'는 확신을 갖게 합니다.

2004년 밴쿠버의 한 조그마한 카페에서 행운의 리 포디 작가를 만나 시작된 CWC는 한국이건 북미건 중국이건, 이 세상 그 어디건 여전히 책을 읽고 글을 쓰기 원하는 아이들이 있는 한, 그리고 아이들의 교육에 대해 진지하게 고민하는 부모님들이 있는 한, 그들이 있는 곳으로 직접 찾아갈 것입니다. 가서 그들을 만나고 그들에게 작가적인 영감을 불어넣고 그들의 동기를 불러일으켜서 그들만의 고유한 창의와 상상을 책이라는 도구로 엮어내도록 실험해 나갈 것입니다. 아마 지난 17년의 세월만큼 앞으로 최소한 17년만 더 수고하면, 누가 압니까, 우리 기관을 통해 세계 최고의 영어 작가가 탄생할지? 교육은 결국 인내와의 싸움 아닌가요?

제2의 J. K. 롤링이 한국에서 탄생할 때까지

이런 큰 꿈을 가지고 지금까지 CWC가 아마존을 통해 세상에 등단시킨 자랑스러운 한국 및 캐나다 청소년 작가들과 그들의 책을 소개합니다. 이 중에는 현재까지 CWC의 드림 워크샵에 참가하고 있는 학생들도 있고, 대학에 재학 중인 학생도 있고, 이미 대학을 졸업하고 사회에서 자신들의 역할을 감당하고 있는 동창들도 있습니다. 여기에 실린 모든 책은 캐나다 CWC 소속 아동 작가들의 심사와 검토를 거쳐 최종 선정된 작품들로 전 세계의 청소년들에게 소개하는 차원에서 아마존을 통해 올린 것입니다(책 제목 A-Z순).

CWC가 탄생시킨 청소년 작가들의 아마존 e북 리스트

『A Single Blossom』 Kindle Edition by Elyse Nah

『Beast Emperor』 Kindle Edition by John Park

『Being』 Kindle Edition by Janice Kim

『Blue Bird [Print Replica]』 Kindle Edition by Edric Yoon

『Daydreamer』 Kindle Edition by Joshua Kim

『Decay』 Kindle Edition by Dean Yoo

『Dimension XI』 Kindle Edition by Brian Leong

『Dream』 Kindle Edition by Somang Yang

『Eternal Infinity』 Kindle Edition by Juha Bae

『Fallen』 Kindle Edition by Jane Kim

『Fragments』 Kindle Edition by Conan Lee

『I See Kaleidoscopes』 [Print Replica] Kindle Edition by Hara Choi

『Lemon Tea and Coffee』 Kindle Edition by Clare Hong

『Living in Secrets』 Kindle Edition by Rachel Kwon

『Looking for the Lost Father』 Kindle Edition by Jiah Lee

『Memento Mori』 Kindle Edition by Stephanie An

『MOSAIC』 Kindle Edition by Youngsuh Lee

『Murder with Lies』 Kindle Edition by Sarah Marzec

『Nights at the Circus』 Kindle Edition by Bohyun Kim

『Realm』 Kindle Edition by Chloe Kang

『Pitch White』 Kindle Edition by Simon Yang

『Salvatore』 Kindle Edition by Andrew Marzec

『Souvenir』 Kindle Edition by Nancy Yoo

『The 10 Dimensions』 Kindle Edition by Brian Leong

『The Angels of Dourn』 Kindle Edition by Somang Yang

『The End of the World Isn't All It's Cracked up to Be』 Kindle Edition by Max Cui

『The Hidden World』 Kindle Edition by Ashley Han

『The Monster Within』 Kindle Edition by Raymond Feng

『The Reliques』 Kindle Edition by Gemma Yin

『The Dark is Just the Light Hiding』 Kindle Edition by Elyse Nah

『Trapped』 Kindle Edition by Rachel Kim

『Twisted』 Kindle Edition by Avary Fawcett

『The Umbran Rebellions』 Kindle Edition by Elizabeth Park

『Unconditional』 Kindle Edition by Rosie *(Jimin)* You

『Undefined』 Kindle Edition by Cassandra Feltrin

『Vermillion Strait Kindle』 Edition by Tae Yoon Kim

『What Lies Beyond the Cliff』 Kindle Edition by Hara Choi

『Winter Blooms』 Kindle Edition by Janice Kim

(Credit: Joanne, Joshua, and Junno Hong)

우리는 **영어**로 책을 **씁니다**

발행일-2021년 12월 15일
지은이-박준형
펴낸이-김기헌
책임편집-박신화
디자인-정경수
경영지원-윤순재
마케팅-신재욱
펴낸곳-도서출판 CWC

주소-서울시 금천구 독산로 67길 16, 301호(독산동)
전화-02)2266-1490
팩스-02-2266-3018
등록-제 2019-000034호
홈페이지-http://www.cwc2004.org

ISBN 979-11-967092-1-1